Gofal ein Gwinllan:

Ysgrifau ar gyfraniad
Yr Eglwys yng Nghymru
i'n llên a'n hanes a'n diwylliant

Cyfrol 1

Golygyddion
A. Cynfael Lake
D. Densil Morgan

© Corff Cynrychiolwyr yr Eglwys yng Nghymru
Cyhoeddwyd yn 2023
gan Gorff Cynrychiolwyr yr Eglwys yng Nghymru
Elusen gofrestredig, rhif 1142813
2 Sgwâr Callaghan,
Caerdydd.
CF10 5BT

Perthyn hawlfraint yr ysgrifau yn y llyfr *Gofal ein Gwinllan: Ysgrifau ar gyfraniad Yr Eglwys yng Nghymru i'n llên a'n hanes a'n diwylliant Cyfrol 1* i Gorff Cynrychiolwyr Yr Eglwys yng Nghymru ac i'r awduron unigol ar y cyd. Ni chaniateir atgynhyrchu'r deunydd o dan amodau unrhyw drwydded. Cedwir pob hawl. Ni chaniateir cadw unrhyw ran o'r llyfr hwn mewn cyfundrefn adferadwy na'i drosglwyddo mewn unrhyw ddull neu gyfrwng, boed electronig, mecanyddol, ffotogopïo, recordio, neu fel arall, at ddiben atgynhyrchiad argraffedig neu ddigidol, heb ganiatâd ysgrifenedig ymlaen llaw gan Yr Eglwys Yng Nghymru neu awduron yr ysgrifau unigol.

ISBN 978-1-80099-455-3

Cyhoeddwr:
Y Lolfa
Talybont, Ceredigion, Cymru SY24 5HE

Cysodwyd gan Ritchie Craven, Corff Cynrychiolwyr yr Eglwys yng Nghymru.

Gofal ein Gwinllan:

Ysgrifau ar gyfraniad Yr Eglwys yng Nghymru i'n llên a'n hanes a'n diwylliant

Yn seiliedig ar gyfres o weminarau a drefnwyd gan Yr Eglwys yng Nghymru ar y cyd ag Athrofa Padarn Sant.

Cyhoeddwyd gyda chefnogaeth hael Ymddiriedolaeth Isla Johnston.

Rhagair yr Archesgob

Pleser o'r mwyaf yw cael y cyfle hwn i gymeradwyo'n gynnes iawn y gyfrol hon.

Ffrwyth cynnal tair cyfres o seminarau ar-lein ydyw, seminarau a fu'n canolbwyntio ar gyfraniad allweddol nifer o unigolion dros gyfnod hir at ddatblygiad ein hiaith a'n llên. Er bod yna dueddiad i ystyried yr Eglwys Wladol fel un a ddaeth yn gynyddol Seisnig ei naws ac yn ddieithr i'w gwreiddiau ym mröydd Cymru, dengys yr ysgrifau safonol a darllenadwy hyn safbwynt amgen drwy bwysleisio cyfraniad siaradwyr Cymraeg. Da fydd cael y casgliad hwn o ysgrifau i gofnodi'r stori bwysig honno ac ysbrydoli cenhedlaeth newydd o Gymry o fewn yr Eglwys yng Nghymru a'r tu hwnt.

Braint felly yw cael diolch i'r awduron am rannu ffrwyth eu hymchwil â ni, yn ogystal â chyflwyno'r deunydd yn wreiddiol i gynulleidfa rithiol yn ystod y seminarau. Rydym hefyd yn ddyledus i'r Athro E. Wyn James am fod yn 'bensaer' gwybodus a gweithgar i'r fenter gyfan ac i bawb a fu wrthi'n ddiwyd yn gofalu am y cyhoeddusrwydd, ochr weinyddol a thechnegol y seminarau, y cyfieithu, a'r gwaith o lywio'r gyfrol trwy'r wasg. Yn olaf, rhaid diolch yn ddiffuant i'r Parch. Athro D. Densil Morgan a'r Dr A. Cynfael Lake am eu parodrwydd i wasanaethu fel golygyddion diwyd, cymwynasgar ac effeithiol. Heblaw am y cydweithio rhadlon hwn ni fyddai'r gyfrol wedi gweld golau dydd.

Rwy'n gobeithio y byddwch yn mwynhau gwledd o ddarllen a dysgu.

Y Cynnwys

tudalen

Rhagymadrodd .... *i*

1. Y cyfieithwyr Beiblaidd cynnar
   E. Gwynn Matthews *1*

2. Dr John Davies Mallwyd a Beibl 1620
   Ceri Davies *13*

3. Y Salmau Cân yn eu cyd-destun
   Adrian Morgan *31*

4. Bydoedd Dr John Davies Mallwyd
   Dylan Foster Evans *45*

5. Carol, Cwndid a Halsing
   E. Wyn James *59*

6. Y Ficer Prichard a *Cannwyll y Cymry*
   Christine James *73*

7. Ellis Wynne a'i Weledigaethau
   A. Cynfael Lake *93*

8. Iachawdwriaeth, rhagluniaeth a hanes: Theophilus Evans a *Drych y Prif Oesoedd*
   Huw Pryce *105*

9. Griffith Jones Llanddowror a'r SPCK
   D. Densil Morgan *119*

10. Menywod a'r Eglwys Anglicanaidd yn y ddeunawfed ganrif
    Eryn M. White *131*

11. Y canu rhydd cynganeddol
    Rhiannon Ifans *143*

12. Yr Anglicaniaid a'r emyn yn yr ail ganrif ar bymtheg a'r ddeunawfed
    Rhidian Griffiths *155*

13. Eglwyswyr oeddent i gyd: Goronwy Owen a Morysiaid Môn
    John Richard Williams *167*

14. Edward Richard a Ieuan Fardd
    Gerald Morgan *179*

Rhestr o Ddelweddau a Hawlfraint *191*

Y Cyfranwyr *193*

Rhagymadrodd

Gofal ein Gwinllan: Cyfrol 1 yw'r gyntaf mewn cyfres a fydd yn disgrifio a dadansoddi cyfraniad Yr Eglwys yng Nghymru i'r Gymraeg, ei llên a'i diwylliant, o gyfnod William Salesbury, yr Esgob Richard Davies a'r Esgob William Morgan ymlaen, gobeithio, hyd y presennol. Mae'n seiliedig ar gyfres o seminarau ar-lein a drefnwyd gan Yr Eglwys yng Nghymru mewn partneriaeth ag Athrofa Padarn Sant, adain hyfforddi'r Eglwys, fel rhan o'i darpariaeth ar gyfer hyfforddi clerigion a lleygwyr at eu cenhadaeth yn y Gymru gyfoes.

Mae'r fenter yn deillio o wahoddiad Pedr ap Llwyd, y Llyfrgellydd Cenedlaethol, yn 2019 i'r Parchg Ddr Ainsley Griffiths, y Parchg Ganon Enid R. Morgan, yr Athro E. Wyn James, yr Athro D. Densil Morgan, Dr Arfon Jones ac eraill, ddod ynghyd i drafod y posibilrwydd o nodi pedwarcanmlwyddiant argraffiad 1620 o'r Beibl Cymraeg, a baratowyd gan Dr John Davies Mallwyd a'r Esgob Richard Parry ac a fu mor fawr ei ddylanwad ar y Gymraeg a'i diwylliant ar hyd y canrifoedd. Rhan o ffrwyth hynny oedd cynnal cyfarfod dathlu cenedlaethol yng Nghapel y Tabernacl, yr Ais, Caerdydd, yn nechrau mis Mawrth 2020—ychydig cyn 'y clo mawr'.

Yn ystod y trafodaethau ynghylch dathlu Beibl 1620, nodwyd yr angen i groniclo'n fwy manwl nag a wnaed o'r blaen gyfraniad Yr Eglwys yng Nghymru i'r diwylliant Cymraeg o'r cyfnod modern cynnar ymlaen. Y bwriad cychwynnol oedd cynnal cyfres o seminarau wyneb-yn-wyneb ond oherwydd pandemig y Covid bu raid newid y cynllun. Fodd bynnag, gyda chymorth gweinyddol, technegol ac ymarferol Athrofa Padarn Sant, aed ati i gynnal y gyfres gyntaf ar-lein, gydag Ainsley Griffiths ac E. Wyn James yn bennaf gyfrifol am y trefniadau. Cynhaliwyd y gyfres gyntaf yng ngwanwyn 2021, yr ail yn yr hydref dilynol, a'r drydedd a'r bedwaredd yn 2022. Ffrwyth y cyfresi hynny yw'r penodau sy'n dilyn.

E. Wyn James gyda chymorth D. Densil Morgan a oedd yn gyfrifol am bennu'r pynciau ac am awgrymu enwau'r siaradwyr, a Wyn a aeth ati i'w gwahodd i gymryd rhan. Fel y gwelir o restr y cyfranwyr, buom yn hynod ffodus i fedru denu rhai o'n hysgolheigion pennaf yn y maes i roi o'u hamser a'u hymchwil, a chafwyd ymateb bywiog i'r sesiynau ar-lein. Nid aelodau o'r Eglwys yng Nghymru o bell ffordd oedd yr holl gyfranwyr, ond mae pob un ohonom yn ymwybodol o ddyled y genedl i'r etifeddiaeth Anglicanaidd ac wedi elwa arni. Bu'n fraint cael bod yn rhan o'r prosiect. Denodd y rhaglen gynulleidfa eang a brwdfrydig, a'r gobaith yw y caiff y gyfrol hon a'r rhai a fydd yn ei dilyn dderbyniad yr un mor wresog.

Ar wahân i benodau yr Athro Ceri Davies, E. Gwynn Matthews a Richard Williams a luniwyd yn neilltuol ar gyfer y gyfrol hon, sail y gweddill yw'r sgyrsiau a roddwyd ar lafar. Mae *Gofal ein Gwinllan: Cyfrol 1* yn mynd â'r stori, yn fras, o ganol yr ail ganrif ar bymtheg hyd at ddiwedd y ddeunawfed ganrif, tra bydd Cyfrol 2, y bwriedir ei chyhoeddi yn 2024, yn trafod awduron a themâu o hanner cyntaf a chanol y bedwaredd ganrif ar bymtheg.

Yr ydym yn ddyledus i lu o bobl am gyfrannu at lwyddiant y fenter. Rhaid crybwyll yn gyntaf yr awduron gan ddiolch iddynt am baratoi ar gyfer eu seminarau, am draddodi eu papurau a'u cymhennu ar gyfer y wasg. Byddai'r cyhoeddi wedi bod yn amhosibl oni bai am nawdd haelionus Cronfa Ymddiriedolaeth Isla Johnston, nid yn unig ar gyfer y gyfrol hon ond hefyd ar gyfer yr un a fydd yn ei dilyn. Hoffem ddiolch yn ddiffuant i'r ymddiriedolwyr am eu ffydd yn y fenter a'u cefnogaeth iddi. Diolchwn i'r Lolfa am ymgymryd â'r cyhoeddi ac yn arbennig i Ritchie Craven, Rheolwr Cyhoeddiadau Yr Eglwys yng Nghymru, nid yn unig am y gwaith dylunio manwl a'r cysodi ond am fynd ynglŷn â'r broses gymhleth o lywio'r gyfrol drwy'r wasg. Yr ydym hefyd yn nyled Archesgob Cymru, y Parchedicaf Andrew John, am ei gefnogaeth gyson ac am lunio cymeradwyaeth i'r gyfrol.

O ran Athrofa Padarn Sant, bu Dave Taylor, Rachel Settatree, Angharad Eleri Gaylard a'r Parchg Ddr Manon Ceridwen James yn allweddol wrth drefnu'r seminarau, tra gwnaeth y Parchg Ddr Siôn Aled Owen wrhydri gyda'i gyfieithu. Bu Ainsley Griffiths, Cyfarwyddwr Ffydd, Trefn ac Undod Yr Eglwys yng Nghymru, ynghyd ag Angharad Gaylard, yn gefn ac yn gynhaliaeth i ni ar hyd yr amser. Dr A. Cynfael Lake a aeth yn gyfrifol am ddod o hyd i luniau addas ar gyfer y gyfrol, a gwerthfawrogwn fod Llyfrgell Genedlaethol Cymru a sefydliadau eraill wedi caniatáu i ni atgynhyrchu delweddau sydd yn eu meddiant.

Mae cyfres seminarau 'Gofal ein Gwinllan' wedi parhau ar hyd 2023 a'r bwriad yw iddynt ymestyn i mewn i'r flwyddyn nesaf ac o bosibl i 2025. Mae'r seminarau oll ar gael ar wefan Yr Eglwys yng Nghymru o dan bennawd 'Gofal ein Gwinllan': https://www.churchinwales.org.uk/cy/about-us/welsh-language/. Cymraeg yw iaith y seminarau, ond darparwyd cyfieithu-ar-y-pryd i'r Saesneg, ac mae recordiadau o'r seminarau gyda'r cyfieithu-ar-y-pryd i'r Saesneg hefyd ar gael ar wefan Yr Eglwys yng Nghymru: https://www.churchinwales.org.uk/en/about-us/welsh-language/.

Y Golygyddion

1

E. Gwynn Matthews

Y CYFIEITHWYR BEIBLAIDD CYNNAR

Mae'n arwyddocaol fod y ddau lyfr cyntaf i gael eu hargraffu yn Gymraeg, sef *Yny lhyvyr hwnn* (1546) Syr John Prys ac *Oll Synnwyr Pen Kembero Ygyd* (1547) William Salesbury, yn galw am gyfieithu'r Ysgrythur i'r Gymraeg. Meddai John Prys:

> [Nid] oes dim hoffach gan ras ein brenin urddasol ni na gweld bod geiriau Duw ac efengyl yn cerdded yn gyffredinol ymysg ei bobl ... Am hynny gweddus yw rhoi yn Gymraeg beth o'r Ysgrythur Lân, oherwydd bod llawer o Gymry a fedr ddarllen Cymraeg heb fedru darllen un gair Saesneg na Lladin, ac yn enwedig y pynciau sydd yn angenrheidiol i bob rhyw Gristion eu gwybod dan berygl ei enaid ... [1]

A William Salesbury:

> ... mynnwch yr Ysgrythur Lân yn eich iaith, fel y bu hi gan eich dedwydd hynafiaid yr hen Frytaniaid ... Pererindotwch yn droednoeth at ras y Brenin a'i Gyngor i ddeisyf cael cennad i gael yr Ysgrythur Lân yn eich iaith er mwyn y cynifer ohonoch nad yw'n abl ... i ddysgu Saesneg.

Eisoes, yn 1537, cyhoeddwyd cyfieithiad Saesneg o'r Beibl gan Myles Coverdale gyda'r datganiad: 'Set forth with the Kynges moost gracious licence'. Yn amlwg, deng mlynedd yn ddiweddarach, roedd teimlad fod yr amser yn awr yn aeddfed i geisio gan y brenin yr hawl i gyhoeddi cyfieithiad Cymraeg yn ogystal.

Prif weithredydd y Brenin Harri VIII yn y cyfnod hwn oedd Thomas Cromwell ac roedd ef am weld cyfieithiad Saesneg yn cael y cylchrediad ehangaf posibl. Felly, ym mis Medi 1538, cyhoeddodd orchymyn fod copi o'r Beibl Saesneg i'w osod ym mhob eglwys drwy'r deyrnas. Paratowyd fersiwn arbennig ar gyfer hynny, sef 'Y Beibl Mawr'. Fel canlyniad, gorchmynnodd rhai esgobion fod y darlleniadau ysgrythurol yn yr Offeren, a adwaenir fel yr Epistol a'r Efengyl, i'w darllen yn Saesneg er mai Lladin oedd iaith y gwasanaeth o hyd. Gydag esgyniad Edward VI i'r orsedd yn 1547 (blwyddyn cyhoeddi *Oll Synnwyr Pen* Salesbury) gogwyddodd y polisi eglwysig i gyfeiriad mwy Protestannaidd ac yn 1549 ymddangosodd y *Book of Common Prayer* a ddisodlodd yr holl wasanaethau Lladin traddodiadol gyda rhai Protestannaidd Saesneg. Felly, er nad Lladin oedd iaith yr addoliad cyhoeddus bellach, roedd y gwasanaethau yn dal i fod yn annealladwy i'r mwyafrif o addolwyr yng Nghymru.

Dyma'r cefndir i alwad Salesbury am osod cais gerbron y brenin a'i gyngor am awdurdod i gyhoeddi'r Ysgrythur yn y Gymraeg. Siomwyd ef yn ddirfawr gan y diffyg ymateb a fu i'w apêl ac yn wyneb difrawder yr awdurdodau gwladol ac eglwysig aeth ati i ddechrau cyfieithu rhannau o'r Ysgrythur ar ei liwt ei hun. Ar ei liwt ei hun hefyd, ac yn wir, yn wyneb gwrthwynebiad ffyrnig gwladol ac eglwysig, yr aeth William Tyndale ati i gyhoeddi'r Testament Newydd Saesneg cyntaf yn 1525. Talodd â'i fywyd yn Hydref 1536.

Dechreuodd Salesbury drwy gyfieithu'r darnau a ddarllenid fel yr Epistol a'r Efengyl yng ngwasanaeth y Cymun ar y Suliau drwy'r flwyddyn—penderfyniad ymarferol iawn o gofio sut y dechreuwyd dwyn yr iaith Saesneg i mewn i'r Offeren Ladin. Cyhoeddwyd y darlleniadau hyn ganddo yn 1551 dan y teitl *Kynniver Llith a Ban*, ond ni thrwyddedwyd y gwaith gan y brenin na'r awdurdodau eglwysig.

Mae'n amlwg o'r rhagymadroddion i *Oll Synnwyr Pen a Kynniver Llith a Ban* ei fod yn ymwybodol o nifer o ystyriaethau wrth fentro ar ei orchest, sef yn bennaf, adnoddau'r iaith Gymraeg, perthynas y cyfieithiad â'r testun gwreiddiol ac orgraff y testun printiedig. A oedd gan yr iaith Gymraeg adnoddau digonol i gyfleu ystyr y testunau Groeg a Hebraeg yn gywir a llawn? Barnai y byddai'n rhaid ymestyn tipyn ar Gymraeg ei gyfoeswyr cyn y medrid gwneud hynny:

> ... nid byw'r Cymro, er dyscediced fo, a fedr iawn draethu'r Ysgrythur Lân i chi yn Gymraeg ... A ydych chi'n tybied na raid amgenach geiriau ... i draethu dysg ac i adrodd athrawiaeth a chelfyddydau nag sydd gennych yn arferedig wrth siarad beunydd yn prynu a gwerthu a bwyta ac yfed? Ac os ydych chi'n tybied hynny, fe'ch twyllir. A chymerwch hyn yn rhybudd gen i: onid achubwch chi a chyweirio a pherffeithio'r iaith cyn darfod am y to sydd heddiw, bydd yn rhy hwyr y gwaith wedyn. [*Oll Synnwyr Pen*]

Yn nyddiau Salesbury, cyfnod y Dadeni Dysg, roedd awduron a amcanai ysgrifennu yn yr ieithoedd brodorol yn ymwybodol o'r gymhariaeth anffafriol rhyngddynt a'r ieithoedd clasurol. Meddai'r dyneiddiwr John Skelton am yr iaith Saesneg, 'Our natural tongue is rude ... I wot not where to find terms to serve my mind.' Ond barn William Tyndale oedd: 'They will say it [y Beibl] cannot be translated into our tongue it is so rude. It is not so rude as they are false liars.' Barnai Salesbury nad oedd adnoddau Cymraeg ei ddydd i'w cymharu â rhai'r Saesneg, eto nid oedd am oddef eraill i'w dilorni. Meddai yn ei *A brief and playne introduction* (1550):

> ... as for the Welsh tongue, even as it is now to be compared with the English language, so is it not so rude, so gross nor so barbarous, as strangers, being therein all ignorant and blind, do adjudge it to be: nor yet (to speak indifferently without all affections) is it not all so copious, so pure, nor fully replenished with elegancies graces and eloquence, as they themselves suppose it.

Beth bynnag am gyflwr Cymraeg ei oes ei hun, credai Salesbury y bu unwaith gyfieithiad o'r Beibl gan ein hynafiaid, 'yr hen Frytaniaid'. Roedd hynny'n dangos bod yr iaith yn ei chyfnod cynnar, o leiaf, wedi meddu adnoddau digonol i gyfleu testun yr Ysgrythur. Mae'n arwyddocaol fod William Tyndale yn cyfeirio yn *The Obedience of a Christian Man* (1528) at y traddodiad fod y Brenin Athelstan wedi awdurdodi cyfieithiad o'r Beibl yn ôl yn y ddegfed ganrif i iaith y Saeson. Yn ei ragymadrodd i Destament Newydd 1567 byddai'r Esgob Richard Davies yn gosod dadleuon gerbron ei ddarllenwyr i 'brofi' y bu unwaith gyfieithiad gan yr hen Gymry. Mae'n honni ei fod wedi gweld darn ohono:

> ... pan oeddwn fachgen cof yw gennyf weld pum llyfr Moses yn Gymraeg o fewn tŷ ewythr i mi, oedd [yn] ŵr dysgedig: ond nid oedd neb yn ystyr[ied] y llyfr nac yn [rhoi] pris arno. Peth amheus yw (am a wn i) a ellid gweld yn holl Gymru un hen Feibl yn Gymraeg

Beth yn union a welodd y Davies ifanc, tybed, yn nhŷ ei ewythr? Efallai mai'r hyn a welodd oedd 'Y Bibyl Ynghymraec'. Mae'r testun canoloesol hwn yn agor gyda fersiwn o bennod gyntaf Llyfr Genesis ond crynodeb cywasgiedig iawn yw gweddill y llyfr o hanes Beiblaidd. Mae'n gyfieithiad ac addasiad o lyfr gan y Ffrancwr, Petrus Pictaviensis. Cyfeirir at y gwaith yn gyffredinol fel 'Beibl y Tlodion' ond camgymeriad fyddai meddwl ei fod yn gyfieithiad o'r Ysgrythur.

Gwedd arall ar iaith cyfieithu oedd cwestiwn y tafodieithoedd. Wrth gyflwyno *Kynniver Llith a Ban* i'r esgobion, a'u gwahodd i'w archwilio i sicrhau ei gywirdeb, mae'n gofyn iddynt sylweddoli mai un o Wynedd ydoedd, a 'heb fod yn hyddysg yn nhafodiaith Dyfed'. Daeth tafodiaith Dyfed i'r amlwg yn nes ymlaen, fel y cawn weld.

Ar fater perthynas y cyfieithiad â'r testun gwreiddiol cyfyd y cwestiwn pa mor glos at eiriad y gwreiddiol y dylid anelu ato. Rhwng 1517 a 1524 roedd Erasmus wedi cyhoeddi esboniadau ar rannau o'r Testament Newydd ar ffurf aralleiriad Lladin. Roedd bri mawr arnynt ac fe'u cyfieithwyd i sawl iaith gan gynnwys Saesneg. Gorchmynnodd Edward VI fod clerigion pob eglwys drwy'r deyrnas, oni bai fod ganddynt radd mewn diwinyddiaeth, i sicrhau copi a 'diligently study the same'. Roedd yr awdur Catholig Robert Gwyn, yn ei *Drych Cristianogawl* (1585), yn gwahaniaethu rhwng gofynion cyfieithwyr sydd yn paratoi testun safonol o'r Ysgrythur mewn iaith arall, a gofynion y sawl sydd yn pregethu ac yn addysgu yn y plwyfi:

> ... pan fydd dyn yn cyfieithu ac yn trosi'r Ysgrythur Lân i iaith arall, ac yn gosod allan i ddynion i'w darllen yn enw Ysgrythur Lân, yna bydd raid ymchwilio bob gair yn gymwys ac yn ei briod anian [rhag] bod twyll i lawer. Ond pan fydd un yn pregethu i ddynion cyffredin ag ychydig ddeall ganddynt, yna y dichon gyfieithu'r geiriau yn y modd gorau [fel] y gall y cyffredin bobl ei ddeall, drwy ei fod ef yn cadw'r un meddwl a'r synnwyr yn y geiriau ag y mae'r Ysbryd Glân yn ei feddwl a'r Eglwys Lân Gatholig yn ei ddangos.

Er bod Salesbury, fel Gwyn, yn anelu at gyrraedd 'y dyn cyffredin', ei fwriad oedd cadw'n glos at y gwreiddiol. Meddai wrth annerch yr esgobion:

> ... yr wyf wedi cadw at reol gaeth cyfieithydd, heb ddefnyddio'r rhyddid sydd gan y dyn sy'n aralleirio ... yr wyf wedi rhoi pwys mawr ar y Roeg, gan ddewis mynd (fel sy'n iawn) at lygad y ffynnon yn hytach nag at yr afon.[2]

Mae'r ymadrodd 'llygad y ffynnon' yn adlewyrchu arwyddair mawr y Dadeni—*ad fontes*. Yn wir, ymddengys i Salesbury fynd y tu hwnt hyd yn oed i'r ffynnon oherwydd dywed ei fod yn Efengyl Matthew 'wedi dilyn i raddau helaeth y testun Hebraeg'.[3] Yr hyn a wnaeth yn achos y dyfyniadau o'r Hen Destament a geir yn Matthew oedd eu cyfieithu'n uniongyrchol fel y maent yn ymddangos yn nhestun Hebraeg gwreiddiol yr Hen Destament yn hytrach nag fel y maent yn ymddangos yn y testun Groeg.

A derbyn mai cyfieithu yn hytrach nag aralleirio yw'r nod, roedd gan Martin Luther gyngor i'r sawl a oedd am fentro ar y gorchwyl. Yn gyntaf, cofier bod ystyr yn cael ei gyfleu mewn brawddegau, nid mewn geiriau unigol. Yn ail, rhaid i'r cyfieithiad barchu teithi'r iaith y cyfieithir iddi. Meddai Luther:

> Pe bai'r angel wedi llefaru wrth Mair mewn Almaeneg, fe fyddai wedi defnyddio'r ffurf briodol mewn Almaeneg i'w chyfarch. A'r ffurf yma yn unig, nid unrhyw ymadrodd arall, yw'r cyfieithiad gorau, beth bynnag fo geiriau'r gwreiddiol.[4]

Ni ellir dweud a wnaed defnydd o *Kynniver Llith a Ban* yn yr eglwysi yn ystod teyrnasiad Edward VI. Rhwng 1553 ac 1558 bu Mari ar yr orsedd ac adferwyd y drefn Gatholig am gyfnod. Mae tystiolaeth fod *Kynniver Llith a Ban* wedi ei ddefnyddio yn gynnar yn nheyrnasiad Elisabeth I. Mae cofnod ar gael o orchymyn i ddarllen yr Epistol a'r Efengyl yn Gymraeg yn esgobaeth Llanelwy yn 1561.

Trawsnewidiwyd y sefyllfa yn 1563, fodd bynnag, gyda Deddf Cyfieithu'r Beibl a'r Gwasanaeth Dwyfol i'r Gymraeg. Gorchmynnodd y ddeddf hon esgobion Cymru ac esgob Henffordd i sicrhau bod cyfieithiad Cymraeg o'r Beibl a'r Llyfr Gweddi Gyffredin wedi ei gwblhau erbyn Mawrth y cyntaf 1566. Roedd copïau i'w gosod yn eglwysi'r plwyfi lle yr arferid y Gymraeg ac yr oedd yr holl wasanaethau yn eu cyfanrwydd i'w cynnal yn y Gymraeg yn unig yn y plwyfi hynny. Ni ellir gorbwysleisio

Epistol Paul yr
Apostol at y Ruuei-
nieit.

✤Pen. j.

Paul yn dangos y gan bwy vn, ac i ba beth y galwyt ef. Y barawt wyllys ef. Pa beth yw'r Euangel. Mwyniant creadurierit ac y ba beth y gwnaethpwyt hwy. Ancaredigrwydd, dzigioni a' phoen pop ryw ddyn.

Aul gwasanaethvvr Iesu Christ vyrth galwedigeth yn Apostol, wedyr *'ohanu i precethu'r Euangel Duw (yr hô a racadawod ef drwy ei Brophwyti yn yr scrythurae glan) am ei Uap Iesu Christ ein Arglwydd ni (yr hwn oedd wneuthuredic o had Dauid er wydd y cnawd, ac a declarwyt yn ‡nerthol y vot yn Uap Duw, erwyd yspryt sancteidiat* gan y cyfodiad iadigaeth o beirw) trwy'r hwn yd erbiniesā ni 'rat ac ‡ Apostoliaeth (er bot ubydot ir ffyd) *yn y Enw ef ym-plith ‡yr oll Genetloedd, ymysc yr ei n ydd yw chwi hefyt yn 'alwedigion Iesu Christ : Atoch oll yr ei 'sydd yn
ff.ij.   Ruuein

*ddsdon.

‡rymiol
*drwy
‡swydd Apostol
*bleit
‡pop ryw

Testament Newydd William Salesbury 1567: Epistol Paul at y Rhufeiniaid
(Trwy ganiatâd Llyfrgell Genedlaethol Cymru)

pwysigrwydd y ddeddf hon. Gwnaed y Gymraeg yn orfodol drwy ddeddf dros y rhan fwyaf o diriogaeth Cymru. Mae grym y ddeddf yn cael ei atgyfnerthu gan y ffaith fod mynychu'r eglwys ar y Sul hefyd yn orfodol drwy ddeddf yn ystod teyrnasiad Elisabeth.

Dau sydd a'u henwau'n gysylltiedig â thaith y ddeddf drwy'r Senedd yw'r dyneiddiwr mawr Humphrey Lhuyd, Aelod Seneddol Dinbych ar y pryd, a'r Esgob Richard Davies, a oedd yn rhinwedd ei swydd yn aelod o Dŷ'r Arglwyddi. Gwnaed y cyfieithu yn bennaf gan William Salesbury ond bu cyfraniad yr esgob i wireddu gofynion y ddeddf yn sylweddol. Ni chafwyd Beibl Cymraeg erbyn 1566 ond yn 1567 ymddangosodd cyfieithiad Cymraeg o'r Testament Newydd a'r Llyfr Gweddi Gyffredin. Y Llyfr Gweddi a gyfieithwyd gyntaf ac mae gwahaniaethau ieithyddol diddorol rhyngddo a *Kynniver Llith a Ban*:

i) mae geiriau sydd yn angenrheidiol yn y Gymraeg i fynegi ystyr ond nas ceir yn y Roeg yn cael eu gosod mewn bachau petryal (fe'u hitaleiddwyd yn y Testament Newydd);

ii) gosodir y fannod ('yr') o flaen enw Iesu, fel y ceir yn aml yn y Roeg;

iii) cyfieithir dyfyniadau o'r Hen Destament yn Matthew o destun Groeg Matthew, nid o'r testun Hebraeg.

Mae'r newidiadau hyn yn arwyddocaol iawn. Ers ymddangosiad *Kynniver Llith a Ban* yn 1551 roedd cyfieithiad Saesneg newydd o'r Beibl wedi ei gyhoeddi gan ysgolheigion yng Ngenefa yn 1560. Yn groes i egwyddor Luther dalient hwy fod y flaenoriaeth i'w rhoi i briod-ddull yr iaith y cyfieithir ohoni. O ganlyniad, nid yw mynegiant cyfieithiadau Salesbury yn y Llyfr Gweddi bob amser mor llyfn â rhai *Kynniver Llith a Ban*.

Ymgorfforir Epistolau ac Efengylau y Llyfr Gweddi yn y Testament Newydd i raddau helaeth ond nid yn llwyr. Cyfieithwyd I Timotheus, Hebreaid, Iago a II Pedr gan Richard Davies. Mae yntau yn dilyn egwyddor cyfieithwyr Genefa, a hynny yn fwy clos na Salesbury. Daw hynny'n amlwg wrth gymharu ei gyfieithiadau o'r rhannau hynny o'r Epistolau a gyfieithwyd eisoes gan Salesbury ar gyfer y Llyfr Gweddi.

Cyfieithwyd y Datguddiad, llyfr mwyaf astrus y Testament Newydd o ran iaith a chynnwys, gan Thomas Huet. Brodor o Sir Frycheiniog oedd Huet a ddaeth yn ganon a phrif gantor Eglwys Gadeiriol Tyddewi. Er iddo ddilyn Beibl Genefa yn bennaf, y mae'n fwy parod na'i gyd-gyfieithwyr i flaenori llyfnder mynegiant dros gyfieithu llythrennol. Nodwedd fwyf trawiadol ei gyfieithiad yw'r elfen dafodieithol. Fel y dywed Salesbury ar ymyl tudalen gyntaf y Datguddiad, 'T.H.C.M. a translatoedd oll text yr Apocalypsis yn ieith ei wlat'. Mae dwy wedd i hyn, sef geirfa ac orgraff. Enghreifftiau o eiriau deheuol yw 'ceseir' (cenllysg), 'allweddey' (goriadau), 'dala' (dal); enghreifftiau o sillafu ffonetig ynganiad deheuol yw 'hoyl' a 'doyddeg'.

Lluosogrwydd yr amrywiadau tafodieithol sydd i'w cael yng ngeirfa ac ymadroddion yr iaith sydd yn rhannol gyfrifol am y cyfystyron niferus iawn a osodwyd ar ymyl y ddalen gan Salesbury. Yn ddiddorol iawn, weithiau cyfnewidwyd geiriau ac ymadroddion sydd i'w cael yn y testun yn y Llyfr Gweddi gyda'r amrywiad ar ymyl y ddalen pan ymddengys y darn hwnnw yn y Testament Newydd.

Elfen fwyaf radical y cyfieithiadau yw'r orgraff. Y diwygiad amlycaf yw'r modd mae Salesbury yn ceisio dangos drwy ei sillafiad darddiad Lladin rhai geiriau Cymraeg. Dyma enghreifftiau: 'eccles' am eglwys; 'Deo' am Duw, 'epsicop' am esgob, 'templ' am teml. Hefyd, yn lle'r terfyniad lluosog Cymraeg rheolaidd -*au*, rhoddodd y terfyniad -*ae* ar batrwm lluosog Lladin, er enghraifft, 'clustiae', 'delwae', 'pethae'. Diwygiad orgraffyddol sydd wedi goroesi yw'r modd y disodlodd y rhagenwau 'i', 'yn', 'ych' gydag 'ei', 'ein', 'eich' 'eu', ar batrwm y Lladin 'eius'.

Yn ychwanegol at y Lladineiddio mae nodweddion eraill i orgraff Salesbury, megis cadw at ffurfiau Cymraeg Canol drwy derfynu geiriau gyda'r gytsain galed 'c', 'p', neu 't' yn lle 'g', 'b', 'd' ('tat' yn lle tad, 'map' yn lle mab'). Mae hefyd yn defnyddio'r terfyniad -*awdd* yn lle -*odd*. Yr arfer sy'n taro'n fwyaf chwithig ar y llygad yw anwybyddu'r treiglad trwynol, 'yn-carchar', 'vy-tangneddyf'. Dyma adnod sy'n enghreifftio rhai o'i ddiwygiadau: 'Yn-tuy vy Tat y mae llawer o drigfae'. I goroni'r cyfan, nid yw Salesbury yn gyson yn ei sillafiadau. Er enghraifft, yn ogystal â'r sillafiad arferol 'Duw' ceir 'Deo', 'Dew', 'Dyw', ac yn ogystal ag 'eglwys' ceir 'eccles', 'eccleis'.

I ddeall Lladineiddiwch orgraff Salesbury, rhaid i ni sylweddoli ei fod wedi cofleidio gwerthoedd dyneiddiol y Dadeni Dysg. Tarddodd y mudiad syniadol hwnnw o edmygedd at geinder iaith yr awduron clasurol a'r awydd i adfer y ceinder hwnnw. Ni chyfyngwyd yr awydd hwn i ysgrifennu Lladin yn unig ond fe'i hestynnwyd i ysgrifennu yn yr ieithoedd brodorol hefyd, yn enwedig felly yn dilyn dyfodiad y wasg argraffu. I danlinellu dylanwad y gwareiddiad clasurol ar eu diwylliant, aeth awduron yr ieithoedd brodorol ati i ddangos yn eu horgraff dras Lladinaidd y geiriau y tybient eu bod yn tarddu ohonynt. I wneud hynny roeddynt yn fodlon ymgorffori llythrennau a oedd i'w gweld yn y Lladin ond nas yngenid wedi eu benthyca gan yr iaith frodorol. Er enghraifft, daeth awduron Saesneg Tuduraidd â 'b' (nas yngenir) i 'debt', 'doubt' a 'subtle' i'w dwyn yn nes at y Lladin 'debita', 'dubito', 'subtilis'. Nid cinc unigryw i Salesbury mo'r Lladineiddio hwn. Mewn gwirionedd, perthynai ei arfer orgraffyddol i brif ffrwd syniadol ei gyfnod.

Mae'r arfer hwnnw yn codi cwestiwn sylfaenol iawn, sef beth yw pwrpas y drefn sillafu. 'Arwyddion gweledig i gyfleu'r seiniau', meddai *Orgraff yr Iaith Gymraeg* (1928). Eithr ceisiodd Salesbury sefydlu trefn sillafu a fyddai'n cyfleu llawer mwy o wybodaeth am y geiriau na hynny. Mae'n gofyn yn watwarus, 'For who in the time of most barbarousness, and greatest corruption, dyd ever wryte every worde as he sounded it?': nid y Ffrancod, nid y Saeson.

Cafodd mabwysiadu'r orgraff newydd effaith andwyol iawn ar y derbyniad a gafodd y cyfieithiadau. I'r sawl a oedd wedi arfer seinio pob llythyren mewn geiriau Cymraeg, roedd darllen yr orgraff newydd yn creu dryswch llwyr, yn enwedig pan oedd gofyn darllen yn gyhoeddus. Meddai Maurice Kyffin am y darlleniadau mewn gwasanaethau: 'yr oedd cyfled llediaith a chymaint anghyfiaith yn yr ymadrodd brintiedig, na alle clust gwir Gymro ddioddef clywed mo'naw'n iawn'. Cafwyd tystiolaeth gyffelyb gan John Penry: '... most pitifully read of the reader, and not understood of one among ten ... we have not had a public reading in Welsh to any purpose yet'.

Parhaodd y sefyllfa anfoddhaol hon am dros ugain mlynedd. Mae'n anodd gwybod pa mor dderbyniol fyddai'r drefn Brotestannaidd wedi bod ymysg y Cymry pe na bai diwygiad ieithyddol pellach wedi digwydd. Yn 1588 y daeth y cyfle i adfer y sefyllfa. Y flwyddyn honno y cyflawnwyd gofynion Deddf Cyfieithu'r Beibl i'r Gymraeg (1563) gydag ymddangosiad cyfieithiad William Morgan o'r Beibl cyfan. Cyfieithiad gwreiddiol Morgan o'r Hebraeg oedd ei Hen Destament a'i waith gwreiddiol ef oedd y cyfieithiad o'r Apocryffa o'r Roeg. Am y Testament Newydd, dywedodd yn ei gyflwyniad i'r Frenhines ei fod wedi '... cyfieithu'r cyfan o'r Hen Destament ond hefyd ddiwygio'r Newydd a'i lanhau o'r dull go wallus o ysgrifennu oedd ynddo'.[5] Serch hynny, mae'n talu teyrnged i Salesbury gan ddweud amdano, 'gŵr a roes ei orau posibl i'n heglwys ni'.[6]

Yn ei gyfieithiad mae Morgan yn dilyn egwyddorion cyfieithwyr Genefa, gan gadw mor glos â phosibl at ieithwedd y gwreiddiol. Mae hefyd yn anelu at bendantrwydd a sicrwydd drwy wrthod cynnig cyfystyron yn null Salesbury. Patrymodd ei Gymraeg ar iaith goeth ac urddasol Beirdd yr Uchelwyr a oedd wedi llwyddo i sefydlu iaith lenyddol gyffredin drwy Gymru benbaladr. Yr iaith hon a'i horgraff arferol a ddefnyddiodd Morgan. Mae felly yn ymwrthod â'r arfer o ddefnyddio'r dull o sillafu gair i ddangos ei darddiad neu amrywio sillafiad gair i ymgorffori ynganiad y gwahanol dafodieithoedd. Yn wahanol i rai o ddyneiddwyr eraill y cyfnod fel John Prys, Gruffydd Robert a Henry Salesbury, ni cheisiodd Morgan ddyfeisio arwyddion newydd i ddisodli 'dd', 'll', 'ch', 'th' er mwyn osgoi llythrennau dwbl a gorddefnydd o 'h'. Cadwodd un o greadigaethau William Salesbury, fodd bynnag, sef y ffurfiau 'ei', 'eu', 'ein', 'eich' fel rhagenwau blaen.

Gwrthododd Morgan rai o fenthyciadau Salesbury o'r Saesneg. Felly, er enghraifft, yn lle 'nasiwn' cawn 'cenedl', 'myned i mewn' am 'entrio', 'rhaglaw' am 'president'. Bathodd dermau newydd fel 'galarwyr', 'cerfddelw', 'crasdir', 'caethgludiad', sydd wedi hen ennill eu lle yng ngeirfa'r iaith. Ond ni lwyddodd i osgoi yn llwyr afael ei dafodiaith ogleddol ei hun arno. Daw hyn yn amlwg yn ei ffordd o gwtogi ambell ddeusain fel, 'ai', 'au' ac 'ae' yn 'e', er enghraifft, 'galle', 'minne', 'gafel'.

Nid Beibl 1588 oedd diwedd y daith o ran hanes y cyfieithiad Cymraeg. Yn 1599 cyhoeddwyd diweddariad Morgan o'r Llyfr Gweddi Gyffredin, ond nid yw'r Epistolau a'r Efengylau a ddarlenir yng ngwasanaeth y Cymun yn yr argraffiad hwn yn dilyn testun Beibl 1588 yn union. Mae'n amlwg fod Morgan wedi diwygio peth ar gyfieithiad 1588. Yn wir, credir ei fod wedi paratoi diwygiad o gyfieithiad y cyfan o Destament Newydd 1588, ond ni welodd gwaith hwnnw olau dydd. Yn 1620 cafwyd fersiwn diwygiedig o'r Beibl Cymraeg cyfan o waith Dr John Davies, rheithor Mallwyd.[7]

Bu ffrwyth llafur y gwŷr eglwysig hyn yn gyfrwng efengylu hynod effeithiol, ac yn sgîl hynny bu hefyd yn gyfrwng sefydlogi safonau rhyddiaith Gymraeg am o leiaf bedair canrif. Oni bai am eu hargyhoeddiad a'u hymroddiad hwy, ni fyddem ni heddiw wedi medru etifeddu'r diwylliant sydd yn ein gwneud y genedl ag ydym.

DARLLEN PELLACH

G.J. Roberts ac E.P. Roberts, *Hanes y Beibl* (Dinbych: Esgobaethau Bangor a Llanelwy, ail argraffiad, 1988).

Glanmor Williams, *Bywyd ac Amserau'r Esgob Richard Davies* (Caerdydd: Gwasg Prifysgol Cymru, 1953).

James Pierce, *The Life and Work of William Salesbury: A Rare Scholar* (Tal-y-bont: Y Lolfa, 2016).

Isaac Thomas, *William Morgan a'i Feibl* (Caerdydd: Gwasg Prifysgol Cymru, 1988).

---

[1] Diweddarwyd orgraff y dyfyniad hwn a'r rhai sy'n dilyn.
[2] Rhagymadrodd *Kynniver Llith a Ban*, yn Ceri Davies, *Rhagymadroddion a Chyflwyniadau Lladin 1551–1632* (Caerdydd: Gwasg Prifysgol Cymru, 1980).
[3] Ibid.
[4] Isaac Thomas, *Y Testament Newydd Cymraeg 1551–1620* (Caerdydd: Gwasg Prifysgol Cymru, 1976).
[5] Cyflwyniad William Morgan o *Y Beibl Cyssegr-lan* i'r Frenhines Elisabeth I, yn *Rhagymadroddion a Chyflwyniadau Lladin 1551–1632*.
[6] Ibid.
[7] Ibid.

2

Ceri Davies

DR JOHN DAVIES, MALLWYD, A BEIBL 1620

Pan syniwn ni Gymry am y Beibl Cymraeg yn 'yr hen gyfieithiad', y bu ei statws yn ddiysgog o leiaf hyd nes cyhoeddi'r *Beibl Cymraeg Newydd*, yr enw sy'n ymgynnig yn naturiol i'n meddyliau yw enw'r Esgob William Morgan.[1] Ei Feibl ef, Beibl 1588, 'yw'—a dyfynnu geiriau llyfryn poblogaidd yn fy nyddiau ysgol i—'un o'r llyfrau pwysicaf yn hanes iaith a llên Cymru', a phrin yr anghytunai neb â hynny.[2] Saif camp William Morgan, ac yntau yn ei dro yn adeiladu ar waith William Salesbury yn Llyfr Gweddi Gyffredin a Sallwyr ac yn Nhestament Newydd 1567 (yr olaf gyda help yr Esgob Richard Davies a Thomas Huet), yn gyfraniad cwbl allweddol i'n hanes crefyddol a diwylliannol.

Er hynny, mae'n bwysig sylweddoli nad Beibl 1588, a bod yn fanwl, yw'r Beibl a fu'n safonol dros y canrifoedd, ond yn hytrach y fersiwn diwygiedig ohono a gyhoeddwyd am y tro cyntaf yn 1620. Cymerer, er enghraifft, un o'r enwau priod mwyaf cysegredig ei gysylltiadau yn ein hiaith, sef 'Calfaria'. Yn ofer y chwilir amdano ym Meibl 1588 neu yn Nhestament Newydd 1567: ym Meibl 1620 y'i gwelir am y tro cyntaf, mewn un adnod (Luc 23:33). Neu dyna'r enghraifft hon, adnod gysurlon o Lyfr y Salmau, ei geiriau'n gyfarwydd o fwy nag un anthem: 'Bwrw dy faich ar yr Arglwydd, ac efe a'th gynnal di; ni ad ef i'r cyfiawn ysgogi byth' (Salm 55:22). Ond troer i Feibl 1588, a cheir mai fel hyn y mae'r adnod yn darllen: 'Bwrw dy ofal ar yr Arglwydd, ac efe a'th faetha di; ni âd i'r cyfiawn syrthio byth.' Bychain yw'r diwygiadau: 'dy faich', yn lle 'dy ofal'; 'a'th gynnal', yn lle 'a'th faetha'; 'ysgogi', yn lle 'syrthio'; ychwanegu'r rhagenw 'ef' yn 'ni ad ef i'r cyfiawn ...'. Y ffurfiau amnewidiol hyn, fodd bynnag, fu geiriau'r 'hen gyfieithiad' o 1620 ymlaen, drwy lu o adargraffiadau, gan ddechrau gyda'r 'Beibl Bach' (1630). Geiriau ac ymadroddion y fersiwn hwn a stampiwyd ar feddwl a chalon cenhedlaeth ar ôl cenhedlaeth o'n hynafiaid, ac ynghlwm wrth hynny yr argyhoeddiad fod y geiriau hynny yn cyfrif.

Amcan y bennod hon yw ceisio dilyn peth o daith y Beibl Cymraeg rhwng 1588 a 1620, a gwneud hynny yng nghwmni ysgolhaig a fu a chanddo ran yn y gwaith yn 1588, yn y gwaith y parhawyd ag ef ar destun y Beibl yn y degawdau wedyn, ac yn arbennig ym mharatoi Beibl 1620. Y gŵr hwnnw oedd John Davies: Dr John Davies o Fallwyd, fel y cyfeirir ato'n fynych, un o'r ysgolheigion mwyaf a gododd Cymru erioed, er i'w enw, mae'n o debyg, o'i gymharu ag enwau William Salesbury a William Morgan, fod braidd yn ddieithr i'r rhan fwyaf o'n cyd-genedl ni.

Felly, o leiaf, yr oedd pethau hyd ychydig flynyddoedd yn ôl. Oherwydd daeth enw John Davies yn llawer mwy adnabyddus gydag ymddangosiad y nofel hanesyddol *Sgythia*, gwaith y diweddar Gwynn ap Gwilym.[3] Un o ragoriaethau'r gyfrol gampus honno yw'r modd y crëwyd darlun mor fyw a chredadwy o John Davies a'i brofiadau fel offeiriad ac ysgolhaig yn ystod y deugain mlynedd y bu'n rheithor Mallwyd.[4] Heb unrhyw amheuaeth, mae John Davies yn un o'r personoliaethau hynny, o'r unfed ganrif a'r ail ganrif ar bymtheg, yr ŷm ni'r Cymry yn dra dyledus iddynt—yn un peth, a chyda'r pwysicaf, am barhad y Gymraeg. Cyfnod argyfyngus yn hanes yr iaith oedd y degawdau a ddilynodd Ddeddfau Uno (a defnyddio'r term cyfleus hwnnw) 1536/1543 a'r 'cymal iaith' bondigrybwyll. Ond diolch i'r dyneiddiwr William Salesbury, yn fwy na neb, a'i benderfyniad i 'fynnu dysg' a 'mynnu'r Ysgrythur Lân' yn ein hiaith, ataliwyd llanw'r difrod ieithyddol a fygythid gan y Deddfau Uno a chan orchmynion (megis hwnnw dan Harri VIII yn 1538 parthed gosod copi o'r 'Great Bible' ym mhob eglwys blwyf, neu'r un dan Edward VI yn 1549 parthed defnyddio'r Llyfr Gweddi Saesneg) mai Saesneg fyddai iaith addoliad.[5] Ac yn 1563 dyna weld pasio'r mesur seneddol hollbwysig, dan y Frenhines Elisabeth erbyn hynny, yn gorchymyn pedwar esgob Cymru, ynghyd ag esgob Henffordd, i drefnu cyfieithu'r Beibl a'r Llyfr Gweddi Gyffredin i'r Gymraeg. Hynny a arweiniodd at Destament Newydd a Llyfr Gweddi a Sallwyr 1567, trobwynt tyngedfennol yn hanes Cymru, ac yna—un ar hugain o flynyddoedd yn ddiweddarach—at Feibl 1588.

I'r olyniaeth honno y perthynai John Davies. Roedd, wrth gwrs, yn llawer iau na William Salesbury. Mae'n debyg mai yn 1567 (blwyddyn cyhoeddi cyfieithiadau Salesbury), neu efallai 1568, y cafodd ei eni: yn Llanferres, yn ucheldir Iâl, ar ochr Sir Ddinbych i'r ffin â Sir Fflint, yn fab i wehydd o'r enw Dafydd ap Siôn ap Rhys a'i wraig Elsbeth. Mae delwedd y ffin yn crisialu peth o'r tyndra diwylliannol a fu'n sbardun i lawer o'r gwaith gorchestol yr ymgymerodd John Davies ag ef yn nes ymlaen yn ei fywyd. Yn ddaearyddol golygai agosrwydd y goror â Lloegr fod ardaloedd gogledd-ddwyrain Cymru yn fwy agored na llawer o'n bröydd i ddylanwadau o'r tu allan, ac nid damwain yw fod Dyffryn Clwyd a'r cyffiniau, yn ymestyn i'r gorllewin dros Fynydd Hiraethog i Ddyffryn Conwy, wedi bod yn bennaf crud i ddylanwadau'r Dadeni Dysg yng Nghymru. Roedd yno, yn fwy efallai nag mewn unrhyw ran arall o Gymru, nifer o hen deuluoedd tiriog a llu o fân uchelwyr a roddodd i'w meibion, ac i fechgyn eraill a noddid ganddynt, y cyfle—mewn ysgol a phrifysgol—i ymgydnabod â'r ddysg a gysylltid â'r Dadeni, yn arbennig y pwyslais ar ailddarganfod diwylliant a delfrydau'r byd clasurol fel y gwelid y rheini yng ngweithiau'r hen awduron Groeg a Lladin. Nid mater o siawns oedd hi mai dyma'r bröydd a gynhyrchodd William Salesbury a Humphrey Llwyd, William Morgan ac Edmwnd Prys, a nifer o ddysgedigion eraill. A chafodd John Davies, yn ei dro, yr un cyfleoedd. Fe fu, mae'n dra thebyg, yn ddisgybl yn Ysgol Rhuthun, a sefydlwyd yn 1574 gan fab i un o deuluoedd enwocaf Rhuthun, sef Gabriel Goodman, deon Westminster. (Gydag ef y bu William Morgan yn lletya am y flwyddyn y bu yn Llundain yn goruchwylio printio Beibl 1588, fel y tystir gan nodyn gwerthfawrogol ar ddechrau'r gyfrol.)[6] Yn Ysgol Rhuthun cafodd John Davies ei drwytho mewn Groeg a Lladin, a pharhaodd hynny pan aeth yn ddiweddarach yn fyfyriwr i Rydychen, i Goleg Iesu. Datblygodd yn feistr ar ysgrifennu'n ddysgedig yn yr iaith Ladin. Cofier hefyd ei fod yn ddisgybl ac yn fyfyriwr pan oedd llyfrau printiedig, cynnyrch y gweisg argraffu, wedi dod yn rhan o offer pob dydd mewn ysgol a phrifysgol, a'u dylanwad mor chwyldroadol ag eiddo'r cyfryngau digidol mewn cyrsiau addysg heddiw. A bu'r diwylliant print hwnnw hefyd yn ffurfiannol bwysig i John Davies.

    Ond nid y math o ddysg a ddôi o'r tu allan oedd unig ddysg Dyffrynnoedd Clwyd a Chonwy a'u cyffiniau. Dyma'r ardaloedd a fu'n gartref hefyd i rai o feirdd Cymraeg mwyaf diwedd y bymthegfed ganrif a'r ganrif nesaf: Dafydd ab Edmwnd, Gutun Owain, Tudur Aled, Gruffudd Hiraethog. Nid awduron cerddi yn unig oedd y rhain, ond cynheiliaid holl draddodiad y ddysg farddol Gymraeg, a'r ddysg honno yn ei thro yn pennu llawer o natur a diben y farddoniaeth (yn arbennig lle mawl yn eu canu). A pharhaodd yr awch am gasglu a chopïo a diogelu llawysgrifau o waith y beirdd, yn arbennig yn y gogledd-ddwyrain. Gellir yn hawdd dybio bod John Davies, yn fachgen ifanc, wedi ymwybod â'r traddodiad Cymraeg hwn, ac â'r tyndra creadigol rhwng y ddau symudiad dysgedig a oedd ar waith o'i gwmpas: ar y naill law, dysg glasurol y Dadeni; ar y llaw arall, dysg farddol y penceirddiaid Cymraeg. Yn nyddiau ei anterth gwnaeth waith aruthrol yn casglu ac astudio cynnwys llawysgrifau Cymraeg (bu rhai o lawysgrifau pwysicaf Cymru—Llawysgrif Hendregadredd, Llyfr Du Caerfyrddin, Llyfr Taliesin, Llyfr Coch Hergest—drwy ei ddwylo), a chafwyd ffrwyth ei astudiaethau mewn dwy gyfrol gwbl eithriadol, lle

Y Bibl Cyssegr-lan, 1620
(Trwy ganiatâd Llyfrgell Genedlaethol Cymru)

mae'n cyflwyno'r iaith Gymraeg i fyd dysg nid yn unig yng Nghymru a thrwy Brydain ond hefyd ledled Ewrop. Yn gyntaf, Gramadeg Cymraeg, *Antiquae Linguae Britannicae ... Rudimenta* (1621), gwaith rhyfeddol sy'n seiliedig ar ei ymdrwytho yng ngwaith y beirdd Cymraeg, gryn bedwar ugain ohonynt. Hwn yw'r llyfr y dywedodd Griffith John Williams amdano mai 'dyma gampwaith cyfnod y Dadeni yng Nghymru'.[7] Ac yna, yn 1632, y gwaith y bydd pobl yn cysylltu enw John Davies ag ef fynychaf erbyn heddiw, y *Dictionarium Duplex*, 'Geiriadur Deublyg' (Cymraeg-Lladin, Lladin-Cymraeg), geiriadur mwyaf ysgolheigaidd y Gymraeg hyd at gyhoeddi *Geiriadur Prifysgol Cymru*.

Trown yn benodol at y Beibl, ac at gyfraniad John Davies i'r cyfeiriad hwnnw. Ac mae'r cyfan a grybwyllwyd—hyfedredd yn yr ieithoedd clasurol, meistrolaeth lwyr ar y Gymraeg a'i llên, ymwybod â photensial y llyfr printiedig ac â'r posibiliadau o weld y Gymraeg yn iaith deipograffig—yn hanfodol i'r hyn a gyflawnodd John Davies fel efrydydd a chyfieithydd Beiblaidd. Mae ei gyfraniad yn dechrau gyda Beibl 1588, Beibl William Morgan. Oherwydd mae'n weddol sicr iddo fynd, ar ôl ei ddyddiau yn Ysgol Rhuthun, at William Morgan yn Llanrhaeadr-ym-Mochnant: mynd yno i gynorthwyo, fel *amanuensis*, yn y dasg o gael fersiwn terfynol Beibl 1588 yn barod i'w ddwyn i Lundain i'w argraffu. Daethai'r addewid a oedd ynddo i sylw William Morgan, ac mae cryn reswm dros gredu bod Morgan wedi chwarae rhan fawr ym meithrin diddordeb y John Davies ifanc yn y Gymraeg a'i llên. Ond nid yn unig hynny. Meddylier hefyd am yr argraff y byddid wedi'i gadael arno o fod yng nghwmni William Morgan a gweld ar waith, o ddydd i ddydd, yn llafur y cyfieithu, argyhoeddiad yr offeiriad dysgedig ynglŷn â gwerth efengylaidd y Gymraeg. Yn Llanrhaeadr, hefyd, roedd John Davies yng nghwmni ysgolhaig Hebraeg o'r radd flaenaf, a oedd wrthi'n cyfieithu'r Hen Destament cyfan i'r Gymraeg am y tro cyntaf. Ymhlith cymwynasau eraill, mae'n dra thebygol fod William Morgan wedi gosod ei gynorthwywr ar ben ei ffordd yn yr Hebraeg. Yn ôl Anthony Wood, awdur *Athenae Oxonienses*, casgliad o fywgraffiadau rhai o gynfyfyrwyr amlycaf Rhydychen, roedd John Davies yn disgleirio ymhlith ei gymheiriaid yn y brifysgol oherwydd ei feistrolaeth ar yr Hebraeg yn ogystal â'r Roeg.[8] Tybed nad i gyfnod Llanrhaeadr, ac i'r hyfforddiant a gafodd yno gan William Morgan (un a oedd 'fel Gamaliel imi', meddai yn 1632), y mae llawer o'r diolch am osod seiliau'r arbenigrwydd hwnnw?[9]

Nid dyna ddiwedd y cysylltiad â William Morgan. Yn 1589 (y flwyddyn wedi cyhoeddi'r Beibl) aeth John Davies, fel y soniwyd, i Rydychen. Erbyn hynny roedd dros un ar hugain oed, yn hŷn na'r rhelyw o lasfyfyrwyr y cyfnod, a bu yno'n efrydydd am yn agos i bum mlynedd. Ond yn fuan ar ôl graddio, yn 1594, yr oedd yn ôl yng Nghymru ac yn perthyn unwaith yn rhagor i gylch William Morgan, i ddechrau yn Llanrhaeadr. Mae'n dra thebyg mai Morgan a fu'n cyfeirio'i baratoadau ar gyfer ei ordeinio: Anthony Wood, eto, sy'n dweud amdano, 'studied Divinity in the country', ac efallai fod John Davies, wrth ddisgrifio William Morgan fel Gamaliel iddo, yn cyfeirio hefyd at yr hyfforddiant diwinyddol a bugeiliol a dderbyniodd ganddo yn y cyfnod hwnnw. Mae cofrestri esgobaeth Llanelwy ar gyfer y blynyddoedd hyn wedi'u colli, ac nid oes sicrwydd pryd yn union y derbyniodd John Davies urddau diacon ac offeiriad. Ond rhesymol yw tybio iddo gael ei ordeinio, gan yr Esgob William Hughes, yn ddiacon yn 1594 ac yn offeiriad y flwyddyn ddilynol, gan wasanaethu William Morgan fel curad.[10] A phan benodwyd Morgan yn esgob Llandaf yn 1595, aeth â John Davies gydag ef i'r de, i'r plas esgobol ym Matharn (neu Ferthyr Tewdrig) yn ymyl Cas-gwent. Un o swyddogaethau'r clerigwr ifanc oedd gweithredu fel caplan ac ysgrifennydd personol i'r Esgob. Ond yr hyn a fyddai'n mynd â'i fryd yn arbennig oedd ategu diddordebau llenyddol William Morgan. Yn ôl tystiolaeth John Davies, yn rhagymadrodd y *Dictionarium Duplex*, yr oedd yr Esgob ei hun wedi bod wrthi'n paratoi geiriadur Cymraeg (er nad oes dim sy'n wybyddus bellach am hynt y gwaith hwnnw), ac yr oedd yn dra hyddysg yn y traddodiad barddol.[11] Yng ngweithiau'r Cywyddwyr y darganfu Morgan y safonau ieithyddol a gramadegol (ac, i raddau llai, gyfran o'r eirfa) a roddwyd ar waith ym Meibl 1588. Mae'n amlwg fod John Davies yn rhannu'r diddordebau hyn ac yn ymhoffi yn y farddoniaeth gaeth. Tystia mewn mwy nag un man ei fod wedi dechrau gweithio ar gasglu deunydd at ei eiriadur mor gynnar â 1593.[12] Ac mae ei ddiddordeb yn llawysgrifau llenyddol y Gymraeg yn mynd yn ôl o leiaf i gyfnod Llandaf. Mewn llythyr, tua diwedd ei oes, at Owen Wynn o Wydir, ceir ganddo gyfeiriad atgofus at lawysgrif o waith Dafydd ap Gwilym a oedd yn eiddo i William Mathew o Gastell Llandaf, 'whereof I gotte copie of the one half when I dwelt in those parts'.[13] Adran olaf y llawysgrif a adwaenir bellach fel 'Peniarth 49', yn y Llyfrgell Genedlaethol, yw'r copi a wnaeth John Davies bryd hynny.

Roedd hyn oll yn rhan o'r byd diwylliedig yr oedd John Davies yn troi ynddo yng nghwmni William Morgan. Ond y gorchwylion llenyddol pwysicaf y bu William Morgan yn ymwneud â hwy yn Llandaf, ac yna yn Llanelwy, oedd paratoi deunydd Cymraeg ar gyfer ei argraffu ar ffurf llyfrau printiedig. Mae pwysigrwydd ac arwyddocâd arhosol Beibl 1588 mor fawr fel bod perygl inni anghofio nad y Beibl hwnnw oedd diwedd cyfraniad William Morgan yn darparu, mewn print, ar gyfer anghenion ysbrydol ei gyd-Gymry. Cawsai'r Esgob ei siomi gan nifer y gwallau argraffu ym Meibl 1588, yn enwedig yn adran y Testament Newydd. Yng nghyfnod Llandaf aeth ati i ailddarparu'r Testament Newydd, gwaith a gwblhawyd ar ôl iddo symud, a John Davies gydag ef, i esgobaeth Llanelwy yn 1601. Trosglwyddwyd y llawysgrif i Thomas Salisbury, argraffydd (yn wreiddiol o Glocaenog) a weithiai yn Llundain. Ysywaeth, ni chyflawnwyd y bwriad o ddwyn y gwaith hwnnw drwy'r wasg. Un o drasiedïau hanes ein llên, collwyd y llawysgrif pan ffodd Thomas Salisbury i'r wlad rhag y pla a ddaeth ar Lundain yn 1603, ac ni chafodd William Morgan ei ddymuniad a gweld y Testament Newydd wedi'i brintio fel yr hoffai.

Sut, fodd bynnag, y llwyddodd esgob prysur i fynd ati i ddiwygio'r Testament Newydd? Rhan fawr o'r ateb i'r cwestiwn hwnnw, mae'n siŵr, yw'r cymorth a gafodd William Morgan gan John Davies wrth ei ymyl ym Matharn ac yna yn Niserth. Ac nid y Testament Newydd coll yn unig. Cyn hynny, yn 1599, cafwyd golygiad newydd, a hynod bwysig, o'r Llyfr Gweddi Gyffredin, a holl gwirciau orgraffyddol William Salesbury wedi'u symud a'r cyfieithiad wedi'i ddiwygio. William Morgan oedd yn gyfrifol am olygu Llyfr Gweddi 1599, ond nid oes amheuaeth nad John Davies a gariodd ben trymaf y baich o ddrafftio'r diwygiadau i destun Salesbury, a hefyd efallai o hwylio'r llyfr drwy'r wasg. Ar wahân i'r newid ar orgraff hynod Salesbury, un peth sy'n amlwg iawn yn Llyfr Gweddi 1599 yw fod William Morgan a John Davies wedi cymryd gofal arbennig wrth adolygu'r darnau o'r Ysgrythur a geir ynddo, sef yr 'Epistolau' a'r 'Efengylau' ar gyfer Gwasanaeth y Cymun. Dangosodd ymchwil Isaac Thomas ar hanes y cyfieithiadau mor drylwyr y gwaith a wnaethpwyd ar y darnau hynny, a gellir yn hawdd gredu mai'r hyn sydd i'w weld yn Llyfr Gweddi 1599 yw blaenffrwyth y gwaith pellach ar fersiwn diwygiedig y Testament Newydd.[14]

Gyda throsglwyddo William Morgan, o Landaf i Lanelwy, symudodd John Davies hefyd—fel y crybwyllwyd eisoes—yn ôl i'r gogledd. Tair blynedd yn unig, fodd bynnag, oedd cyfnod William Morgan yn esgob Llanelwy. Ar ôl dihoeni am fisoedd, bu farw ym mis Medi 1604. Un o'i actau olaf, lai na phythefnos cyn ei farwolaeth, oedd trefnu gosod John Davies ym mhlwyf Mallwyd, yng nghyrion yr esgobaeth. Dyna'r pwynt lle y mae *Sgythia* Gwynn ap Gwilym yn dechrau: gyda John Davies, yn ŵr tua 37 mlwydd oed, yn ysgolhaig o ddysg enfawr ac yn un a fu'n neilltuol o agos at William Morgan, yn dechrau ei weinidogaeth ym Mallwyd, ei gartref hyd ei farw yn 1644.

Olynydd William Morgan yn Llanelwy oedd yr Esgob Richard Parry. Sylw braidd yn ddifrïol a gaiff ef yn *Sgythia*. Ond nid oes amheuaeth na fu Parry yn ddigon gofalus o fuddiannau John Davies: sicrhau ar ei gyfer incwm nifer o fywoliaethau eraill, a'i wneud yn ganon, ac yn ddiweddarach yn ganghellor, y Gadeirlan. Hefyd crëwyd rhyngddynt gwlwm teuluol. Ychydig flynyddoedd ar ôl symud i Fallwyd priododd John Davies â Jane (neu Siân) Price, chwaer i wraig Richard Parry. Roedd y ddwy yn wyresau ar ochr eu mam i'r 'Barwn' Lewis Owen o Ddolgellau, a laddwyd yn 1555 am ei drafferth yn ceisio dwyn trefn ar bethau tua ffiniau Meirionnydd a Sir Drefaldwyn a difodi'r *banditti* lleol, Gwylliaid Cochion Mawddwy: mae dirgryniadau hynny yn un o themâu mawr *Sgythia*. Roeddent yn perthyn hefyd i deulu Hengwrt, Llanelltud. Byddai Robert Vaughan, Hengwrt, nai i Jane Davies, yn datblygu i fod y pwysicaf yn ei gyfnod ymhlith casglwyr llawysgrifau, a Hengwrt dan ei oruchwyliaeth yn warchodfa hollbwysig i'r traddodiad llenyddol Cymraeg. Bu'r cysylltiad hwnnw yn un manteisiol iawn i John Davies, wrth iddo yntau ddatblygu ei ddiddordeb yn yr iaith Gymraeg a'i thraddodiad llenyddol. Ond consýrn arbennig John Davies, am gyfran helaeth o'i un mlynedd ar bymtheg cyntaf ym Mallwyd, oedd parhau â'i waith fel cyfieithydd yr Ysgrythurau, yn paratoi'r fersiwn diwygiedig o Feibl William Morgan.

Pam, fodd bynnag, fod galw am fersiwn newydd o gwbl? Beth oedd yr angen, wedi campwaith 1588? I gael rhan, o leiaf, o'r ateb gallwn droi at gyflwyniad Lladin ar ddechrau Beibl 1620.[15] Yr awdur yw Richard Parry, a dywed ef fod dau beth yn arbennig wedi ysgogi'r gwaith. Yn gyntaf, bod y copïau o Feibl 1588 'yn y rhan fwyaf o'n heglwysi naill ai ar goll neu wedi treulio, heb fod neb, hyd y gallwn i gael ar ddeall,

Eglwys Mallwyd

yn meddwl am argraffu rhai newydd'. Hawdd credu'r geiriau hynny. Cyfrol ffolio, i'w gosod ar ddesg neu ddarllenfa yn yr eglwysi plwyf, oedd Beibl 1588. Meddylier am y copïau ohoni, yn cael eu cadw mewn adeiladau llaith, eu defnyddio'n ddyddiol gan y clerigwyr a'u bodio gan unrhyw un arall a oedd yn ddigon llythrennog i'w darllen: nid rhyfedd eu bod, dros chwarter canrif yn ddiweddarach, wedi treulio. Ar y llaw arall, yn ardaloedd mwy Seisnig y ffin, lle nad oedd y Gymraeg yn cael ei defnyddio'n rheolaidd yn y gwasanaethau, tebyg mai eu hanwybyddu fu tynged llawer o'r Beiblau Cymraeg, a'u colli'n gyfan gwbl.

Ond yr oedd ail reswm yn sbardun pwysig hefyd. Yn 1611 cawsai fersiwn newydd o'r Beibl Saesneg ei gyhoeddi, 'Beibl y Brenin Iago': y *KJV* ('King James Version') neu'r *AV* ('Authorized Version') fel y cyfeirir ato yn fynych. Anerchir y Brenin Iago gan Richard Parry yn ei gyflwyniad a dywed iddo farnu 'nad oedd dim y gallwn ei gyflawni a oedd yn fwy teilwng ynddo'i hun, nac yn fwy derbyniol gan fy Nuw a chan fy Mrenin, nac ychwaith yn fwy priodol ar gyfer iachawdwriaeth y Cymry, na'm bod â'm holl egni yn ceisio gwneud yn achos fersiwn Cymraeg y Beibl yr hyn sydd eisoes wedi'i wneud mor llwyddiannus yn achos y Beibl Saesneg [1611]'. Yna meddai, ar ôl cyfeirio at waith ei ragflaenwyr, Richard Davies, William Salesbury, William Morgan:

> Trois i fy llaw at eu cyfieithiadau hwy, yn enwedig yr olaf [*sef Beibl 1588*], a lle'r ymddangosai fod angen, ymgymerais ag atgyweirio'r hen adeilad, megis, â gofal o'r newydd. ... Yr wyf, yn fawr fy moliant i'm rhagflaenydd [*sef William Morgan*], wedi cadw rhai pethau, ac, yn enw Duw, wedi newid pethau eraill, gan gydglymu'r cyfan yn ei gilydd yn y fath fodd fel bod yma enghraifft deg o fater sy'n agored i amheuaeth, a'i bod yn anodd dweud a ddylid ystyried mai'r hen fersiwn sydd yma, neu un newydd, ai eiddo Morgan, neu yr eiddof fi.

Nid oes unrhyw amheuaeth nad oedd Richard Parry yn ddyn dysgedig. Cawsai ei addysgu yn Ysgol Westminster ac yn Rhydychen, ac nid oedd yn brin o'r adnoddau angenrheidiol, meistrolaeth ar ieithoedd y Beibl ac ar ysgolheictod beiblaidd, i allu ymgymryd â'r gwaith o olygu a diwygio'r cyfieithiad, er nad oes tystiolaeth ei fod (yn wahanol i William Salesbury a William Morgan) wedi ymroi i efrydiau manwl yn yr iaith Gymraeg ei hun. Mae'n hawdd credu hefyd mai gofal bugeiliol Richard Parry, wedi'i gyfuno â'i ddylanwad fel esgob, a sicrhaodd fod y fersiwn newydd yn cael ei gwblhau a'i gyhoeddi.[16]

Ond mae bwlch mawr yn yr hyn a ddywedir gan Parry, a dau beth nad yw wedi'u cydnabod, y ddau'n gysylltiedig â'i gilydd. Gellid meddwl o ddarllen y cyflwyniad nad oedd dim wedi digwydd yn hanes y Beibl Cymraeg oddi ar 1588: dim Llyfr Gweddi 1599, a dim diwygio ar gyfer y Testament Newydd coll hwnnw yn 1603. Gellid meddwl hefyd mai Richard Parry yn unig a fu wrthi'n paratoi Beibl 1620. Yr un pryd, y mae pob tystiolaeth, ac eithrio rhagymadrodd Richard Parry ei hun, yn pwyntio at John Davies fel un a fu, o leiaf, yn rhannu'r gwaith â'r esgob. Nid oedd amheuaeth ym meddwl beirdd (megis Rhisiart Cynwal a Huw Machno) a thystion eraill (megis Rowland Vaughan o Gaer-gai) ynglŷn â rhan allweddol John Davies yn y gwaith o ddwyn y gorchwyl i ben. Cwbl ddiymffrost yw agwedd John Davies ei hun. Ni fyn ef ei ddisgrifio'i hun (yn 1621, flwyddyn ar ôl cyhoeddi'r Beibl newydd) fel mwy na 'chynorthwywr annheilwng' i Morgan a Parry fel ei gilydd.[17] Y *scenario* tebygol, yn fy nhyb i, ar gyfer Beibl 1620—darlun llai pryfoclyd, rhaid addef, na'r un a geir yn *Sgythia!*—yw mai John Davies a wnaeth y gwaith sylfaenol o olygu a diwygio, ac yna ei fod ef a Parry gyda'i gilydd yn cytuno ar y fersiwn terfynol.

Beth yw'r gwahaniaethau rhwng Beibl 1620 a Beibl 1588? Ni bu yn ystod y cyfnod hwnnw unrhyw ddatblygiadau mawr nac o ran gwybodaeth am y testunau Groeg a Hebraeg gwreiddiol nac o ran eu caffaeledd, dim i'w gymharu â'r datblygiadau a gawsid yn y can mlynedd cyn 1588.[18] Ar wahân i gywiro'r gwallau argraffu niferus ym Meibl 1588, un o brif amcanion Parry a Davies oedd edrych eto ar yr hen fersiwn yng ngoleuni'r gwaith a wnaed gan gyfieithwyr Beibl Saesneg 1611 a hefyd gydymffurfio â rhai o elfennau'r Beibl hwnnw. Er enghraifft, gwahaniaeth amlwg rhwng Beibl 1588 a Beibl 1620 yw'r penawdau (o ddau neu dri gair), yn crynhoi'r cynnwys, a geir uwchben pob colofn yn 1620. Felly, uwchben y colofnau ar dudalennau cyntaf Llyfr Genesis, gwelir fel hyn: 'Creadwriaeth y Byd', 'Gardd Eden', 'Ordeinio Priodas', 'Cwymp Dyn', 'Lladd Abel'. Enghreifftiau o ddilyn Beibl Saesneg 1611 yw'r rhan fwyaf o'r rhain: ni chafwyd penawdau tebyg gan William Morgan. Roedd ganddo ef gynwysiadau o flaen pob pennod unigol. Felly, yn Genesis pennod 1, ceir gan Morgan y cynhwysiad yma: 'Creadwriaeth y nef, a'r ddaiar; [adnod] 2 y goleuni a'r tywyllwch; 8 y ffurfafen; 16 y pysc, yr adar, a'r anifeiliaid; 26 a dyn. 29 Lluniaeth dyn ac anifail'. A dyma Feibl 1620: '1 Creadwriaeth nef a daiar, 3 a'r goleuni, 6 a'r ffurfafen, 9 nailldu o y ddaiar oddi wrth y dyfroedd, 11 a'i gwneuthur yn ffrwythlon, 14 yr haul, y lleuad a'r sêr, 20 y pyscod a'r adar, 24 yr anifeiliaid, 26 dyn ar lun Duw, 29 Ordeinio lluniaeth ac ymborth'. Fel y gwelir, mae'r cynwysiadau'n llawnach— mae hynny'n wir am Feibl 1620 drwyddo—ac, unwaith eto, maent yn cyfieithu'r cynwysiadau ym Meibl Saesneg 1611.[19] Yn yr un modd mae'r tablau a'r calendrau manwl ar ddechrau'r gyfrol, yn dangos (er enghraifft) drefn Salmau a llithiau yng ngwasanaethau'r Eglwys, wedi'u cyfieithu air am air o'r Saesneg.

Gyda golwg ar ieithwedd Beibl 1620, ceir ynddo ymdrech bendant i ffurfioli ac urddasoli'r Gymraeg, proses a ddechreuodd gyda Llyfr Gweddi 1599. Yr hyn sydd yma, yn nisgrifiad cryno R. Geraint Gruffydd, 'yw ymgais gyson i reoleiddio a safoni'r iaith ymhellach fyth, gan alltudio, hyd y gellid, yr elfen lafar'.[20] Anelir, mae'n amlwg, at gysondeb orgraff, a thebyg fod dylanwad John Davies i'w weld yn arbennig yn y newid ar rai ffurfiau llafar. Gwyddys fod y terfyniad *-e*, yn lle *-ai*, i ddynodi trydydd person unigol amser amherffaith a gorberffaith y ferf, yn annerbyniol ganddo, er bod William Morgan wedi cynnwys hynny. Felly newidir ffurfiau fel *bydde* a *crease* (ym Meibl 1588) yn *byddai* a *creasai*. Ynglŷn â therfyniad y trydydd person unigol yn *-iff*, roedd gan John Davies farn bendant iawn, sef ei fod yn gwbl anghymeradwy (ac eithrio yn y ffurf *caiff*—o *caffael*). Felly mae ffurfiau fel *gwnaiff* ac *aiff*, a fu'n dderbyniol gan William Morgan, yn troi'n *gwna* ac *â* ym Meibl 1620.[21]

Peth arall a geir ym Meibl 1620, yn enw cyfieithu manwl gywir, yw hepgor adferfau (megis *yna* a *hefyd*, i gyfieithu *waw*, y cysylltair Hebraeg) sy'n rhoi lliw i naratif fersiwn 1588. Yn mhennod gyntaf Llyfr Genesis (eto), yn adnodau 3 a 4, darllenir, yn fersiwn William Morgan, 'Yna Duw a ddywedodd, ...', 'Yna Duw a welodd ...'. Ond yn 1620 newidiwyd i 'A Duw a ddywedodd, ...', 'A Duw a welodd ...'. Cymharer â hynny Feibl Saesneg 1611 (yr *AV*), 'And God said, ...', 'And God saw ...'. Dylanwad yr *AV*, mewn gwirionedd, sydd y tu cefn i'r rhan fwyaf o'r newidiadau i eirfa 1588. Felly, parthed yr enghreifftiau y cyfeiriwyd atynt ar ddechrau'r bennod hon, defnydd cyfieithwyr Saesneg yr *AV* o'r ffurf 'Calvary' (yn seiliedig ar *Calvaria*, gair Lladin a ddefnyddir am 'Golgotha' yn fersiwn y Fwlgat a dadogid ar S. Jerom) yw'r rheswm dros

'Calfaria' yn Luc 23:33, yn lle 'y Benglogfa' a geid ym Meibl 1588. A chydymffurfio, efallai'n orslafaidd, â'r *AV* sydd i gyfrif am y newidiadau yn Salm 55:22: 'Cast thy burden [= *baich*] upon the LORD, and he shall sustain [= *cynnal*] thee: he shall never suffer the righteous to be moved [= *ysgogi*]' yw geiriad y Beibl Saesneg hwnnw.[22] Gorgyffwrdd â'r *AV* neu beidio, mae manylder yr holl ymgymeriad y tu hwnt i amheuaeth. Nid gorchwyl bychan, rhwng te a swper, oedd hyn oll i John Davies a Richard Parry, ddim mwy nag oedd y cyfieithu cyntaf i William Morgan.[23]

Tasg a ofynnai'r un manylder oedd y gwaith o hwylio'r gyfrol newydd drwy'r wasg. Fel yn achos Beibl 1588, yn Llundain y cysodwyd ac y printiwyd Beibl 1620—gan Bonham Norton a John Bill, partneriaid trwyddedig i'r argraffydd brenhinol Robert Barker. Mae cyfrol 1620 yn fwy ei maint ('ffolio mawr') nag un 1588 ('ffolio bychan'), ac ynddi 1172 o dudalennau, hanner cant yn fwy nag ym Meibl William Morgan. Yr un oedd proses ei chynhyrchu ag yn 1588, yn golygu mynd i mewn i'r argraffdy ac ymwneud o ddydd i ddydd â'r printwyr. Pwy a fu yn Llundain, yn ysgwyddo'r cyfrifoldeb hwnnw ac yn goruchwylio'r llyfr wrth iddo fynd drwy'r wasg? Mae'n dra amlwg mai John Davies a wnaeth hynny hefyd. Sonia'r bardd Rhisiart Phylip amdano *draw 'Nghaer Ludd* yn gofalu am brintiad y Beibl, a chyfeiria Rhisiart Cynwal ato *yn Lloegr fawr* yn *Trefnu adnewyddu'n iaith / A geiriau Duw, gywirwaith.*[24] Yn y Llyfrgell Genedlaethol cedwir crair arbennig o ddiddorol o'r amser hwn yn Llundain, sef copi (mewn dwy gyfrol) o broflenni cywiredig Beibl 1620, a'r rhan fwyaf o'r dalennau wedi'u printio ar un ochr yn unig.[25] Er bod olion darllenwyr eraill hefyd i'w gweld yn y cyfrolau hyn, mae llawysgrifen John Davies yn dra amlwg yn y cywiriadau a nodir ynddynt.

Nid Beibl 1620 oedd yr unig waith y bu John Davies yn goruchwylio'i argraffu yn ystod y cyfnod hwnnw yn Llundain. Rhai misoedd ar ôl y Beibl, yn 1621, ymddangosodd argraffiad newydd eto o'r Llyfr Gweddi Gyffredin wedi'i baratoi ganddo. Un o hynodion arbennig y gyfrol honno yw mai ynghyd â hi, yn un rhwymiad (ond â thudalen deitl ar wahân), yr argraffwyd am y tro cyntaf Salmau Cân yr Archddiacon Edmwnd Prys, hen gyfaill a chyd-weithiwr William Morgan. Hefyd yn Llundain yn 1621, yn ychwanegol at y Beibl newydd a'r Llyfr Gweddi a'r Salmau Cân, bu John Davies yn gweld i argraffu ei Ramadeg Cymraeg, y cyfeiriwyd ato'n gynharach, gwaith y gellir (i ryw raddau, beth bynnag) ei weld

Rhan o gywydd moliant i Dr John Davies Mallwyd yn llawysgrif LlGC 5269
(Trwy ganiatâd Llyfrgell Genedlaethol Cymru)

fel cydymaith, neu lawlyfr, i'r egwyddorion ieithyddol ac orgraffyddol a ddilynwyd, o 1588 ymlaen, wrth gyfieithu'r Beibl.

Yr argraff a geir o John Davies, dro ar ôl tro, yw mai dyn diymhongar ydoedd, a hynny mewn oes pan nad oedd diymhongarwch—ddim mwy na heddiw—yn cael ei ystyried yn bennaf rhinwedd mewn gŵr cyhoeddus. Pe gellid gofyn iddo ef sut y dymunai gael ei gofio'n bennaf, fe dybiwn i mai ei ateb fyddai 'fel gweinidog ac offeiriad'. Prawf ardderchog o'i ofal bugeiliol yw'r 'llythyr at ei anwyl blwyfolion' ar ddechrau *Llyfr y Resolusion* (1632), cyfieithiad o'r dylanwadol *A Booke of Christian Exercise appertaining to Resolution* a baratowyd ganddo yn ystod cyfnod a dreuliodd unwaith eto yn Llundain, y tro hwn yn hwylio'r *Dictionarium Duplex* drwy'r wasg.[26] Ei obaith ynglŷn â'i astudiaethau ar y Gymraeg oedd y byddent 'o ryw ddefnydd i'r Eglwys Gymreig', ac o help i'w wneud ef a'i gyd-weinidogion 'yn fwy cymwys a darparedig ar gyfer cyflawni eu galwedigaeth' yng Nghymru. Hyd yn oed yn ei lafur ar y gwahanol fersiynau o'r Beibl a'r Llyfr Gweddi ni fynnai ei weld ei hun ond fel 'cynorthwywr annheilwng i ddau gyfieithydd yr Ysgrythurau Sanctaidd'.[27] Argyhoeddiad mawr John Davies oedd fod i'r Gymraeg ei rhan yn yr arfaeth ddwyfol. Meddai, yn ei lythyr annerch at Edmwnd Prys ar ddechrau'r Gramadeg, ychydig fisoedd wedi cyhoeddi'r Beibl diwygiedig:

> Yn wir ni ellir credu o gwbl y byddai Duw wedi ewyllysio i'r iaith hon gael ei chadw hyd yr amserau diwethaf hyn, a hynny ar ôl cynifer o laddfeydd ar y genedl, newidiadau mewn llywodraeth, ac ymdrechion gormeswyr, heblaw ei fod ef wedi ordeinio bod ei enw i gael galw arno yn yr iaith hon a'i fawrion weithredoedd i'w cyhoeddi ynddi.[28]

Priodol yw cofio'n ddiolchgar amdano, yr ysgolhaig o glerigwr a ddisgrifiwyd gan un o'i lu edmygwyr, y bardd Tomas Penllyn o Langywer, yn *ddoctor anhepgor i'n hiaith*.[29]

1. Fersiwn talfyredig o ddarlith a draddodwyd i Gymrodorion Caerdydd yn Chwefror 2020 a'i chyhoeddi'n llawn yng *Nghylchgrawn Hanes y Methodistiaid Calfinaidd*, 44 (2020), 6-28.
2. *Cymry Enwog*. Bywgraffiadau byrion a baratowyd dan nawdd Adran Gymreig y Bwrdd Addysg a Gwasg Prifysgol Cymru (Caerdydd: Gwasg Prifysgol Cymru, 1944), t. 37.
3. *Sgythia. Hanes John Dafis, Rheithor Mallwyd*. Nofel gan Gwynn ap Gwilym (Caernarfon: Gwasg y Bwthyn, 2017).
4. Yr oedd Gwynn ap Gwilym, wrth reswm, yn ddyledus i waith ymchwil rhai o'i flaen. Gan Rhiannon Francis Roberts (1923-1989), mewn traethawd MA (Prifysgol Cymru) yn 1950, cafwyd astudiaeth arloesol o fywyd a gwaith John Davies, ymchwil a ddistyllwyd mewn dwy erthygl yn *Llên Cymru*, 2 (1952-3), 19-35, 97-110. Ar John Davies gw. hefyd (ymhlith astudiaethau eraill) Ceri Davies, *John Davies o Fallwyd*, Cyfres Llên y Llenor (Caernarfon: Gwasg Pantycelyn, 2001) a *Dr John Davies of Mallwyd, Welsh Renaissance Scholar*, ed. id. (Cardiff: University of Wales Press, 2004).
5. *Rhagymadroddion 1547-1659*, gol. Garfield H. Hughes (Caerdydd: Gwasg Prifysgol Cymru, 1951), t. 11.
6. Ceri Davies, *Rhagymadroddion a Chyflwyniadau Lladin, 1551-1632* (Caerdydd: Gwasg Prifysgol Cymru, 1980), t. 70.
7. *Agweddau ar Hanes Dysg Gymraeg*, gol. Aneirin Lewis (Caerdydd: Gwasg Prifysgol Cymru, 1969), t. 75.
8. *Athenae Oxonienses. An Exact History of all the Writers and Bishops who have had their education in the University of Oxford* (London, 1691), cyf. i, col. 519.
9. Rhagymadrodd y *Dictionarium Duplex*, gweler *Rhagymadroddion a Chyflwyniadau Lladin*, t. 127.
10. R. Geraint Gruffydd, 'Richard Parry a John Davies', Pennod 7 yn *Y Traddodiad Rhyddiaith*, gol. Geraint Bowen (Llandysul: Gwasg Gomer, 1970), tt. 175-93 (179-80).
11. *Rhagymadroddion a Chyflwyniadau Lladin*, t. 127.
12. Glyn M. Ashton, 'Cofnod gan y Dr John Davies', *Llên Cymru*, 10 (1968-9), 121-3; Llsgr. LlGC 9062E (Llythyr at Owen Wynn), 1530.
13. Llsgr. LlGC 14529E. Gw. Roberts, *Llên Cymru*, 2, 27.
14. Isaac Thomas, *Y Testament Newydd Cymraeg 1551-1620* (Caerdydd: Gwasg Prifysgol Cymru, 1976), tt. 356-67.
15. *Rhagymadroddion a Chyflwyniadau Lladin*, tt. 101-4.

16 Am asesiad cytbwys o gyfraniad Parry, gweler J. Gwynfor Jones, 'Yr Esgob Richard Parry (1560-1623)', yn id., *Crefydd a Chymdeithas, Astudiaethau ar Hanes y Ffydd Brotestannaidd yng Nghymru c.1559-1750* (Caerdydd: Gwasg Prifysgol Cymru, 2007), tt. 188-208.

17 *Rhagymadroddion a Chyflwyniadau Lladin*, t. 121.

18 Gweler Basil Hall, 'Biblical scholarship: Editions and commentaries', yn *The Cambridge History of the Bible*, vol. 3, The West from the Reformation to the Present Day, ed. S.L. Greenslade (Cambridge: Cambridge University Press, 1963), tt. 38-93 (yn arbennig 48-76); Thomas, *Y Testament Newydd Cymraeg*, t. 368.

19 Gweler ymhellach Isaac Thomas, *Yr Hen Destament Cymraeg 1551-1620* (Aberystwyth: Llyfrgell Genedlaethol Cymru, 1988), t. 256.

20 *Y Traddodiad Rhyddiaith*, t. 183.

21 Am farn John Davies ar y ffurfiau hyn, gweler ei Ramadeg, *Antiquae Linguae Britannicae ... Rudimenta* (Llundain, 1621), tt. 85-6, 89.

22 Am drafodaeth lawnach, gweler Ceri Davies, ' "Am gael hwn yn iaith ein mamau": Cofio Beibl 1620', *Y Traethodydd*, CLXXV (2020), 199-206 (199-200, 204).

23 Am ddadansoddiadau manwl o arferion a thechnegau cyfieithwyr y Beibl i'r Gymraeg yn yr unfed ganrif a'r ail ganrif ar bymtheg, ni ellir gor-ddweud mor bwysig yw dwy gyfrol Isaac Thomas, *Y Testament Newydd Cymraeg 1551-1620* a *Yr Hen Destament Cymraeg 1551-1620* (gweler nn. 14 a 19 uchod). Parthed Beibl 1620 gweler yn arbennig bennod 11 y naill a phennod 7 y llall.

24 Llsgr. LlGC 5269B, 431b; 416.

25 Llsgr. LlGC 13217-13218E.

26 Gweler R. Geraint Gruffydd, '*Llyfr y Resolusion* and other pastoral literature', yn *Dr John Davies of Mallwyd, Welsh Renaissance Scholar*, tt. 226-37.

27 *Rhagymadroddion a Chyflwyniadau Lladin*, tt. 106, 121.

28 Ibid., t. 118.

29 Llsgr. LlGC 5269B, 398b.

3

Adrian Morgan

Y SALMAU CÂN YN EU CYD-DESTUN

Mae'r traddodiad o fydryddu'r Salmau yn y Gymraeg yn dechrau yn yr Oesoedd Canol. Gwelwyd rhai Salmau mydryddol yn 'Gwassanaeth Meir', cyfieithiad Cymraeg o ddefosiwn poblogaidd a ymddangosodd yn ystod y bedwaredd ganrif ar ddeg.[1] Ond, ar y cyfan, prin oedd yr enghreifftiau hyn cyn yr unfed ganrif ar bymtheg. Y cyntaf i fynd i'r afael â'r dasg yn y cyfnod hwn oedd Siôn Tudur, y bardd o Wicwair yn Llanelwy. Mydryddodd ef un Salm ar ddeg ar fesur y cywydd ac un arall ar fesur rhydd. Mae'r rhain wedi eu seilio ar Sallwyr William Salesbury a gyhoeddwyd yn 1567 ac fe'u lluniwyd rhwng y flwyddyn honno a 1581. Pan oedd y bardd yn ŵr ifanc bu'n 'Yeoman Extraordinary of the Guard' yn llys y Brenin Edward VI, ar yr union adeg pan oedd Thomas Sternhold a chwrtwyr eraill yn mydryddu'r Salmau yn Saesneg. Roedd yn dal yn Llundain ar ddechrau teyrnasiad Elisabeth pan oedd yr alltudion a ddychwelodd i Lundain o Genefa yn gwneud eu gorau i hyrwyddo'r arfer o ganu Salmau gan gynulleidfaoedd mewn gwasanaethau eglwysig cyhoeddus, a dyna a'i hysgogodd yn ôl pob tebyg.

Un arall a roes gynnig ar fydryddu'r Salmau ar y mesurau caeth rywdro yn ail hanner yr unfed ganrif ar bymtheg oedd David Johns, ficer Llanfair Dyffryn Clwyd. Gwyddys iddo ef fydryddu Salmau 6, 130 a 146. Cynigiodd Siôn Phylip o Ardudwy fydryddiadau o ddwy Salm arall ar fesur y cywydd, sef Salmau 1 a 51. Ond y gwaith mwyaf trawiadol ar y mesurau caeth yw gwaith William Midleton, y bardd a'r anturiwr o Lansannan. Gorffennodd hwnnw ei fydryddiad o'r Salmau i gyd yn Ionawr 1596 yn Ynys Escudo, Panama, pan oedd yno'n gapten llong ar fordaith olaf Syr Francis Drake a Syr John Hawkins. Cyhoeddwyd rhan o'r gwaith yn 1595 a chyhoeddwyd y cyfan o dan y teitl *Psalmae y Brenhinol Brophwyd Dafydh* yn 1603, dair blynedd ar ôl marw Midleton. Nodwedd fwyaf trawiadol y gwaith yw'r amrywiaeth helaeth o fesurau a welir ynddo, cyfanswm o 43 o fesurau i gyd. Mae'n debyg i Midleton geisio efelychu gwaith y bardd Syr Philip Sidney, un o ffigurau mwyaf athrylithgar y Dadeni yn Lloegr. Cyn ei farw yn 1587, roedd Sidney wedi mydryddu 43 o'r Salmau, gan ddefnyddio mesur gwahanol bob tro—rhai newydd o'i eiddo ef ei hun, rhai yn seiliedig ar fesurau Clasurol, a rhai a ganfu ym marddoniaeth Ffrainc a'r Eidal. Roedd gan Sidney gymhelliad crefyddol ond roedd ganddo gymhelliad llenyddol hefyd, sef ymestyn ffiniau barddoniaeth Saesneg a cheisio arddangos yr amrywiaeth mydryddol a oedd yn bosibl yn yr iaith.

Credir i Sidney lunio'r rhan fwyaf o'i Salmau ym mhlasty Wilton ger Caersallog, cartref ei chwaer, Mary Sidney, Iarlles Penfro. Credir bod awyrgylch Cymreig yn Wilton yn y cyfnod hwn. Roedd Henry Herbert, Iarll Penfro, a brawd yng nghyfraith Philip Sidney, yn hanu o linach Gymreig, ac roedd yn dal i fod mewn cyswllt agos â Chymru. Roedd yn noddi gweithgarwch diwylliannol yng Nghymru ym maes y ddrama a barddas a dichon ei fod yn siarad Cymraeg. Yr iarll a'i wraig yw'r cyswllt rhwng Sidney a Midleton. Roedd Midleton yn gweithio fel ysgrifennydd i'r iarll ar yr union adeg pan oedd Sidney yn lletya yn Wilton ac yn cyfansoddi ei Salmau, a'r tebyg yw fod gwaith y bardd o Loegr wedi ysbrydoli'r Cymro i lunio mydryddiad tebyg yn y Gymraeg, un a fyddai'n arddangos cyfoeth ac amrywiaeth cerdd dafod yn ogystal â dod â maeth i eneidiau ei gyd-wladwyr.

Mae'n bwysig sylweddoli nad Salmau a fwriadwyd ar gyfer eu canu gan gynulleidfa, nac efallai ar gyfer eu canu o gwbl, oedd y mydryddiadau hyn ond ymarferiadau gorchestol mewn barddoniaeth. Ond o ystyried fel y daeth canu Salmau yn rhan mor boblogaidd o'r gwasanaethau eglwysig yn Lloegr o ddechrau teyrnasiad Elisabeth ymlaen, roedd hi braidd yn anochel y datblygai awydd am weld yr un peth yng Nghymru. Wedi i'r Llyfr Gweddi Gyffredin a'r Beibl ymddangos, y cam naturiol nesaf oedd ceisio sicrhau Sallwyr mydryddol. Yn 1595 mynnodd Morris Kyffin nad oedd mydryddu'r Salmau 'i ganghanedd Englyn, nag Owdl, na Chowydd, nag i fath yn y byd ar gerdd blethedig' yn addas ar gyfer cynulleidfaoedd mewn eglwysi. Roedd angen fersiwn o'r Salmau mewn barddoniaeth rydd.

Y bardd cyntaf i ymrafael â'r her o gynhyrchu fersiwn rhydd o'r Salmau yn y Gymraeg oedd James Parry, uchelwr o Ewias, rhan o Swydd Henffordd a oedd y pryd hynny yn Gymraeg o ran iaith. Yn ôl yr hyn a ddywed ei fab, George Parry, cyflwynodd James Parry ei Salmau i William Morgan pan oedd yn esgob Llandaf. Mydryddodd y Salmau ar fesur y garol (hen fesur yr awdl-gywydd yn ei ffurf ddigynghanedd), nid mewn Cymraeg llenyddol ond mewn iaith syml a gwerinol. Oherwydd eu harddull cartrefol gellir yn hawdd ddychmygu Salmau Parry'n cael eu croesawu a'u canu yn y gwasanaethau ond ni ddigwyddodd hynny gan na chawsant eu cyhoeddi a'u cylchredeg.

Cyn dod at Edmwnd Prys, rhaid crybwyll un mydryddiad rhydd arall gan Edward Kyffin. Cyn iddo farw yn 1603, roedd wedi mydryddu 50 o'r

Salmau. Bwriad Thomas Salisbury oedd cyhoeddi Salmau Kyffin mewn cyfrol yn dwyn y teitl *Rhann o Psalmae Dafydd Brophwyd i'w canu ar ôl y dôn arferedig yn Eglwys Loegr* ond cyn iddo gwblhau'r gwaith argraffu, bu'n rhaid iddo ffoi o Lundain er mwyn dianc rhag y pla. Collwyd nifer o destunau Cymraeg yn y blynyddoedd hyn, gan gynnwys Salmau Kyffin. O'r hanner cant o Salmau a fydryddwyd ganddo, tair Salm ar ddeg yn unig sydd wedi goroesi, a'r tebyg yw na chafodd y gwaith erioed ei roi ar y farchnad. Defnyddiodd Kyffin yr un mesur â James Parry ond mae ei Salmau yn llai tafodieithol a llafar eu naws na'i rai ef. Ymgais i ddiwallu'r angen am Salmau i'w canu gan gynulleidfaoedd oedd gwaith Kyffin. Fel yr awgryma'r teitl, y bwriad oedd cyhoeddi'r Salmau ynghyd â'r tonau a oedd eisoes yn cael eu defnyddio mewn eglwysi yn Lloegr.

Yn 1621 y cyhoeddwyd *Salmau Cân* Edmwnd Prys.[2] Cyhoeddwyd sawl argraffiad ohonynt wedi hynny mewn sawl ffurf ac ar y cyd â nifer o destunau eraill. Hyd y gwyddys, hon yw'r gyfrol gyhoeddedig gyntaf yn yr iaith Gymraeg i gynnwys hen nodiant er mai tri argraffiad yn unig gyda cherddoriaeth a gafwyd cyn y flwyddyn 1770. Gwyddys am o leiaf 122 argraffiad gwahanol (cyflawn ac anghyflawn) o'r gyfrol rhwng 1621 a 1889. Cyhoeddwyd y rhan fwyaf ohonynt ar y cyd â'r Llyfr Gweddi Gyffredin ac, yn llai aml, ar y cyd â'r Beibl. Yn ei ragair amlinella Prys ei amcanion: ei obaith mawr oedd y byddai ei Salmau Cân yn ganadwy ac yn glynu'n glos wrth yr Ysgrythurau. Wrth y meini prawf hyn y mae pwyso a mesur llwyddiant y gwaith.

Cerflun o Edmwnd Prys ar Gofeb Cyfieithwyr y Beibl, Eglwys Gadeiriol Llanelwy

Dewisodd y bardd ei fesurau yn ofalus er mwyn sicrhau bod ei Salmau mor ganadwy â phosibl. Defnyddiodd y Mesur Salm ar gyfer pob un ond pump o'i Salmau. Ffurf ydoedd ar fesur y garol gyda'r llinell gyntaf a'r drydedd wedi eu hymestyn sillaf, gan roi pennill pedair llinell o 8.7.8.7. ac odl gyrch rhwng y llinell gyntaf a chanol yr ail, a rhwng y drydedd a chanol y bedwaredd. Nid yw'n annhebyg i'r mesur (8.6.8.6) a ddefnyddiwyd yn helaeth gan Thomas Sternhold yn *The Whole Booke of Psalmes*.

Edmwnd Prys, Salm 22 (8.7.8.7)

Dangos fy Nuw, fy Nuw, a'm grym,
    ba achos ym gadewaist.
Pell wyd o'm iechyd, ac o nâd
    fy 'mloeddiad, llwyr i'm pellaist.
Fy Nuw 'rwy'n llefain, tithau heb
    roi ym' mor atteb etto,
Bob dydd a nos mae 'nghri'n ddiffael,
    a heb gael mo'm dihuddo.
A thi wyd sanct, sanct i barhau,
    lle daw gweddiau'n wastad:
A holl dy Israel a'i clod,
    a'i pwys a'i hystod attad.
Yno't gobeithiai'n tadau ni,
    a thydi oedd eu bwccled:
Ymddiried ynot, Arglwydd hael,
    ac felly cael ymwared.

Thomas Sternhold, Salm 22 (8.6.8.6)

O God, my God, wherefore dost thou
    forsake me utterly?
And helpest not when I do make
    my great complaint and cry?
To thee, my God, e'en all day long,
    I do both cry and call:
I cease not all the night, and yet
    thou hearest not at all.
But thou that in thy holy place
    for evermore dost dwell,
Thou art the joy, the comfort,
    and glory of Israel.
And him in whom our fathers old
    had all their hope and stay:
Who when they put their trust in thee,
    deliverd'st them always.

Am fod y mesur mor debyg roedd modd canu'r Salmau ar alawon a oedd eisoes yn adnabyddus yn Lloegr.[3] Cynhwysodd Prys ddeuddeg tôn yn ei gyfrol ac roedd y rhan fwyaf ohonynt eisoes yn cael eu defnyddio yn Lloegr. Ond roedd y mesur yn debyg hefyd i'r cwndid a'r triban, a gwyddom fod cerddi ar y mesurau hyn yn cael eu datgan ar alawon traddodiadol yn yr unfed ganrif ar bymtheg. Er i Brys ddewis rhai tonau poblogaidd Seisnig i'w cynnwys yn ei gyfrol, byddai modd canu'r Salmau hefyd ar rai o'r hen donau brodorol a byddai'r bobl gyffredin yn gyfarwydd â'r rhain.

Er bod gan Edmwnd Prys resymau da, felly, dros lynu wrth fesur y Salm yn anad yr un mesur arall, defnyddiodd dri mesur arall: y mesur hir (8.8.8.8) wrth fydryddu Salm 100; y mesur byr Cymreig (6.7.8.7)—ffurf estynedig ar y mesur byr Seisnig (6.6.8.6)—wrth fydryddu Salmau 51 a 67; a phenillion chwe llinell ar y mesur hir (8.8.8.8.8.8) a chanddynt batrwm odl hynod (a.a.b.c.c.b) yn ei fydryddiad o Salmau 113 ac 114.

Edmwnd Prys, Salm 100 ar y mesur hir (8.8.8.8)

> I'r Arglwydd cenwch lafar glod,
>   a gwnewch ufydd-dod llawen fryd,
> Dowch o flaen Duw a pheraidd don,
>   trigolion y ddaear i gyd.
> Gwybyddwch mai'r Arglwydd sydd Dduw,
>   a'n gwnaeth ni'n fyw fel hyn i fod,
> Nid ni'n hunain, ei bobl ym ni,
>   A defaid rhi' ei borfa a'i nod.

William Kethe, Salm 100 ar y mesur hir (8.8.8.8)

> All people that on earth do dwell
>   sing to the Lord with cheerful voice.
> Him serve with fear his praise forth tell;
>   come ye before him and rejoice.
> The Lord, ye know, is God indeed,
>   without our aid he did us make:
> We are his flock, he doth us feed,
>   and for his sheep he doth us take.

Edmwnd Prys, Salm 67 ar y mesur byr Cymreig (6.7.8.7)

Trugaredd Duw i'n plith,
   a rhoed ei fendith drosom,
A thywynned ei wynebpryd,
   a'i nawdd, a'i iechyd arnom.

John Hopkins, Salm 67 ar y mesur byr Seisnig (6.6.8.6)

Have mercy on us, Lord,
   and grant us thy grace:
To shew to us do thou accord,
   The brightnes of thy face.

Mydryddiad Edmwnd Prys, Salm 113 (8.8.8.8.8.8)

Chwi weision Duw molwch yr Ion,	a.
Molwch ei enw â llafar don,	a.
Bendigaid fytho ei enw ef.	b.
O godiad haul hyd fachlud dydd,	c.
Mawr enw yr Ion moliannus fydd,	c.
yn y byd hwn, ac yn y nef.	b.
Derchafodd Duw uwch yr holl fyd,	d.
A'i foliant aeth uwch nef i gyd,	d.
pwy sy gyffelyb i'n Duw ni?	e.
Yr hwn a breswyl yn y nef,	f.
I'r ddaiar hon darostwng ef,	f.
gwyl ef ein cam clyw ef ein cri.	e.

Mydryddiad William Kethe, Salm 113 (8.8.8.8.8.8)

Ye children which do serve the Lord,	a.
Praise ye his Name with one accord,	a.
Yea, blessed be always his Name:	b.
Who from the rising of the sun,	c.
Till it return where it begun,	c.
Is to be praised with great fame.	b.
The Lord all people doth surmount,	d.
As for his glory we may count	d.
Above the heavens hig to be.	e.
With God the Lord who may compare,	f.
Whose dwellings in the heavens are?	f.
Of such great pow'r and force is he.	e.

Er 1562 roedd y Salmau'n cael eu canu yn Lloegr ar y tonau a gynhwysodd Prys yn ei gyfrol ac mae tystiolaeth sy'n dangos eu bod yn cael eu defnyddio yng Nghymru hefyd yn yr ardaloedd lle yr arferid canu Salmau Saesneg cyn 1621. Er mwyn i'w Salmau ennill serch y ffyddloniaid ledled Cymru, byddai'n rhaid i Brys gynnal y briodas rhwng geiriau ei Salmau a rhai o'r tonau mwyaf poblogaidd yr arferid canu Salmau arnynt. Dyma un o'i ystyriaethau pennaf wrth fynd ati i benderfynu pa fesurau yn union i'w defnyddio yn ei Sallwyr. Cwta flwyddyn cyn i waith Edmwnd Prys ymddangos o'r wasg, nododd y bardd Henry Dod yn ei ragymadrodd i'w gyfrol *Al the Psalmes of David ... Nowe faithfully reduced into easie meeter, fitting our common tunes* (1620) ei bod yn arferol i rai Salmau Saesneg gael eu hanwybyddu os oedd eu mesurau a'u tonau yn rhai anghyffredin neu yn anodd i'w canu. Yn wahanol i'w ragflaenwyr yng Nghymru, roedd bys Prys ar y pwls, oherwydd fe wyddai pa donau a oedd yn boblogaidd ar y pryd a pha fesurau yr oedd angen eu defnyddio er mwyn eu priodi yn berffaith â'i eiriau. Ac yntau'n offeiriad, byddai mewn gwell sefyllfa i ddeall anghenion cynulleidfaoedd Cymru ac efallai iddo arbrofi drwy ddefnyddio ambell Salm mewn gwasanaeth ymhell cyn cyhoeddi ei waith er mwyn gweld a oedd yn llwyddo ai peidio. O ganlyniad, llwyddodd i gyflawni'r nod o greu Salmau canadwy.

Trown yn awr at ei ail nod, sef cadw'n glos at eiriau'r Ysgrythur. Roedd parchu'r testun gwreiddiol yn bwysicach yn ei olwg na pharchu rheolau'r gynghanedd. Defnyddiodd y mesurau rhydd fel na châi ei awen ei chyfyngu neu ei llesteirio mewn unrhyw ffordd. Ond pa destunau, tybed, y dibynnai Prys arnynt wrth iddo lunio ei Salmau Cân? Ai troi ar y Salmau Hebraeg gwreiddiol ynteu at y cyfieithiadau Cymraeg a wnaeth? Mae'n sicr ei fod yn hyddysg yn yr Hebraeg er pan fu'n fyfyriwr yng Nghaer-grawnt oherwydd fe'i haddysgwyd yno gan y Ffrancwr Antoine Chevallier, un o Hebreigwyr gorau'r oes. Clodforwyd Prys fwy nag unwaith fel Hebreigiwr hyfedr. Gyda golwg ar y berthynas rhwng gwaith Prys a chyfieithiad William Morgan o'r Beibl, dadleuodd Richard Morris ei bod yn 'eglur i bawb a'u cymharo, nad cyfaddasiad ar Fesur Cerdd o'r Salmau yn ol y cyfieithiad hwnw' oedd gwaith Prys.[4] Nododd Charles Ashton hefyd nad 'arall-eiriad o gyfieithiad Morgan yw Salmau Cân yr Archddiacon' ond 'eu bod yn gyfieithiadau hollol annibynnol'.[5] Roedd T.R. Roberts hefyd o'r farn nad oedd gwaith Edmwnd Prys wedi ei seilio ar gyfieithiad William Morgan o'r Salmau. Dadleuodd fod 'cynwys

Beibl 1630 a Sallwyr Edmwnd Prys
(Trwy ganiatâd Llyfrgell Genedlaethol Cymru)

y Salmau gan Morgan a Prys yn amrywio cryn lawer' ar ei gilydd a chredai nad oedd yn ddichonadwy fod Prys wedi ymgynghori llawer, os o gwbl, â'r cyfieithiad o'r Beibl.[6] Yn 1967 dadleuodd J.D. Vernon Lewis, yntau hefyd yn Hebreigiwr galluog, ei bod yn gwbl bendant i Brys gyfieithu ei Salmau 'yn hollol annibynnol'. Nododd ymhellach ei fod o'r farn fod gan Brys gymaint o afael ar yr Hebraeg fel ei fod hyd yn oed wedi medru cywiro rhai o'r llithriadau testunol a geir yng nghyfieithiad William Morgan.[7]

Gan adeiladu ar waith Isaac Thomas sydd â barn sy'n sefyll am y pegwn â chanfyddiadau'r ysgolheigion a fu'n trafod y pwnc hwn yn y gorffennol,[8] euthum ati i graffu ar yr holl Salmau Cân gan eu cymharu'n fanwl â chyfieithiadau William Salesbury a William Morgan a chyda rhai o'r fersiynau Cymraeg blaenorol. Yn wahanol i farn ysgolheigion eraill, canfûm fod olion Morgan i'w gweld yn bendant iawn ar y mwyafrif llethol o'r Salmau Cân. Yn wir, mae'n anodd deall sut y gallasai'r un ysgolhaig fod wedi mentro dod i'r casgliad nad oedd unrhyw gysylltiad rhwng gwaith Prys a Morgan gan fod dyled y naill i'r llall mor aruthrol.

O bryd i'w gilydd, ffurfia Prys [= *EP*] rai o'i linellau drwy gymryd geiriau ac ymadroddion Morgan [= *WM*] yn eu crynswth, fel hyn:

Salm 30.6:

    A mi a ddywedais yn fy llwyddiant, /
                Ni'm syflir yn dragywydd. [*WM*]
    Dywedais yn fy llwyddiant hir, /
                ni'm syflir yn dragywydd. [*EP*]

Salm 16.4:

    Eu diod-offrwm o waed,
                ni offrymmaf fi. [*WM*]
    Eu diod offrwm o waed,
                ni offrymaf fi un amser. [*EP*]

Ffurfiad newydd gan William Salesbury yw'r gair *diod-offrwm* sy'n digwydd gyntaf yn y Llyfr Gweddi Gyffredin (1567), ond gan William Morgan yn unig y'i ceir yn y cymal hwn. Ar y cyfan, gwelir mai mewn ymadroddion byr y digwydd y math hwn o gytundeb. Ond o gofio bod ffurfio cytundebau o'r fath yn gofyn am gyfatebiaeth gyflawn rhwng aceniad rhyddiaith Morgan ac aceniad mydr Prys, mae'r enghreifftiau yn dal yn arwyddocaol.

Weithiau rhaid i Brys ddiwygio neu addasu cyfieithiad Morgan er mwyn ei wau i'w fesur. Yn gyffredinol, er hynny, mae'n bodloni ar wneud rhai newidiadau bychain yn unig i gyfieithiad Morgan. Yn yr enghraifft a ganlyn, er enghraifft, cymer Prys eiriau Morgan yn eu crynswth er mwyn ffurfio llinell fydryddol ond ychwanega'r rhagenw *i* er mwyn ennill sill, fel hyn:

Salm 66.17:

>Llefais arno a'm genau [*WM*]
>Llefais i arno â'm genau [*EP*]

Yn yr enghraifft nesaf ychwanega Prys y cysylltair *a* er mwyn creu llinell fydryddol saith sill:

Salm 68.18:

>caeth-gludaist gaethiwed [*WM*]
>a chaethgludaist gaethiwed [*EP*]

Ffurfiad newydd gan William Morgan yw'r ferf *caethgludaf* a'i hystyr yw 'dwyn ymaith i gaethiwed'. Gan Forgan yn unig y'i ceir yn y cymal hwn, ac felly mae'r ffaith fod Prys yn ei defnyddio yn dystiolaeth bendant unwaith eto mai dilyn Morgan a wnaeth Prys wrth fydryddu'r adnod hon.

Un o'i hoff dechnegau yw cyfnewid gair neu ymadrodd am air neu ymadrodd cyfatebol sy'n ateb gofynion ei fesur yn well:

Salm 21.3:

>Canys achubaist ei flaen ef â bendithion daioni [*WM*]
>Cans da'r achubaist ei flaen ef, /
>>a doniau nef yn gyntaf [*EP*]

O bryd i'w gilydd, mae cyfieithiadau William Salesbury [= WS] a Morgan yn bur wahanol i'w gilydd am fod yr Hebraeg gwreiddiol yn annelwig neu'n cynnig mwy nag un ystyr. Pan ddigwydd hyn, gwelir mai dilyn Morgan a wna Prys:

Salm 7.11:

> Duw a barn y cyfiawn, a' hwn a dremic Dduw bop dydd. [WS]
> Duw sydd farnudd cyfiawn, a Duw sydd ddigllon beunydd
>   [wrth yr annuwiol.] [WM]
> Felly mae Duw byth ar yr iawn, / a Duw yw'r cyfiawn farnydd:
> / Wrth yr annuwiol ar bob tro / mae Duw yn digio beunydd. [EP]

Am fod yr Hebraeg gwreiddiol yn aneglur cafodd esbonwyr a chyfieithwyr Beiblaidd cyfnod Prys drafferth i benderfynu pa gyfieithiad yn union oedd yn gywir. Awgryma Beibl yr Esgobion, er enghraifft, fod Duw yn farnwr cyfiawn: 'The Lorde is a righteous iudge: and the Lorde is prouoked to anger euery day.' Ar y llaw arall, awgryma nifer o gyfieithiadau Saesneg eraill mai barnu'r cyfiawn a wna Duw: 'God iudgeth the righteous, and him that contemneth God euery day' [Beibl Genefa]; 'God judgeth the righteous, and God is angry with the wicked every day' [Beibl y Brenin Iago]. Mae Prys fel petai'n anwybyddu'r anhawster testunol hwn, oherwydd derbynia *barnydd cyfiawn* fel y'i ceir yng nghyfieithiad William Morgan. Y cyfan a wna i'r ymadrodd yw gosod yr ansoddair cyn yr enw—*cyfiawn farnydd*—er mwyn ffurfio'r odl rhwng yr ail linell a'r bedwaredd.

Mae'n arwyddocaol hefyd fod Prys yn cynnwys y cymal 'wrth yr annuwiol', cymal nad yw'n ymddangos yn yr Hebraeg gwreiddiol. Fe'i ceir mewn bachau petryal yng nghyfieithiad Morgan er mwyn dynodi'r ffaith mai ychwanegiad ydyw: sylwer nad yw'n ymddangos o gwbl yng nghyfieithiad Salesbury. Mae'n ei ychwanegu, yn ôl pob tebyg, i danlinellu'r ffaith mai wrth yr annuwiol y mae Duw yn ddig.

Nid oes lle i amlhau enghreifftiau, ond yn groes i farn sawl sylwebydd, mentraf ddadlau bod dyled Edmwnd Prys i gyfieithiad William Morgan yn un sylweddol. Yn amlach na pheidio, yr unig beth a wna Prys i gynhyrchu adnod fydryddol yw cymryd cyfieithiad Morgan a chyfnewid ambell air neu ymadrodd am eiriau cyfystyrol eraill sy'n ateb gofynion ei fesur o ran hyd y llinellau a chyfatebiaeth yr odlau. Weithiau ychwanega ambell air neu gymal er mwyn hwyluso'r dasg. Golyga'r dechneg hon fod Salmau Cân Prys yn dilyn yn weddol ffyddlon y Salmau fel y'u ceir gan William Morgan ym Meibl 1588. Tybed a oes modd mynd mor bell â dadlau mai Morgan, nid Prys, piau'r clod yn anad neb arall am wychder y Salmau Cân? Gan fod y cyfieithiad gwreiddiol yn un mor farddonol bersain, a chan ei fod yn darllen yn delynegol brydferth, nid oedd angen i Brys lafurio o'r newydd wrth lunio penillion i'w canu gan gynulleidfa. Ni fynnodd Prys mai gorchestwaith prydyddol wedi ei gyfieithu o'r newydd o'r Hebraeg oedd ei Salmau Cân. Y cyfan a wna yn ei ragymadrodd yw dweud iddo fwriadu creu fersiwn o'r Salmau a oedd yn adlewyrchiad da o gynnwys y Beibl ac y gellid ei ganu'n hawdd gan gynulleidfaoedd.

Y ffyddlondeb hwn i'r Ysgrythur yw'r union beth sy'n gwneud y Salmau yn gampwaith oherwydd golyga fod Prys wedi llwyddo i gyflawni'r nod a osododd iddo'i hun ar ddechrau'r gwaith. Nid creu gorchestwaith barddonol oedd ei fwriad; pe bai Prys wedi dymuno arddangos ei ddoniau fel bardd, byddai wedi dilyn yr un trywydd â William Midleton gan fydryddu'r Salmau ar amryw o'r mesurau caeth, ac mae lle da i gredu y gallai fod wedi rhagori arno. Wedi'r cyfan, fe'i clodforwyd fwy nag unwaith fel un o feirdd gorau ei gyfnod oherwydd ei ddawn anghymharol i drin cerdd dafod. Ond dywed Prys iddo fodloni ar fydryddu ei Salmau ar fesur syml '[g]wael', un y mae'n teimlo'r angen i'w gyfiawnhau yn ei ragymadrodd, fel na fyddai gofynion y cyfrwng yn llesteirio ystyr y Gair. Hynny yw, nid creu argraff ar ei gynulleidfa â'i ddoniau ei hun a fynnai Prys ond eu rhyfeddu â gwirioneddau'r Efengyl. Ei uchelgais oedd cynhyrchu testun a fyddai'n cael effaith arhosol ar fywydau ysbrydol pobl Cymru ac yn hyn o beth fe lwyddodd.

DARLLEN PELLACH

R. Geraint Gruffydd, 'Salmau Cân', *Y Cylchgrawn Efengylaidd*, IX (1968), 139–43.

Sally Harper, 'Tunes for a Welsh Psalter: Edmwnd Prys's *Llyfr y Psalmau*', *Studia Celtica,* 37 (2003), 221–65.

Gruffydd Aled Williams, *Ymryson Edmwnd Prys a Wiliam Cynwal* (Caerdydd: Gwasg Prifysgol Cymru, 1986).

Gruffydd Aled Williams, 'Mydryddu'r Salmau yn Gymraeg', *Llên Cymru*, 16 (1989-91), 114–32.

Gruffydd Aled Williams, 'Edmwnd Prys a'i Salmau Cân', *Y Traethodydd*, CLXXVI (2021), 199–218.

---

[1] *Gwassanaeth Meir*, gol. Brynley F. Roberts (Caerdydd: Gwasg Prifysgol Cymru, 1961), tt. l–lv. Ceir ymdriniaeth fer â'r Salmau yn *Y Ffordd Gadarn: Ysgrifau ar Lên a Chrefydd gan R. Geraint Gruffydd*, gol. E. Wyn James (Pen-y-bont ar Ogwr: Gwasg Bryntirion, 2008), tt. 158–9.

[2] Am ymdriniaethau â'r mydryddiadau Cymraeg, gw. William Ll. Davies, 'Welsh metrical versions of the Psalms', *The Journal of the Welsh Bibliographical Society*, II (1923), 276–301; T.H. Parry-Williams, 'Cyfieithu'r Salmau ar Gân', yn *Canu Rhydd Cynnar* (Caerdydd: Gwasg Prifysgol Cymru, 1932), tt. xxx–xl; Thomas Parry, *Hanes Llenyddiaeth Gymraeg hyd 1900* (Caerdydd: Gwasg Prifysgol Cymru, 1945), tt. 146–9; R. Geraint Gruffydd, 'Salmau Cân', *Y Cylchgrawn Efengylaidd*, IX, 139–43; Gruffydd Aled Williams, 'Mydryddu'r Salmau yn Gymraeg', *Llên Cymru*, 16 (1989-91), 114–32.

[3] Am fanylion pellach, gw. Sally Harper, 'Tunes for a Welsh Psalter: Edmwnd Prys's *Llyfr y Psalmau*', *Studia Celtica*, 37 (2003), 221–65.

[4] Richard E. Morris, 'Sallwyr Edmwnd Prys', *Y Traethodydd*, XL (1885), 45.

[5] Charles Ashton, *Bywyd ac Amserau yr Esgob Morgan* (Treherbert, 1891), tt. 178–9.

[6] T. R. Roberts (Asaph), *Edmwnd Prys, Archddiacon Meirionydd: Traethawd bywgraffyddol a beirniadol* (Caernarfon, 1899), t. 194.

[7] J.D. Vernon Lewis, *Llyfr y Salmau: Cyfieithiad Cymraeg o'r Llyfr Cyntaf, sef Salmau I–XLI, gyda nodiadau ar y testun Hebraeg* (Abertawe: Gwasg John Penry, 1967), t. [16].

[8] Isaac Thomas, 'Salmau Cân Edmwnd Prys: Eu perthynas â'r testun Hebraeg ac â'r fersiynau blaenorol', yn *Efrydiau Beiblaidd Bangor 4*, gol. Eryl Wynn Davies (Dinbych: Gwasg Gee, 1988), tt. 191–215.

4

Dylan Foster Evans

**BYDOEDD DR JOHN DAVIES, MALLWYD,
A CHYFIEITHU TESTUNAU CREFYDDOL
YN YR AIL GANRIF AR BYMTHEG**

Prin fod unrhyw ffigwr yn hanes llenyddiaeth Gymraeg yn gael ei gysylltu mewn modd mor amlwg â phlwyf penodol â'r Dr John Davies, Mallwyd. Cafodd yrfa ysgolheigaidd na welwyd ei thebyg—yn gyfieithydd o'r Ysgrythurau a thestunau crefyddol eraill, yn ramadegydd, yn eiriadurwr, yn gopïydd llawysgrifau, ac yn arbenigwr ar lenyddiaeth gynnar y Gymraeg. Da y dywedodd Glanmor Williams mai ef oedd 'the greatest Welsh scholar of his age, if not of all time'.[1] Er bod ei gyflawniadau'n hysbys ledled Cymru, ac yn wir y tu hwnt, plwyf gwledig ym Meirionnydd sydd bob amser yn cael ei gydio wrth ei enw. Roedd ganddo, wrth gwrs, nifer o gyfoeswyr ag enwau tebyg; wedi'r cyfan, nid oedd yr enw John Davies yn unigryw bryd hynny mwy nag y mae heddiw. Dyna ichi'r ysgolhaig a'r meddyg a elwir weithiau yn 'John Davies of Brecon' ond sy'n fwy cyfarwydd inni dan yr enw Siôn Dafydd Rhys (1534–1609). Ail hanner yr ail ganrif ar bymtheg oedd cyfnod y cyfieithydd nodedig John Davies (1625–93) o Gydweli. A thros Glawdd Offa gallwn nodi'r bardd Saesneg o dras Gymreig, John Davies o Henffordd (c.1565–1618). Gellid yn sicr ychwanegu eraill at y rhestr. Ond ni ellir gwahanu enw plwyf Mallwyd oddi wrth y Dr John Davies.

I'w gyfoeswyr o Gymry, Siôn Dafydd oedd ei enw arferol, ar lafar beth bynnag, boed hynny mewn iaith pob dydd neu yn y cywyddau mawreddog a ganwyd i'w ganmol. Ond roedd ei genhedlaeth ef hefyd yn dyst i symudiad oddi wrth ddulliau Cymreig o enwi i gyfundrefn a seiliwyd ar gyfenwau sefydlog. Yn hynny o beth, mae'n arwyddocaol mai John Davies yw'r cyntaf i gael enw ar wedd Seisnig yn yr ach a gofnododd Lewys Dwnn: 'John Davies person Mallwyd ab Davydd ab Sion ab Rhys ab Ednyved o Lan Rhayadr Cemmeirch. Mam John Davies Elsbeth verch Lewis ab Davydd Lloyd ab Gruf[d]. ab Rhys ab Ednyved ...'[2] Roedd y broses hon ar gerdded trwy Gymru gyfan, er y byddai angen dwy ganrif a rhagor cyn iddi orffen ei gwaith. Ond yn achos John Davies, rhaid cofio bod ei yrfa fel eglwyswr ac fel cyfieithydd, ysgolhaig a chyhoeddwr llyfrau, wedi golygu bod ei draed mewn dau fyd tra gwahanol: ei ofalaeth a'i ddyletswyddau eglwysig yng Nghymru a'i gysylltiadau dysgedig, cymdeithasol a masnachol yn Rhydychen a Llundain.

Yn wahanol i William Morgan a Richard Parry, dau a chwaraeodd ran mor ganolog yn ei fywyd, ni ddyrchafwyd John Davies i'r swydd yr oedd i bob golwg yn deilwng ohoni, sef swydd esgob. Cawsai ei benodi'n rheithor Mallwyd yn 1604, a hynny drwy law William Morgan a oedd yn esgob Llanelwy ar y pryd. A phan fu farw, ddeugain mlynedd yn ddiweddarach, rheithor Mallwyd ydoedd o hyd. Nid yw hynny'n golygu nad ymgymerodd â dyletswyddau eglwysig pwysig y tu hwnt i Fallwyd: daeth yn gaplan i'w frawd yng nghyfraith, yr Esgob Richard Parry, yn Llanelwy yn 1605 ac yn ganon yn yr eglwys gadeiriol yn 1612. Fe'i penodwyd yn ganghellor esgobaeth Llanelwy yn 1617. Ond ei waith ysgolheigaidd a âi â'i fryd, ac at y pwrpas hwnnw mae'n amlwg fod ei gartref ym Mallwyd yn cynnig y llonyddwch a ddeisyfai.

Mae 'plwyfoldeb' John Davies, os cawn ddefnyddio'r gair hwnnw heb unrhyw awgrym o feirniadaeth, yn ffenomen drawiadol. Mae ei ramadeg o'r iaith Gymraeg a luniwyd yn Lladin, *Antiquae Linguae Britannicae ... Rudimenta* (1621), a'i eiriadur *Dictionarium Duplex* (1632), drwy ddiffiniad, bron, yn weithiau o bwys cenedlaethol, a rhyngwladol hefyd yn wir. Nid oedd yr un ysgolhaig ym maes y Gymraeg a allai gystadlu ag ef, ac nid canfyddiad diweddar mo hynny. Da y dywedodd ei gyfoeswr Rowland Vaughan o Gaer-gai yn ei ragair i *Yr Ymarfer o Dduwioldeb* (1630) mai John Davies oedd '[y]r vnig Plato ardderchawg o'n hiaith ni'. Wrth gwrs, ni olygai ymrwymiad John Davies wrth ei blwyf ei fod yno'n ddi-dor a bu'n dda ganddo wrth gymorth curad i ofalu am eneidiau'r plwyfolion. Cofier, er enghraifft, am y flwyddyn gron a dreuliodd yn Llundain yn goruchwylio cyhoeddi'r *Dictionarium Duplex*. Erbyn hynny roedd yn hen gyfarwydd â threulio amser yn Lloegr. Wedi iddo raddio o Goleg Iesu Rhydychen yn 1594, dychwelodd i'r brifysgol gan raddio yn BD (Baglor mewn Diwinyddiaeth) o Goleg Lincoln yn 1608 ac wedyn yn DD (Doethur mewn Diwinyddiaeth) yn 1615.

Daw'r 'plwyfoldeb' hwn i'r amlwg eto ar wynebddalen ei gyfieithiad coeth o *A Book of Christian Exercise Appertaining to Resolution* (1584) gan Edmund Bunny. Roedd hwn yn ei dro yn addasiad o waith cynharach gan yr Iesuwr Robert Parsons. Er mai Anglicaniad cymedrol oedd John Davies, roedd addasiad Bunny wedi ymbellhau'n ddigonol o Gatholigiaeth Parsons i beri bod y gwaith yn un addas i'w gyfieithu i'r Gymraeg. Ar yr wynebddalen o dan y teitl *Llyfr y Resolusion* cawn ddarllen y canlynol: 'Wedi ei gyfieithu yn Gymraeg y gan I. D. er llês i'w blwyfolion; A'i brintio yn Llundain yn nhy Iohn Bale dros yr vn I. D. 1632.' Yn y rhagair dywed y cyfieithydd na fu'n absennol o'i blwyf ond yn 'anfynych', ac er mai materion ynghylch iachawdwriaeth ei blwyfolion ac eraill o 'bobl Dduw' a'i dygai ymaith, roedd am wneud yn iawn am ei esgeulustod ohonynt drwy gyfieithu'r llyfr hwn iddynt. A dyma ddatgelu llawer, nid yn unig am 'I. D.'—John Davies—ond hefyd am berthynas Cymru â gweddill y deyrnas. Nid oedd y gyfraith yn caniatáu argraffu llyfrau yng Nghymru ac felly roedd yn rhaid wrth weisg yn y brifddinas neu yng Nghaer-grawnt neu Rydychen i gyhoeddi llyfrau Cymraeg, boent yn Feiblau, yn destunau crefyddol eraill, yn ramadegau neu yn eiriaduron. Yn hynny o beth, wrth gyhoeddi testun 'er llês i'w blwyfolion', roedd yn rhaid i John Davies fanteisio ar ei gysylltiadau yn Lloegr a rhoi'n helaeth o'i amser i deithio yno a goruchwylio'r fenter o gyhoeddi cyfrolau gan argraffwyr nad oeddent yn medru'r Gymraeg eu hunain. Wrth gwrs, ni ddylem ddarllen sylw John Davies yn rhy llythrennol. Nid oedd yn deisyfu i'w gyfieithiad aros y tu mewn i ffiniau plwyf Mallwyd a rhesymol fyddai inni ddeall y term 'plwyfolion' mewn ystyr drosiadol neu fetonymaidd. Hynny yw, gallwn dybio bod plwyfolion Mallwyd yma'n cynrychioli holl blwyfolion Eglwys Loegr a oedd yn Gymraeg eu hiaith, neu o leiaf y rheini yn eu plith a oedd yn uniaith Gymraeg. Felly nid oedd Mallwyd yn cyfyngu gorwelion John Davies. Yn 1642, tua diwedd ei oes, dywed Davies mewn llythyr enwog at yr hynafiaethydd Simonds D'Ewes, ei fod yn trigo 'in Scythia hac et a literis remota' ('yn y Sgythia hon ymhell o fyd llên'). Ond go brin fod y geiriau hyn yn mynegi edifeirwch am ei ymroddiad i'w blwyf a'i bobl. Fel y dywed Ceri Davies, '[t]hey are the self-deprecating words of an old man whose world is shrinking, an echo of the complaint of the exiled Roman poet Ovid, and they should not be taken too seriously'.[3] Gwir fod byd John Davies yn crebachu erbyn iddo ysgrifennu'r llythyr hwn ond gallai fwrw golwg chwareus ar y plwyf a fuasai'n gartref iddo ers degawdau ac a ganiataodd iddo lunio gweithiau er gogoniant ei Dduw a'i genedl.

Mae'r 'plwyfoldeb' hwn yn bodoli mewn perthynas gymhleth ag agwedd arall ar gyfieithu testunau crefyddol Cymraeg, sef y cwestiwn ymarferol a sylfaenol o bwy a ddylai ysgwyddo'r baich ariannol o'u cyhoeddi. Yn sicr, ni fyddai plwyfolion Mallwyd wedi gallu talu am gyhoeddi *Llyfr y Resolusion* ac ariannu cyfnodau eu rheithor yn y brifddinas. Nid oedd Eglwys Loegr hithau yn or-awyddus i dalu ychwaith, er iddi ar adegau fod yn gefnogol i gyhoeddiadau John Davies, megis pan addawodd Lewis Bayly, esgob Bangor, y byddai'n prynu can copi o eiriadur John Davies at ddefnydd offeiriaid ei esgobaeth. Mewn gwirionedd, roedd angen noddwyr amgen, ac mae'n siŵr fod peth o

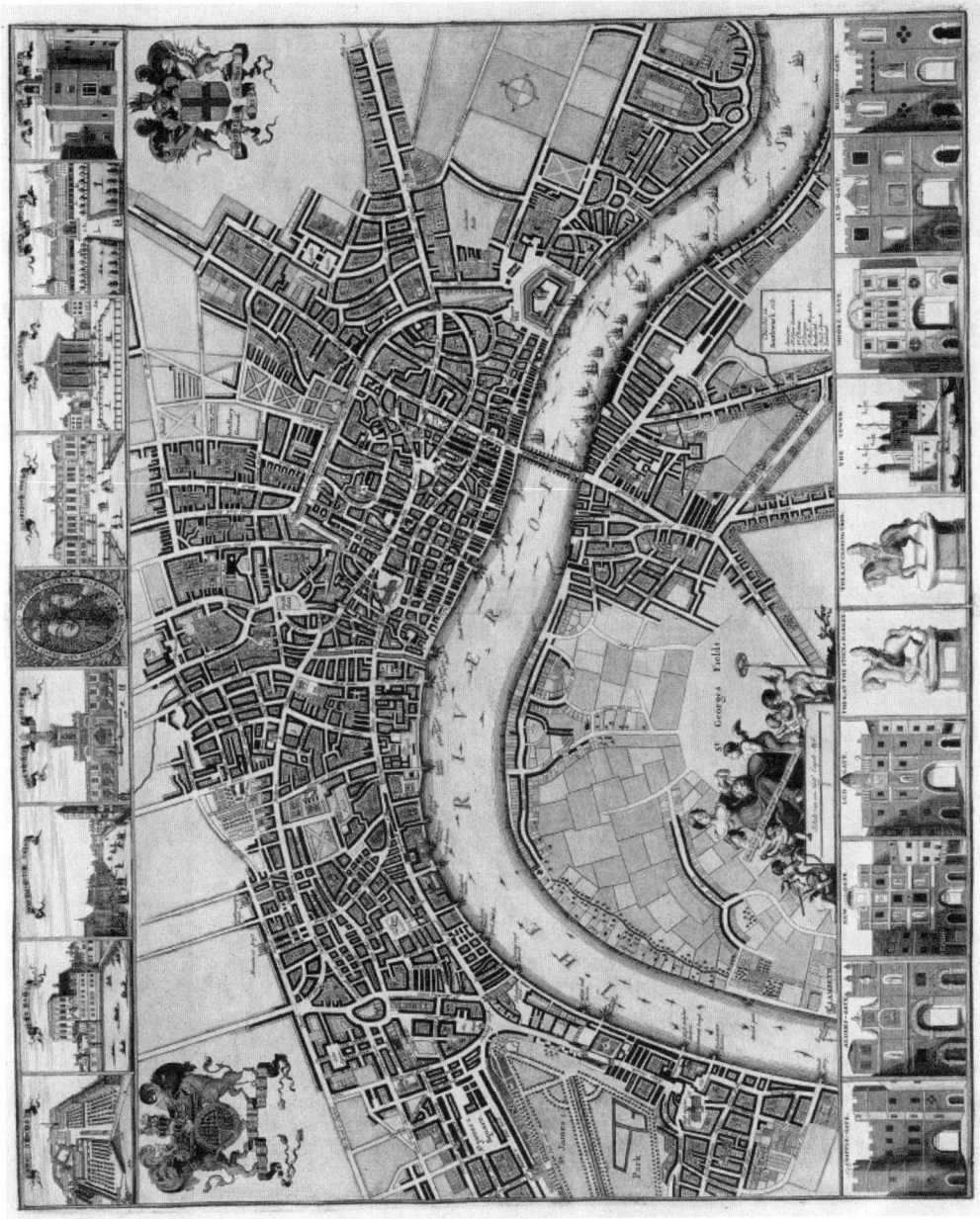

*Llundain yn yr ail ganrif ar bymtheg
Map o waith Wenceslaus Hollar (1607-77)*

amser John Davies yn Llundain wedi ei dreulio yn sicrhau'r arian y byddai ei ysgolheictod wedi aros yn anhysbys hebddo. Nid oedd prinder Cymry yn Llundain yn y cyfnod hwn ond roedd prinder Cymry da eu bydoedd a fyddai'n awyddus i gefnogi'r fath fenter. Ond daeth John Davies o hyd i ddau addas yn y masnachwyr Rowland Heylin a Syr Thomas Myddelton, ill dau â'u gwreiddiau yn esgobaeth Llanelwy.

Aelod o deulu a hanai o Bentreheilyn ar lan afon Efyrnwy yn Sir Drefaldwyn oedd Rowland Heylin. Yn enedigol o Amwythig, gwnaeth ei ffortiwn yn Llundain drwy'r 'Ironmonger's Company' (mae paentiad ohono i'w weld hyd heddiw yn neuadd y cwmni) a'r 'Muscovy Company', sef y cwmni a elwai ar fonopoli'r Goron ar fasnach â Rwsia. Fe'i hetholwyd yn henadur yn Llundain yn Ebrill 1624, ac yn ddiweddarach y flwyddyn honno yn siryf ar y ddinas. Ymhlith y cymynroddion yn ei ewyllys, gadawodd swm sylweddol er lles tlodion Amwythig, a hefyd y swm tra anrhydeddus o ganpunt er mwyn cynnal pregeth flynyddol i ddiolch am waredigaeth rhag Cynllwyn y Powdr Gwn, gyda chinio i'w dilyn. Ond yn y cyfnod cyn ei farw, rhoes gyfran o'i arian ar gyfer cyhoeddi yn y Gymraeg, ac yn benodol ar gyfer golygiad newydd o'r Beibl gan ofal John Davies.

Cyfoethocach eto oedd Syr Thomas Myddelton, brodor o gyffiniau Dinbych. Hyd heddiw mae ei gartref yng Nghastell y Waun yn dyst i'w lwyddiannau masnachol. Fe'i prentisiwyd gyda groser yn Llundain, ond yna aeth ati i sefydlu busnes masnachu siwgr yn Antwerp ac wedyn yn ôl yn Llundain drachefn. Masnachai amrywiaeth o nwyddau'n rhyngwladol. Yn 1594 daeth yn fuddsoddwr yn y 'Company of Adventurers of London Trading to the Ports of Affrica', neu'r 'Guinea Company', fel y'i gelwir yn fwy cyffredin. Ar y cyd â'i frawd Robert a phartner hwnnw, Robert Bateman, buddsoddodd y swm tra sylweddol o £500 pan sefydlwyd yr 'East India Company' yn 1599. Roedd ei lwyddiannau masnachol a'r mynediad rhwydd a oedd ganddo at arian parod yn golygu y gallai weithredu i bob pwrpas fel banciwr. Mynnai gael llog go helaeth gan ei gwsmeriaid a bu i un darpar fab yng nghyfraith iddo gwyno, '[he] standeth [...] much upon ten in the hundred'.[4] Defnyddiodd ei arian i brynu tiroedd yng ngogledd Cymru, gan fanteisio ar forgeiswyr na allent dalu eu dyledion. Yn 1595 talodd £4,800 i brynu Castell y Waun, a ddaeth yn ganolbwynt trawiadol i ystad o dros 30,000 erw yng Nghymru a'r Gororau. Dywedid bod ei incwm cymaint â £8,000 y flwyddyn adeg ei farw. Ac yntau o dueddiadau Piwritanaidd cymedrol, roedd yn ŵr tra addas ar gyfer ariannu cyhoeddi llyfrau crefyddol Cymraeg.

Gwnaeth hynny am y tro cyntaf pan roddodd fenthyciad o £30—yn ddi-log y tro hwn—i'w berthynas William Midleton, er mwyn i hwnnw gyhoeddi ei gyfieithiad o'r *Psalmae*. Ymddangosodd y gwaith hwn yn 1603, dair blynedd wedi marwolaeth Midleton. Ond y cyhoeddiad pwysicaf a gysylltir â Myddelton a Heylin yw'r 'Beibl Bach' o faint *octavo*, sef rhyw wyth i ddeg modfedd o hyd, a gyhoeddwyd yn 1630 gyda buddsoddiad o £450 gan y ddau Lundeiniwr. Pan gyhoeddwyd Beibl 1588, y bwriad oedd diwallu anghenion yr eglwysi plwyf. Yn ôl Deddf Cyfieithu'r Beibl i'r Gymraeg (1563), roedd disgwyl i gopi o'r Beibl Cymraeg fod ar gael ym mhob eglwys, yn nesaf at gopi o'r Beibl Saesneg. Rhesymeg hynny oedd y byddai cael y ddau destun yn nesaf at ei gilydd yn gymorth i'r Cymry ddysgu Saesneg. O safbwynt methodoleg caffael iaith, prin fod angen nodi nad oedd hynny gyda'r dull mwyaf effeithiol. Ond yn ymarferol golygai mai Beibl sylweddol ei faint a'i gost oedd Beibl 1588, Beibl trawiadol ei olwg ac addas ar gyfer pulpud eglwys. Roedd Beibl 1620, dan olygyddiaeth John Davies (er mai yn enw'r Esgob Parry y'i cyhoeddwyd) yn yr un olyniaeth.

Cyrraedd byd amgen oedd bwriad Beibl 1620, ac aelwydydd y Cymry llythrennog oedd y byd hwnnw. Dyma'r cyfarchiad i'r darllenydd yn y rhagair:

> Ni wasanaetha yn vnig ei adel ef yn yr Eglwys, fel gwr dieuthr, ond mae'n rhaid iddo drigo yn dy stafell di, tan dy gronglwyd dy hun. Ni wasanaetha i ti ei gyfarch ef bob wythnos, neu bob mis, mal yr wyt ti ond odid yn arfer o gyrchu ir Eglwys, ond mae'n rhaid iddo ef drigo gyda'th ti fel cyfaill yn bwytta o'th fara, fel anwyl-ddyn a phen-cyngor it'.

Roedd y newid byd hwn, o'r eglwys i'r cartref, fel bod gair Duw yn byw ac yn bod ar yr aelwyd ac yn ganllaw ac yn gyfaill i'r penteulu a'i berthnasau, yn hanfodol i weledigaeth John Davies ac eraill o'r un fryd ag ef. Pris y 'Beibl Bach' a wnâi hyn oll yn bosibl. Ac nid swm bychan mo'r pum swllt a gostiai. Ond nid oedd yn swm y tu hwnt i gyrraedd penteuluoedd cymedrol eu byd. Yn *Car-wr y Cymru, Yn annog ei genedl anwyl, a'i gydwlad-wyr er mwyn Crist ai heneidiau* (1631), mae Oliver Thomas yn cyfeirio'n ddiolchgar at yr Ysgrythurau, 'Y rhai, yr awr hon yn ddiweddar â *brintiwyd* o newydd yn Gymraec; ac a geir ar werth yn llyfran cynnwys, a bychain eu maintioli a'i *prîs, drwy fawr ddiwydrwydd, a thraul swrn* o wyr Duwyol, enwog ac ewyllys-gar *i wneuthur daioni i'r* Cymru'.

Wrth gyflwyno'r 'Beibl Bach' i'w ddarllenwyr, manteisia John Davies ar y cyfle i dynnu sylw at haelioni'r masnachwyr a fu'n ymorol am gostau'r cyhoeddi:

> Ac yma y mae'n rhaid i ti gydnabod yn ddiolch fawr ofal a chost rhyw dduwiol ac vrddasol ddinasyddion a marsiandwyr o *Lundain* (ymhlith y rhai yn bennaf ac yn henwedic y mae Sr. *Thomas Midlton* marchog vrddol a *Rowland Heylin* dau Henaf-gwyr o'r vn ddinas) Duw o'i ddaioni a'u cofio hwy, a phawb eraill mewn Symlrwydd calonnau ffyddlon dda ydynt yn ewyllysio ac yn gwneuthr daioni iw Sion ef.

Roedd byd John Davies, felly, yn llawer ehangach na phlwyf Mallwyd, neu hyd yn oed Rydychen a Llundain. Roedd gan ei noddwyr, dau o henaduriaid Llundain, gysylltiadau masnachol ledled y byd: Rwsia, India, Affrica a Gogledd America. Eu llwyddiant masnachol a olygai fod cyhoeddi'r 'Beibl Bach' yn ymarferol. Ond roedd hefyd ochr dywyll i'r llwyddiant hwn.

Fel y gwelsom, roedd Syr Thomas Myddelton yn un o'r buddsoddwyr cynharaf yn yr 'East India Company' yn 1599 ac am weddill ei oes, a gweddill oes John Davies yntau, roedd gan y cwmni hwn fonopoli ar fasnachu ag India a gorllewin Affrica. Gwyddom ymhellach fod y cwmni erbyn 1621 yn cludo caethweision o ddwyrain a gorllewin Affrica i ba le bynnag yr oedd angen llafur dynol. Buddsoddodd Syr Thomas hefyd yn y 'Virginia Company' a sefydlwyd yn 1606. Mae'n debyg iddo fuddsoddi mewn sawl agwedd ar y fasnach draws-Iwerydd, gan gynnwys o leiaf un fordaith a gludodd gaethweision o Affrica. Mae'n wir fod Syr Thomas eisoes yn ŵr cyfoethog pan ddechreuodd ymhél â'r fasnach hon. Ond mae hefyd yn ffaith ei fod wedi dechrau elwa ar y fasnach mewn caethweision cyn iddo ariannu'r 'Beibl Bach' yn 1630.

Yn y flwyddyn 2020 ffurfiwyd Grŵp Gorchwyl a Gorffen ar gais Prif Weinidog Cymru er mwyn ystyried y berthynas rhwng caethwasiaeth a'r Ymerodraeth Brydeinig a choffáu cyhoeddus. Bwriad yr adroddiad a luniwyd oedd 'archwilio henebion cyhoeddus, enwau strydoedd ac enwau adeiladau yng Nghymru sy'n gysylltiedig â'r fasnach mewn caethweision a'r Ymerodraeth Brydeinig ac i fwrw golwg hefyd ar gyfraniadau hanesyddol pobl o dras Du at fywyd Cymru'. Ei gysylltiad â Chastell y Waun sy'n peri bod Syr Thomas Myddelton yn cael sylw yn y ddogfen hon ond ni chrybwyllir y 'Beibl Bach'. Mae'r cyswllt rhwng y Beibl a ddarparwyd 'yn iaith dy fam [...] er coron' a dyddiau cynnar ymwneud y Cymry â chaethwasiaeth yn un i'w ddwys ystyried.

A wyddai'r darllenwyr am y cysylltiadau hyn? Mae'n debyg nad oes modd cynnig ateb uniongyrchol. Ond byd a oedd yn prysur newid oedd byd Cymru yn yr ail ganrif ar bymtheg. Ystyriwn, er enghraifft, yrfa un o blith y sawl John Davies a nodwyd uchod, sef John Davies y cyfieithydd o Gydweli. Treuliodd y gŵr hwn flynyddoedd y rhyngdeyrnasiad yn Ffrainc cyn dychwelyd i Loegr ar esgyniad Charles II i'r orsedd. Wedi hynny aeth ati i ennill bywoliaeth fel cyfieithydd—rhywbeth na fyddai'n bosibl pe bai wedi dewis cyfieithu i'r Gymraeg yn hytrach nag i'r Saesneg—a daeth i fod 'the most active translator from French in his age'.[5] Cyfieithodd dros ugain o gyfrolau i'r Saesneg o'r Ffrangeg, nifer ohonynt yn ymwneud â'r bydoedd newydd a oedd yn mynd â bryd darllenwyr yn Lloegr, a hefyd ddarllenwyr yng Nghymru hithau. Yn eu plith yr oedd *The history of Algiers and its slavery. With many remarkable particularities of Africk. Written by the sieur Emanuel d'Aranda, sometime a slave there* (1656). Un arall oedd *The history of the Caribby-Islands, viz.. Barbados, St. Christophers, St. Vincents, Martinico, Dominico, Barbouthos, Monserrat, Mevis, Antago, &c.* (1666). Yn 1672 cyhoeddodd Davies *The Egyptian History, treating of the Pyramids, the Inundation of the Nile, and other Prodigies of Egypt according to the opinions and traditions of the Arabians*, ar sail fersiwn Ffrangeg Pierre Vattier o waith yr hanesydd Murtada ibn al-Khafif o Cairo. Mae'n cyflwyno'r gwaith hwn i'w ewythr, John Griffith o Langwendraeth yn Sir Gaerfyrddin, gan ddweud wrtho, 'When I was upon the Translation of this Piece, I often entertained you with several Stories of it, and you thought them not unpleasant.' Gallai'r gwaith hwn, awgryma Davies, wneud yn iawn am y ffaith fod John Griffith wedi colli ei gasgliad o destunau yn ymwneud â Chymru: 'You know how often I have bemoan'd your loss of divers excellent *Manuscripts, Prophecies, Poetry*, and other Subjects, relating to our own Countrey; for certainly nothing [is] so pleasant as to survey the Genius and Humours of our earliest Predecessors.' Dyma gyfnewid diwylliannol a ddangosai sut yr oedd bydoedd Cymru'r ail ganrif ar bymtheg yn prysur newid.

Cynulleidfa dra gwahanol—cynulleidfa uniaith Gymraeg—a oedd ym meddwl y rheini a gyfieithai destunau crefyddol i'r Gymraeg. Cydoeswr agos â'r Dr John Davies oedd Robert Lloyd o Lanwrin yn Sir Drefaldwyn. Rhwng 1611 a 1650 bu'n ficer yn y Waun, gan brofi'r tensiynau yn y plwyf hwnnw rhwng piwritaniaeth Syr Thomas Myddelton ar y naill law a reciwsantiaeth Gatholig John Edwards o'r Plas Newydd ar y llall. Yn 1629 cyhoeddodd *Pregeth dduwiol yn traethu am iawn ddull, ac agwedd gwir edifeirwch*, cyfieithiad o waith gan y Piwritan Arthur Dent, ac yn 1630, ar gais John Hanmer, esgob Llanelwy, *Llwybr Hyffordd yn cyfarwyddo'r anghyfarwydd i'r nefoedd, etc.*, cyfieithiad o *The Plaine Mans Path-way to Heaven* gan yr un awdur. Mae'r rhagair i'r gyfrol hon yn dangos y modd y syniai Lloyd am y berthynas uniongyrchol rhwng addysg a medru'r Saesneg, perthynas a ddeuai'n gynyddol amlwg ym meddwl y Cymry dros y canrifoedd nesaf. Dywed Lloyd fod gwaith Dent 'yr awr hon wedi ei gyfieithu yn Gamberaec er cymmorth i'r Cymro annyscedig, fel y gallo efe gael yn ei dafod-iaith ei hûn, foddion a chyfryngau i chwanegu ei wybodaeth i wasanaethu duw'. A chawn ganddo anerchiad uniongyrchol i'r 'darllennudd o Gymro vniaith': 'Y Darllennudd hygar, Er dy fwyn di yn vnig, y cyrchais i eithaf Lloegr Saes-fam-dâd, i ddyscu i ti yn dy iaith dy hûn, gan na wyddost ond honno, yr vniawn-lwybr hyffordd i'r nefoedd.'

Er y cyswllt a wneir gan Lloyd—gŵr na fu mewn prifysgol—rhwng diffyg addysg ac unieithrwydd, nid yw darllen y *Llwybr Hyffordd* yn brofiad merfaidd neu ddiflas. Fel y dywed R. Geraint Gruffydd, 'because the *Plain Man's Pathway* is cast in dialogue form, he is given the opportunity to show himself capable of reproducing the rhythm and flavour of common speech as well as producing on occasion passages of exalted oratory'.[6] Ym marn Gruffydd, nid oedd mwy na thri neu bedwar o gyfieithwyr Anglicanaidd i'r Gymraeg yn y cyfnod hwn a oedd yn deilwng o gael eu cymharu â Robert Lloyd.

Ymddiddanion rhwng unigolion ac iddynt enwau sy'n cyfleu eu cymeriadau a geir yn y *Llwybr Hyffordd*: Theologus ('Pregeth-wr'), Philagathus ('Gwr da', 'Gwr Onest'), Asunetus ('Anghyfarwydd-ddyn') ac Antilegon ('Ceccryn', 'Cynnenwr'). Daw'r darn canlynol o sgwrs rhwng Asunetus a Theologus, ac mae'n dangos yn glir y bywiogrwydd ymadrodd hwnnw y cyfeiria R. Geraint Gruffydd ato:

> Asune[tus]: Attolwg i'wch, dyscwch chwi fi yn well.
>
> Theol[ogus]: Digon rhaid oedd i chwi gael eich dyscu yn well. Canys y mae'r cythraul drwy ei gyfrwysdra wedi hudo eich enaid, a bwrw niwlen tros eich llygaid, drwy beri i chwi goelio fod y frân yn wen, sef fod eich cyflwr chwi ger bron duw yn dda, ac yntef mewn gwirionedd yn resynol, ac yn dosturus.
>
> Asune[tus]: Nagê yr wyfi yn ymwrthod ar cythraul o wir ewyllys fynghalon. Eithr mi a ddamunaf arnoch ddangos i mi pa fodd y digwyddodd fy nhwyllo mor swrth a hynny.

O blith y cyfieithwyr eraill y gellir eu crybwyll yn yr un gwynt â John Davies, Mallwyd, gallwn enwi Rowland Vaughan o Gaer-gai a gyhoeddodd *Yr Ymarfer o Dduwioldeb*, cyfieithiad o *Practice of Piety* gan Lewys Bayly, esgob Bangor, yn 1630. Cyflwynodd ei gyfrol 'I'r annwyl vrddasol wraig: Margred, vnig etifeddes Syr *John Lloyd* marchog a Sersiant or gyfraith, a chywely *John Lloyd* o *Riwaedog*, Esq.' Wrth annerch ei ddarllenwyr, dywed Vaughan:

> Fe allai y tybia llawer i mi gymmeryd mwy o rydd-did yn scrifennu'r iaith hon, nac yr oedd tadogaeth y geiriau yn canniattâu. Eithr deall, mai wrth fwrw fy serch ar gywyddau cymraeg y cefais i y gyfrwyddyd wan sydd gennif, ac yr wyf yn gobeithio i mi arfer y geiriau sathredig a arferodd hên Athrawon o'm blaen i, ac na chyfeiliornais o athrawiaeth *Doctor Dauis* ynghyfieithiad y Bibl.

Felly hyd yn oed cyn ei farw, ystyrid John Davies yn athro gan ryddieithwyr eraill, a'i Feibl yn batrwm i'w ddilyn. Llwyddodd i ennill cymeradwyaeth am y newidiadau a wnaeth i Feibl William Morgan, nid yn unig o ran manwl-gywirdeb y cyfieithu ond hefyd o ran yr arddull, gan fynd ymhellach na Morgan wrth ymbellhau oddi wrth rai o ffurfiau llafar yr oes. Efallai mai'r penderfyniad amlycaf a wnaeth oedd newid sillafiad y gair *Beibl* ei hun—fel y'i cafwyd gan William Morgan—i *Bibl*, gan ymwrthod â ffurf a ddangosai ddylanwad y Saesneg a dewis un a

YR YMARFER O DDVWIOL-DEB: YN CYFAR-

wyddo dŷn i ryngu
bodd Duw:

Yr hwn lyfr â ofodwyd allan
yn faefon-aec o waith y gwir
barchedig dâd *Lewis Efcob* Bangor,
ac a gyfieithwyd yn gamber-aec
o waith *Row. Vaughan* o Gaer-
gai o fîr Feirion wr
bonheddig.

———— *Est voluiffe fatis.*

I dduwioldeb y mae 'r addewid, or bywyd hwn
fydd yr awron, ac o'r hwn a fydd. 1. *Tim.* 4. 8.

Printiedig gan *Felix Kyngfton* tros *Robert
Allot*, ac ydynt iw cael tan lûn yr Arth
ym monwent St *Paul* yn *Llundain*. 1630.

Ffacsimili o wyneb-ddalen yr argraffiad cyntaf.

*Rowland Vaughan, Yr Ymarfer o Dduwioldeb (1630)
(Trwy ganiatâd Gwasg Prifysgol Cymru)*

oedd yn nes at *biblia* y Lladin. Er bod y newid hwn, wrth gwrs, bellach wedi ei ddad-wneud, ymddangosodd ar argraffiadau niferus o'r Beibl ar hyd y blynyddoedd.

Ailgyhoeddwyd *Llyfr y Resolusion* sawl gwaith. Cyn gynhared ag ail argraffiad 1684 roedd safon y Gymraeg eisoes yn cael ei hystyried yn un o'r rhesymau dros ei gyhoeddi o'r newydd, a'r cynnwys addysgiadol ei hun bron â bod yn eilbeth. Fel y dywedir ar wynebddalen yr argraffiad hwnnw:

> Fe Brintiwyd y *Llyfr* hwn, er ys mwy nâ hanner cant o Flynyddoedd a aethant heibio, ac yn awr drachefn, nid yn unic er mwyn y *Gymraeg bûr* sydd ynddo, (yn amgenach nag mewn un llyfr arall ond y *Bibl*) eithr hefyd er mwyn y *Defnydd da*, ar a ellir ei wneuthur o hono.

I gloi, felly, dyma ddarn o *Llyfr y Resolusion*, wedi ei ddewis am ei fod yn trafod newid bydoedd—o'r byd hwn i'r byd nesaf—a hefyd oherwydd cyfoeth y testun ei hun. Ond rheswm arall dros ddewis y darn grymus hwn yw ei fod wedi aros yn fy nghof ers imi ddarllen y gyfrol hon am y tro cyntaf a dechrau ymgyfarwyddo â bydoedd Dr John Davies, Mallwyd.

> Ac fel y galler deall hyn yn well, rhaid yw ystyried fod tri pheth yn bennaf a flina ac a boena'r cyfryw ddynion ar ddydd eu marwolaeth; ac yn y tri pheth hynny cynnhwysir cwbl o'r llaill.
>
> Y cyntaf yw'r boen anesgorol y mae dynion fynychaf yn ei dioddef wrth ymadawiad yr enaid a'r corph, y rhai a fu cyd o amser yn byw ynghyd fel dau gyfaill gariadus, yn vn ei cariad a'i difyrrwch, ac am hynny yn anhawdd iawn ganthynt ymadael â'i gilydd, oni bai fod yn ddir ac yn anghenrhaid iddynt ymadael. Y boen a'r gofid hwnnw a ellir ei ddeall wrth hyn; pettem ni yn gyrru bywyd allan o'r rhan leiaf o'r corph, pettai ond ein bŷs bâch (fel y gwna'r meddygon pan fônt yn marweiddio rhyw ran glwyfus o'r corph i gael gantho dorri allan) pa boen ddirfawr sydd raid i ddyn ei dioddef cyn ei marweiddio? pa wynio cynddeiriog sydd rhaid iddo ei oddef? Ac os yw cymmaint ein gofid ni wrth farweiddio vn rhan fechan o'r corph, meddyliwch faint fydd y gofid wrth farweiddio'r holl gorph, a hynny o'i anfodd.

DARLLEN PELLACH

Ceri Davies, *John Davies o Fallwyd*, Cyfres Llên y Llenor (Caernarfon: Gwasg Pantycelyn, 2001).

Dr John Davies of Mallwyd: Welsh Renaissance Scholar, ed. Ceri Davies (Cardiff: University of Wales Press, 2004).

Saunders Lewis, 'Llyfr y Resolusion', *Ysgrifau Catholig*, 3 (1964), 1–6; ailargraffwyd yn *Meistri'r Canrifoedd: Ysgrifau ar Hanes Llenyddiaeth Gymraeg gan Saunders Lewis*, gol. R. Geraint Gruffydd (Caerdydd: Gwasg Prifysgol Cymru, 1973).

R. Geraint Gruffydd, 'Anglican Prose', yn *A Guide to Welsh Literature, c.1530–1700*, ed. idem (Cardiff: University of Wales Press, 1997), tt. 178–89.

---

[1] Glanmor Williams, *Recovery, Reorientation, and Reformation: Wales c.1415–1642* (Oxford: Clarendon Press, 1987), t. 476.

[2] Rhiannon Francis Roberts, 'Dr John Davies of Mallwyd: A biographical survey', yn *Dr John Davies of Mallwyd: Welsh Renaissance Scholar*, ed. Ceri Davies (Cardiff: University of Wales Press, 2004), t. 18.

[3] Ceri Davies, 'Introduction: John Davies and Renaissance Humanism', yn *Dr John Davies of Mallwyd: Welsh Renaissance Scholar*, t. 2.

[4] Simon Healey, 'MYDDELTON, Sir Thomas I (c.1556–1631), of The Bear, Tower Street, London; Stansted Mountfichet, Essex and Chirk Castle, Denb.', yn *The History of Parliament: The House of Commons 1604–1629*, volume 5, ed. Andrew Thrush and John P. Ferris (Cambridge: Cambridge University Press), t. 467.

[5] Joseph E. Tucker, 'John Davies of Kidwelly (1627?–1693), Translator from the French: With an annotated bibliography of his translations', *The Papers of the Bibliographical Society of America*, 44:2 (1950), 87–204 (t. 87).

[6] R. Geraint Gruffydd, 'Anglican prose', yn *A Guide to Welsh Literature, c.1530–1700*, ed. idem (Cardiff: University of Wales Press, 1997), t. 187.

5

E. Wyn James

CAROL, CWNDID A HALSING

Cân lawen i ddathlu'r Nadolig yw ystyr 'carol' i ni yn amlach na pheidio erbyn heddiw. Ond nid dyna ei ystyr erioed. Gair o fyd y ddawns yw 'carol' yn wreiddiol, heb unrhyw gysylltiad penodol â'r Nadolig, nac â Christnogaeth o ran hynny. Dawns gylch neu ddawns gadwyn oedd ei ystyr ar un adeg, nid yn annhebyg i'r math o ddawnsio gwerin traddodiadol a geir yn Llydaw hyd heddiw, ac yn fath ar ddawns y gellir ei holrhain yn ôl yn y pen draw i wyliau a defodau'r cyfnod cyn-Gristnogol. Erbyn y drydedd ganrif ar ddeg yn Lloegr, lledodd ystyr y gair i gynnwys cân y dawnswyr yn ogystal â'r ddawns ei hun. Erbyn y bymthegfed ganrif, fe'i defnyddid ar gyfer cerddi o 'benillion unffurf ynghyda bwrdwn i'w ganu ar ôl pob pennill'; ac erbyn ail hanner yr unfed ganrif ar bymtheg, yr oedd ystyr y gair wedi llacio ymhellach eto, nes ei ddefnyddio'n enw ar unrhyw gân, ond yn arbennig ar gyfer cân yn gysylltiedig â'r Nadolig.[1]

Roedd y bymthegfed ganrif yn gyfnod o flodeuo mawr ar y garol yn Lloegr; ond mae'n rhaid aros hyd y ffrwydrad o ganu rhydd cynnar, fel y'i gelwir, a ddechreuodd yn ystod yr unfed ganrif ar bymtheg cyn i gorff o garolau ddechrau ymddangos yn y Gymraeg. Benthyciad i'r Gymraeg o'r Saesneg yw'r gair 'carol'. Mae'r enghreifftiau cynharaf sydd wedi eu cofnodi yn y Gymraeg yn dod o'r bedwaredd ganrif ar ddeg, ac er bod awgrym o'r hen gysylltiad â dawns yn rhai o'r enghreifftiau cynnar hynny, erbyn yr unfed ganrif ar bymtheg mae'r gair yn amhendant iawn ei ystyr yn y Gymraeg fel yn y Saesneg, ac yn cael ei ddefnyddio ar gyfer unrhyw gân yn y mesurau rhydd.

Fel yr awgrymwyd yn barod, mae'r carolau hyn yn perthyn i ddatblygiad barddol pur chwyldroadol yn y Gymraeg, sef yr adeg 'y dechreuodd (neu'r ailddechreuodd) canu rhydd ymhoywi yng Nghymru'.[2] Cerddi yn y mesurau caeth, cynganeddol, yw'r rhan fwyaf o lawer o'r farddoniaeth Gymraeg sydd wedi goroesi o'r Oesoedd Canol, sef cerddi'r beirdd proffesiynol a ganai dan nawdd y tywysogion a'r uchelwyr. Roedd cynhyrchu llawysgrifau yn yr Oesoedd Canol yn broses ddrud, rhwng yr amser a gymerai hynny i'r ysgrifwyr a chost y deunyddiau ysgrifennu, ac felly dim ond y cerddi uwch eu bri a gâi eu copïo iddynt. Yn ganlyniad, bodoli ar lafar yn unig yr oedd llawer o gerddi'r beirdd is eu statws—y glêr fel y'u gelwid (term, yn ddiddorol iawn, a all gyfeirio at bobl mewn urddau eglwysig yn ogystal ag at feirdd a oedd yn is eu dosbarth na'r urdd o feirdd proffesiynol).

Ond yr hyn a welwn o'r unfed ganrif ar bymtheg ymlaen yw cynnydd mawr yn y cerddi mewn mesurau rhydd, digynghanedd, sy'n ymddangos i ddechrau yn y llawysgrifau ac yna mewn print wrth i argraffu ddatblygu yn y Gymraeg. Mae'r cynnydd hwn yn cyd-daro â dirywiad yn y gyfundrefn farddol broffesiynol, gyda'r boneddigion yn atal yn gynyddol eu nawdd traddodiadol i'r beirdd, a'r beirdd hwythau'n colli gafael ar eu crefft (yn enwedig yn ne Cymru). Mae'r amlhau hwn ar y canu rhydd yn y Gymraeg hefyd yn cyd-daro â'r cynnydd yn y dylanwadau Saesneg ar y diwylliant Cymraeg, yn enwedig yn sgil ennill coron Lloegr yn 1485 gan Harri Tudur, a froliai ei dras Cymreig, a'r datblygiadau a ddeilliodd o hynny, megis y presenoldeb Cymreig cynyddol yn y llys brenhinol ac yn Llundain o dan y Tuduriaid, a chorffori Cymru yn rhan o deyrnas Lloegr trwy Ddeddf Uno 1536, pan wnaed y Cymry yn ddinasyddion Seisnig a rhoi iddynt gynrychiolaeth seneddol yn San Steffan.

Mae'r canu rhydd cynnar yn syrthio i ddau ddosbarth o ran y mesurau. Mae nifer o'r cerddi hyn yn y mesurau traddodiadol Cymreig—megis yr awdl-gywydd, y cywydd deuair fyrion a'r englyn cyrch—ond heb y gynghanedd, a'u rhediad yn dibynnu ar reoleidd-dra'r acennu yn hytrach na nifer y sillafau.[3] Yn yr ystyr yna, mae'r term canu rhydd *cynnar* braidd yn gamarweiniol, oherwydd mae'n debyg fod y canu digynghanedd hwn yn bodoli ochr yn ochr â'r canu cynganeddol uwch ei statws yn ystod yr Oesoedd Canol ond heb ei gofnodi. Ond yr hyn a welwn fwyfwy hefyd yw llunio cerddi Cymraeg ar geinciau cerddorol, rhai yn Gymreig ond nifer ohonynt yn donau o Loegr yn wreiddiol.[4]

Ceir enghreifftiau o'r ddau ddosbarth hyn yng ngwaith Edmwnd Prys. Fe'i cawn yn defnyddio addasiad o'r mesur carol (sef mesur yr awdl-gywydd yn ei ffurf ddigynghanedd) ar gyfer ei fydryddiadau o'r Salmau a gyhoeddwyd yn 1621—un o binaclau mawr y canu rhydd cynnar. Ond lluniodd hefyd—yn ail hanner y 1570au efallai—gân yn dwyn y teitl 'Baled Gymraeg ar fesur *About the bank[s] of Helicon*',[5] cerdd gywrain, soniarus, sy'n enghraifft gynnar o'r hyn y daethpwyd i'w adnabod fel y canu rhydd cynganeddol neu'r canu caeth newydd.

Er y byddid yn defnyddio'r gair 'baled' yn gynyddol i gyfeirio'n benodol at gerdd a oedd yn sôn am ddigwyddiad neu yn adrodd stori, yng nghyfnod y canu rhydd cynnar, yn debyg i'r gair 'carol', defnyddid 'baled' yn ddigon penagored ar gyfer unrhyw gerdd yn y mesurau rhydd. Yn hynny o beth, mae'r canu rhydd yn drawiadol o wahanol i'r canu caeth, oherwydd, fel y pwysleisia Thomas Parry, 'y mae i'r traddodiad caeth ei dermau technegol sy'n gwbl ddiffiniedig, a'u hystyr yn ddinewid'; ond mewn cymhariaeth, meddai, 'amrywiol ac amhendant yw termau'r canu rhydd. Gelwir cerdd yn araith, yn faled, yn garol a hyd yn oed yn awdl, heb unrhyw reswm ymddangosiadol dros ddewis y naill enw neu'r llall.'[6] Ond er bod y ffiniau rhwng y termau'n parhau yn ddigon tenau am amser hir, wrth i'r canu rhydd ddatblygu, ceir mwy o sefydlogi ar dermau ac fe welir 'carol' yn cael ei neilltuo fwyfwy i gyfeirio at gerddi yn gysylltiedig â gwyliau eglwysig, fel y Nadolig a'r Pasg a Gŵyl Fair y Canhwyllau (2 Chwefror), ac â thymhorau'r flwyddyn, megis dyfodiad yr haf.[7] Mewn geiriau eraill, gellir dweud (a chyffredinoli) fod y garol yn agos gysylltiedig â dathliadau cymunedol, a bod rhythmau a llawenydd y ddawns i'w clywed ynddi o hyd.

Prif bynciau'r canu rhydd cynnar yw serch a materion y dydd ynghyd â dosbarth lluosog o gerddi moesol a chrefyddol. A gwelwn yr elfen gymunedol, sy'n nodwedd mor amlwg ar y garol yn gyffredinol, ar waith yn glir yn y carolau crefyddol a moesol hyn, oherwydd yr hyn a gawn gan eu hawduron—offeiriaid yn aml, ond hefyd leygwyr defosiynol—yw cerddi sy'n ceisio addysgu'r gymuned yng ngwirioneddau'r ffydd Gristnogol a'u hannog i fyw bywyd moesol. Gallwn ddweud (a chyffredinoli eto!) mai'r elfen gymunedol hon yw'r hyn sy'n gwahaniaethu'r garol oddi wrth yr emyn, oherwydd er bod rhaid i emyn cynulleidfaol fod yn addas i'w ganu gan y gymuned grediniol, ar yr un pryd rhaid iddo wrth nodyn personol o ymrwymiad. Mewn geiriau eraill, annerch Duw neu'r enaid a wna'r emyn tra mai annerch cynulleidfa, eu diddanu a'u hannog a'u haddysgu yw swyddogaeth carol, fel y gwelwn o'r ffaith fod y carolau, fel y baledi, yn aml yn agor gyda gorchmynion megis 'Gwrandewch' neu 'Dowch yn nes'. Nid yn ddamweiniol y disgrifiwyd llawer o'r carolau duwiol hyn yn bregethau ar gân. Maent yn aml yn eithaf hir, a rhan bwysig o'r ysgogiad ar gyfer eu llunio oedd prinder cymharol pregethu yn yr eglwysi plwyf.

Yn hytrach na charol, gair a ddefnyddid yn gyffredin yn neddwyrain Cymru o'r bymthegfed ganrif ymlaen am y math hwn o ganu yw 'cwndid';[8] ac er nad yw pob cwndid ar destun crefyddol, dyna sy'n wir am lawer ohonynt, ac mae gan yr enw gysylltiadau crefyddol yn ei darddiad oherwydd daw'r gair Cymraeg yn y pen draw o'r Lladin *conductus*, sy'n cyfeirio at fath o fotét a genid wrth i'r offeiriad gerdded at yr allor neu'r canu yn ystod perfformio dramâu litwrgïaidd.

Ac mae'n werth nodi, wrth fynd heibio, fod y dramâu miragl a moes sydd wedi goroesi yn y Gymraeg o'r bymthegfed ganrif a'r unfed ganrif ar bymtheg, megis *Y Tri Brenin o Gwlen* ac *Y Gŵr Cadarn*—y gellid eu hystyried yn rhagredegwyr i'r dramâu gwerinol poblogaidd a elwir yn anterliwtiau—yn perthyn 'o ran crefft fydryddol, i'r un traddodiad â'r canu rhydd'.[9]

Y mwyaf poblogaidd a dylanwadol, yn ddiau, o holl awduron y canu rhydd duwiol oedd y Ficer Prichard o Lanymddyfri, a oedd yn ei flodau yn nechrau'r ail ganrif ar bymtheg ac a adwaenid yn ei ddydd fel 'y Cwndidwr du'.[10] Lluniodd gannoedd o benillion, llawer ohonynt ar fesur yr hen benillion, a rhan bwysig o'u hapêl oedd eu symlrwydd cartrefol a'u huniongyrchedd bachog.[11] Ei gerdd fwyaf adnabyddus heddiw, mae'n siŵr, yw'r garol Nadolig sionc honno, 'Awn i Fethlem, bawb, dan ganu', sydd â sigl y ddawns mor amlwg ynddi.[12] Ond tua adeg marw'r Ficer yn 1644, gwelwyd datblygiad hynod bwysig yn hanes y garol a fyddai'n esgor ar gorff mawr o gerddi a oedd yn llawer mwy cywrain o ran arddull a mesur na rhai'r Ficer. Nodwyd eisoes fod canu rhydd y cyfnod modern cynnar yn ymrannu'n ddau ddosbarth o ran mesur, sef cerddi ar y mesurau barddol Cymreig traddodiadol ond heb y gynghanedd, a cherddi cyfacen ar geinciau cerddorol a'u mydryddiaeth a hyd y llinell yn cael eu rheoli gan y dôn.[13] Aeth nifer y carolau a luniwyd ar geinciau ar gynnydd sylweddol wrth i'r ail ganrif ar bymtheg fynd yn ei blaen, ac fel y dywed A. Cynfael Lake, 'Gwaith Huw Morys ac Edward Morris [o Berthillwydion] sy'n cynrychioli pinacl y canu hwn [ar geinciau] yn yr ail ganrif ar bymtheg, a hwy ar lawer ystyr a osododd y seiliau ar gyfer y ffrwydrad o ganu yn seiliedig ar alawon cerddorol a gafwyd yn y ganrif nesaf, [... oherwydd o] fewn byr amser yr oedd beirdd di-rif yn dewis canu yn yr un dull ac yn yr un cywair', a'r rheini yn bennaf yn feirdd o ogledd-ddwyrain Cymru.[14]

Un o brif nodweddion y cerddi hyn, yn garolau ac yn faledi, oedd eu bod yn gyforiog o gyseinedd a chyflythrennu. Fel yr eglura Thomas Parry, cerddi i'w canu oedd y rhain a'u nod oedd creu 'sain hyfryd i'r synhwyrau' wrth briodi'r geiriau a'r dôn, trwy roi 'odl yn y geiriau ar ddiwedd pob cymal yn y gerddoriaeth' a 'rhoi cynghanedd a pherseinedd cyson yn y cymalau hynny', gan greu 'hyfrydwch yn nheimlad y gwrandawr' wrth eu clywed yn cael eu canu. Dyna'r canu rhydd cynganeddol neu'r canu caeth newydd fel y'i gelwir.[15]

Dyma ddwy enghraifft o'r math hwn o ganu gan Edward Samuel (1674-1748), rheithor Llangar ger Corwen, sef pennill o garol haf ar y mesur 'Mwynen Mai':

> Mae croth y ddaear feichiog
> Yn esgor yn ddiysgog
> Ar ffrwythau pêr toreithiog,
>   Yn llwythog a'n gwellha;
> A'r côr adeiniog dawnus
> A ganant foliant felys
> I'w nefol Dad cariadus
>   Yn hwylus amser Ha'.

a phennill agoriadol carol Nadolig ar fesur 'Ffarwél Ned Puw':

> Dowch, holl brydyddion croywon cred,
>   Drwy lân adduned ddoniol,
> Ag ymadroddus hwylus hawl
>   I g'weirio mawl rhagorol;
> Cans dyma'r dydd y daeth y Gair
>   I'w eni o Fair y Forwyn,
> Yn Dduw, yn ddyn i ddiodde'n ddwys,
>   Fel oen gwareiddfwys addfwyn;
> Gŵyl hefyd arbennig, a elwir Nadolig
> Y Duw-ddyn dieiddig i'w chadw'n barchedig
>   I'n Duw bendigedig, ein meddyg, a'n mawl;
> Hy seiniwn hosanna neu glau haleliwia
> I'r nefol Iehofa, fo sy yn Feseia,
>   A brynodd had Adda'n ddedwyddawl.[16]

Hud y gynghanedd, meddai Thomas Parry, a oedd yn gyfrifol fod beirdd gogledd Cymru yn addurno'r canu rhydd ag odli a chyflythrennu nes creu canu caeth newydd; a chanlyniad hynny, meddai, oedd bod y ffurfiau digynghanedd ar y mesurau traddodiadol Cymreig, a ddigwyddai mor aml yn y canu rhydd cynnar, yn diflannu i raddau helaeth yn y gogledd erbyn y ddeunawfed ganrif.[17] Ond mae'r sefyllfa'n wahanol iawn yn y de oherwydd, er y cawn enghreifftiau o rai o feirdd de Cymru yn llunio cerddi yn null y canu rhydd cynganeddol,[18] nid oedd swyn y gynghanedd mor gryf yno ac fe barhawyd i lunio cerddi rhydd digynghanedd; ac nid hynny yn unig, ond cafwyd ymosodiadau ar y canu caeth newydd gan rai o feirdd y de.[19]

Arwydd o barhad poblogrwydd y canu rhydd digynghanedd yn y de yw'r corff o garolau a elwir yn halsingod—o'r Saesneg *ha(i)lsing*, yn golygu 'cyfarchiad'—a luniwyd yn bennaf yn nyffryn Teifi a'r cyffiniau yn yr ail ganrif ar bymtheg ac i mewn i'r ddeunawfed ganrif. Offeiriaid yn Eglwys Loegr oedd llawer o'u hawduron, ac maent yn ddigon tebyg i gwndidau Morgannwg o ran cynnwys a mesurau, er y gwelir peth o ddylanwad y canu rhydd cynganeddol ar arddull rhai ohonynt.[20] Fel yn achos y cwndidau a'r carolau duwiol yn null y canu caeth newydd, byddai'n iawn disgrifio llawer o'r halsingod yn bregethau ar gân. Yn wir, cawn dystiolaeth mewn cyfrol ar gyflwr crefydd yn Esgobaeth Tyddewi gan glerigwr o'r enw Erasmus Saunders a gyhoeddwyd yn 1721, mai ysgogiad pwysig dros eu llunio oedd prinder pregethu. Dyma ran o'r hyn sydd ganddo i'w ddweud:

> The poor Inhabitants of these Mountains [...] don't think it too much [...] to travel three or four Miles [...] and sometimes as many more to hear a Sermon, and they seldom grudge many times for several Hours together in their damp and cold Churches, to wait the coming of their Minister, who [...] may be oblig'd to disappoint them [...]
>
> To make their private Instructions more agreeable and effectual, as they are naturally addicted to Poetry, so some of the more Skilful and knowing among them frequently compose a kind of Divine Hymns, or Songs, which they call *Halsingod*, or *Carolion*, which generally consist either of the Doctrinal, or Historical parts of Scripture, or of the Lives, and worthy Acts of some eminent Saints [...][21]

Cerddi gwerinol, uniongyrchol eu harddull a chartrefol eu naws yw'r halsingod, fel y cwndidau a'r canu rhydd cynnar yn gyffredinol. Mae tuedd i fychanu gwerth llenyddol y cerddi hyn, ond mae'n bwysig cofio sylw R. Geraint Gruffydd fod yn y cwndidau ar brydiau 'ryw huotledd dwys sy'n eu codi uwchlaw lefel cyffredinedd di-dor'[22] a bod gan y canu rhydd cynnar ar ei orau 'ryw ysgafnder soniarus sy'n beth newydd yn y Gymraeg'.[23]

Ond yr hyn a welwn erbyn dechrau'r bedwaredd ganrif ar bymtheg yw'r carolau duwiol, boed yn ganu rhydd neu yn ganu caeth newydd, yn cilio'n raddol o'r tir wrth i'r gwead cymunedol yr oeddynt yn llais ac yn ddiddanwch iddo ymddatod yn gynyddol.[24] Y rheswm am hynny oedd y newidiadau pellgyrhaeddol a olygai fod Cymru 1850 yn wlad wahanol iawn i Gymru 1750. Roedd Cymru 1850 yn wlad lawer mwy poblog a threfol a diwydiannol, ac yn fwy radical o lawer yn wleidyddol; ac yn grefyddol, yn lle teyrngarwch diwyro mwyafrif llethol y boblogaeth i'r Eglwys Wladol yn 1750, roedd erbyn 1850 bron bedwar Anghydffurfiwr am bob Eglwyswr. A'r hyn a welwn yw'r emyn a cherddi mwy telynegol yn ennill y dydd ar y garol, nes iddi ddarfod i bob diben fel *genre* hyfyw erbyn diwedd y bedwaredd ganrif ar bymtheg. Yr eithriad mawr yw'r carolau plygain, y parhawyd i'w canu'n ddi-ddor mewn rhai mannau yn y gogledd-ddwyrain ac a enillodd amlygrwydd a phoblogrwydd newydd o ganol yr ugeinfed ganrif ymlaen, yn rhan o'r sylw newydd i draddodiadau gwerin a nodweddai adfywiad cenedlaethol Cymreig y 1960au.[25]

Mae'n briodol rywsut mai carolau yn gysylltiedig â chyfnod gwyliau'r Nadolig yw'r rhai sydd wedi para i gael eu harfer hyd ein dyddiau ni, oherwydd un o nodweddion cyson y garol Gymraeg i lawr trwy'r canrifoedd yw bod ynddi, ym mhob cyfnod ac amlygiad ohoni, gorff o gerddi yn ymwneud yn benodol â'r Nadolig. Cwndid am y Nadolig yw un o'r rhai cynharaf i oroesi, o'r flwyddyn 1520.[26] Mae'n perthyn, felly, i'r cyfnod cyn-Brotestannaidd, er nad oes llawer i'w gwahaniaethu o ran cynnwys oddi wrth gwndidau Nadoligaidd y cyfnod Protestannaidd.[27] Cerdd o ugain pennill ydyw ar fesur yr awdl-gywydd, a chynhelir yr un brif odl drwyddi (sef *-ig*, i odli â 'Nadolig'). Wedi adran agoriadol sy'n annog pawb i roi moliant 'i Dduw Ne' / Ar wylie y Nadolig', oherwydd geni 'y mab rhad, / Y Ceidwad bendigedig', fel sydd mor wir yn gyffredinol yn achos y carolau Nadolig Cymraeg, nid yw'r bardd yn aros gyda'r geni, ond yn symud ymlaen i fyfyrio ar y groes yn adran ganol y cwndid, cyn sôn am ddyrchafiad Crist i'r nef wedi'r atgyfodiad ac am ei ailddyfodiad mewn barn, gan orffen ag anogaethau i fyw'n elusengar ac yn dduwiol.

Daniel Rowland (1711?-90)

Yna, os neidiwn dros y canrifoedd i 1737, gwelwn lunio yn y flwyddyn honno halsing am y Nadolig sydd ar lawer ystyr yn ddechrau'r diwedd i'r *genre*! Mae'r gerdd yn agor â gwahoddiad i'r 'ffyddlon gymanfa' wrando'n garedig ar ddydd Nadolig ar 'eirie cysurus, geirie cyffyrddus' i borthi'r enaid. Diddorol yw gweld yr awdur, wrth adrodd hanes y geni, yn cynnwys stori apocryffaidd am Fair yn 'chwantu' afalau. Yn debyg i'r Ficer Prichard, mae'r halsing wedyn yn rhyfeddu at bwy a oedd ar lin Mair—'Dyma i chwi faban heb allu gripian, / Er hyn mae'n cynnal pob perchen anal'—cyn symud at yr iachawdwriaeth sy'n dod trwy Iawn Crist a gorffen ag anogaeth i dreulio dydd Nadolig yn ei foli. Yna, fel sydd mor gyffredin yn y canu rhydd, cawn cyn y diwedd fydryddu dyddiad cyfansoddi'r halsing a chyfeiriad at yr awdur:

> Os daw gofyniad pwy wnaeth y ganiad,
> Hwy gânt yn ufudd ei enw bedydd:
> *D* ydyw'r gynta', *A* ydyw nesa',
> *N* sy'n eu canlyn, *I* sy rhaid wedyn,
> *E* wedi hynny, *L* yn diweddu.
> Dyma i chwi'n eglur enw'r pechadur,
> Traethir gan fagad yn wael offeiriad,
> Sy'n ceisio gweini mewn tair Eglwysi,
> Padarn a'i chofio, Cwnlle a Cheitho.[28]

A'r awdur? Ie, Daniel Rowland, Llangeitho, un o brif arweinwyr y mudiad Methodistaidd cynnar. Profodd dröedigaeth efengylaidd yn 1735—ac yntau eisoes erbyn hynny'n glerigwr ordeiniedig—a'r gerdd hon a luniodd yn 1737 (y flwyddyn y cyfarfu â Howell Harris am y tro cyntaf) yw diwedd ei yrfa fel halsingwr hyd y gwyddom. Ond nid dyna ddiwedd ei yrfa fel awdur cerddi crefyddol oherwydd fe'i gwelwn yn fuan wedyn yn dod yn un o brif arloeswyr yr emyn Methodistaidd, math pur wahanol o ganu crefyddol i'r halsingod ar lawer ystyr.[29] Cawn Daniel Rowland, felly, yn braenaru'r tir ar gyfer y corff o emynau a gysylltwn yn arbennig â'i gyfaill, William Williams o Bantycelyn, corff sy'n un o binaclau llenyddiaeth Gymraeg ac yn ganu crefyddol o statws rhyngwladol. Ond byddai'r datblygiad emynyddol hwnnw, a seiniai nodyn mwy unigolyddol brofiadol na'r halsing, hefyd yn seinio cnul y garol fel prif ffrwd canu crefyddol y Cymry.[30]

DARLLEN PELLACH

Meredydd Evans, 'Canu Cymru yn yr unfed ganrif ar bymtheg', *Cof Cenedl*, XIII, gol. Geraint H. Jenkins (Llandysul: Gwasg Gomer, 1998) tt. 33–68.

Sally Harper & Alan Luff, 'Welsh carols', yn *The Canterbury Dictionary of Hymnology*, ed. J.R. Watson & Emma Hornby; <http://www.hymnology.co.uk/w/welsh-carols>.

E. Wyn James, 'Popular poetry, Methodism, and the ascendancy of the hymn', yn *The Cambridge History of Welsh Literature*, ed. Geraint Evans & Helen Fulton (Cambridge: Cambridge University Press, 2019).

E. Wyn James, 'Welsh metrical psalms, carols, and hymns', yn *The Oxford Dictionary of the Christian Church*, ed. Andrew Louth, pedwerydd argraffiad (Oxford: Oxford University Press, 2022).

Hen Gwndidau, Carolau, a Chywyddau, gol. L.J. Hopkin James ('Hopcyn') & T.C. Evans ('Cadrawd') (Bangor: Jarvis & Foster, 1910).

1. Brinley Rees, *Dulliau'r Canu Rhydd 1500-1650* (Caerdydd: Gwasg Prifysgol Cymru, 1952), t. 17.
2. *Canu Rhydd Cynnar*, gol. T.H. Parry-Williams (Caerdydd: Gwasg Prifysgol Cymru, 1932), t. xi.
3. Thomas Parry, *Hanes Llenyddiaeth Gymraeg hyd 1900*, trydydd argraffiad (Caerdydd: Gwasg Prifysgol Cymru, 1953), t. 130. Ar fesurau'r canu rhydd, gweler R.M. [Bobi] Jones, *Seiliau Beirniadaeth. Cyfrol 2: Ffurfiau Seiniol* (Aberystwyth: Coleg Prifysgol Cymru, 1986), pennod 4.
4. Ar y ddau ddosbarth o fesurau, gweler penodau Cennard Davies a Nesta Lloyd yn *A Guide to Welsh Literature c.1530-1700*, ed. R. Geraint Gruffydd (Cardiff: University of Wales Press, 1997).
5. Rees, *Dulliau'r Canu Rhydd*, tt. 32-3; Brinley Rees, 'Tair cerdd a thair tôn', *Bwletin y Bwrdd Gwybodau Celtaidd*, 31 (1984), 61-9; Phyllis Kinney, *Welsh Traditional Music* (Cardiff: University of Wales Press, 2011), t. 22. Y gerdd hon yw 'Cân y Gwanwyn' yn *The Oxford Book of Welsh Verse*, ed. Thomas Parry (Oxford: Clarendon Press, 1962), tt. 248-50. Yr enw Cymraeg arferol ar y dôn 'About the banks of Helicon' yw 'Y Fedle Fawr', gweler Phyllis Kinney, 'The tunes of the Welsh Christmas carols', *Canu Gwerin*, 11 (1988), 37-8.
6. Parry, *Hanes Llenyddiaeth Gymraeg hyd 1900*, t. 133. Enw arall a ddefnyddid oedd 'dyri'. Mae'n werth nodi hefyd wahaniaeth arall rhwng y canu caeth a'r canu rhydd a bwysleisir gan Thomas Parry, sef bod y canu rhydd—er ei fod yn defnyddio math ar iaith safonol yn hytrach na bod yn dafodieithol—yn fwy llafar ei arddull yn gyffredinol ac yn aml yn arfer ffurfiau fel *gwelen*, *perffeth* a *rhinwedde* yn hytrach na *gwelent*, *perffaith* a *rhinweddau* yr iaith lenyddol.
7. Am drafodaeth ar nifer o'r mathau o garolau a gysylltir â gwyliau a thymhorau'r flwyddyn, gweler Rhiannon Ifans, *Sêrs a Rybana: Astudiaeth o'r Canu Gwasael* (Llandysul: Gwasg Gomer, 1983).
8. Ar y cwndid, gweler G.J. Williams, *Traddodiad Llenyddol Morgannwg* (Caerdydd: Gwasg Prifysgol Cymru, 1948), pennod 4; Ceri W. Lewis, 'The literary history of Glamorgan from 1550 to 1770', yn *Glamorgan County History. Volume IV: Early Modern Glamorgan*, ed. Glanmor Williams (Cardiff: Glamorgan County History Trust, 1974), pennod 10.
9. Parry, *Hanes Llenyddiaeth Gymraeg hyd 1900*, t. 144.
10. Geraint H. Jenkins, *Literature, Religion and Society in Wales, 1660-1730* (Cardiff: University of Wales Press, 1978), t. 152.
11. Ceir trafodaeth ar fesurau'r Ficer yn Siwan Non Richards, *Y Ficer Prichard*, Cyfres Llên y Llenor (Caernarfon: Gwasg Pantycelyn, 1994).

12 *Canu'r Cymry II*, gol. Phyllis Kinney a Meredydd Evans (Cymdeithas Alawon Gwerin Cymru, 1987), tt. 10, 53-4.

13 *Blodeugerdd Barddas o Gerddi Rhydd y Ddeunawfed Ganrif*, gol. E.G. Millward (Cyhoeddiadau Barddas, 1991), t. 16. Ceir ymdriniaeth ar y tonau gan Phyllis Kinney (tt. 29-38) a hefyd yn 'The tunes of the Welsh Christmas carols', *Canu Gwerin*, 11 (1988), 28-57, a 12 (1989), 5-29.

14 A. Cynfael Lake, *Beirdd, Prydyddion a Baledwyr y Ddeunawfed Ganrif* (Aberaeron: Llyfrau Caer Heli, 2022), tt. 180-1. Ar bwysigrwydd Huw Morys 'Eos Ceiriog', gweler hefyd E. Wyn James, 'Ann Griffiths: Y cefndir barddol', *Llên Cymru*, 23 (2000), 150-3.

15 Parry, *Hanes Llenyddiaeth Gymraeg hyd 1900*, tt. 179-82; Thomas Parry, *Baledi'r Ddeunawfed Ganrif*, ail argraffiad gyda mynegai (Caerdydd: Gwasg Prifysgol Cymru, 1986), tt. 150-60. Rhaid cwestiynu awgrym Thomas Parry nad creu 'sain hyfryd i'r synhwyrau' ond 'traethu ffeithiau' oedd amcan beirdd y canu caeth newydd erbyn y ddeunawfed ganrif (*Hanes Llenyddiaeth Gymraeg hyd 1900*, t. 182), oherwydd (fel y nodwyd yn barod) yr oeddynt yn dilyn yn ôl troed Huw Morys.

16 *Blodeugerdd Barddas o Gerddi Rhydd y Ddeunawfed Ganrif*, tt. 50, 52. Ŵyr i Edward Samuel oedd David Samwell 'Dafydd Ddu Feddyg' a fu'n dyst i ladd Capten Cook yn Hawaii yn 1779.

17 Parry, *Baledi'r Ddeunawfed Ganrif*, tt. 148-50.

18 Gweler E. Wyn James, 'Thomas William: Bardd ac emynydd Bethesda'r Fro', *Llên Cymru*, 27 (2004), 125, a'r cyfeiriadau llyfryddol yn nodyn 57. Mae angen amodi rywfaint, felly, ar osodiad Thomas Parry, 'Mae cerddi'r De, o ran celfyddyd, testunau a gwehelyth llenyddol, yn gwbl ddeoledig oddi wrth rai'r Gogledd' (*Baledi'r Ddeunawfed Ganrif*, t. 24).

19 E.G. Millward, 'Gwerineiddio llenyddiaeth Gymraeg', yn *Bardos*, gol. R. Geraint Gruffydd (Caerdydd: Gwasg Prifysgol Cymru, 1982), tt. 102-4. Un rheswm am y gwahaniaethau barddol rhwng de a gogledd Cymru oedd bod y de yn drymach o dan ddylanwadau Methodistaidd ac Anghydffurfiol yn grefyddol cyn y bedwaredd ganrif ar bymtheg.

20 Ar yr halsing, gweler Garfield H. Hughes, 'Halsingau Dyffryn Teifi', *Yr Eurgrawn*, 133 (1941), 58-63, 89-91, 126-7; Geraint Bowen, 'Yr halsingod', *Trafodion Anrhydeddus Gymdeithas y Cymmrodorion*, 1945 (1946), tt. 83-108; Jenkins, *Literature, Religion and Society in Wales*, tt. 158-61. Mae'r rhan fwyaf ohonynt ar fesur y cywydd deuair fyrion; gw. Jones, *Seiliau Beirniadaeth*, 152-3; Meredydd Evans, 'Deuair fyrion ac alawon', *Canu Gwerin*, 8 (1985), 16-31; Meredydd Evans, 'Cainc ar gyfer halsingod: Nodyn', *Canu Gwerin*, 18 (1995), 45-8.

21 Erasmus Saunders, *A View of the State of Religion in the Diocese of St. David's about the beginning of the 18th century* (London, 1721; adargraffiad, Cardiff: University of Wales Press, 1949), tt. 32-3, a cf. tt. 36-7: 'The Generality are, I am afraid, more oblig'd […] to the Instructions they derive from their *Halsingod*, or the *Vicar of Llanymddyfry's* Poems, and such others, than to any Benefit receiv'd by the Catechising and Preaching of a regular Ministry.' Dywed Saunders fod y bobl yn canu halsingod yn yr eglwysi yn antiffonaidd, '[in] an Imitation of our Cathedral, or Collegiate Choirs', a diddorol gweld Iolo Morganwg yn dweud bod halsingod yn cael eu canu 'with a Cathedral-like Chant', gweler Kinney, 'The tunes of the Welsh Christmas carols', *Canu Gwerin*, 12 (1989), 22.
22 R. Geraint Gruffydd, 'Cywydd, englynion a chwndidau gan Edward Dafydd o Drefddyn', *Llên Cymru*, 11 (1970-1), 216.
23 R. Geraint Gruffydd, *Llenyddiaeth y Cymry: Cyflwyniad Darluniadol Cyfrol II: O tua 1530 i tua 1880* (Llandysul: Gwasg Gomer, 1989), t. 62.
24 Ceir darlun o'r gwead cymdeithasol gwledig hwnnw a'i arferion yn R.W. Jones 'Erfyl Fychan', *Bywyd Cymdeithasol Cymru yn y Ddeunawfed Ganrif* (Llundain: Gwasg Gymraeg Foyle, 1931).
25 Roy Saer, *'Canu at Iws' ac Ysgrifau Eraill* (Cymdeithas Alawon Gwerin Cymru, 2013), penodau 4, 5 a 13.
26 *Cerddi Rhydd Cynnar*, gol. D. Lloyd-Jenkins ([Tregaron: Yr Awdur, 1931]), tt. 3-5; a gweler Meredydd Evans, 'Y garol Nadolig Gymraeg', *Y Casglwr*, 22 (1984), 18. Priodolodd Iolo Morganwg awduraeth y cwndid hwn i'r offeiriad Huw Dafydd, Gelli-gaer, ond rhaid cwestiynu hynny!
27 Er mai aelodau o 'Eglwys Loegr liwgu' (a dyfynnu R.T. Jenkins yn ei *Hanes Cymru yn y Ddeunawfed Ganrif*) yw trwch awduron y carolau duwiol o bob math, mae'n werth cofio bod Catholigion ar y naill begwn, a Phiwritaniaid ar y pegwn arall, hefyd yn defnyddio'r canu rhydd i hyrwyddo eu neges. Diddorol gweld hefyd fod rhai ohonynt yn llunio cerddi Saesneg gan ddefnyddio mesurau brodorol fel yr englyn cyrch a'r cywydd deuair fyrion. Ar y Catholigion, gweler *Carolau Richard White*, gol. T.H. Parry-Williams (Caerdydd: Gwasg Prifysgol Cymru, 1931); Gruffydd, 'Cywydd, englynion a chwndidau gan Edward Dafydd o Drefddyn', 213-38; Daniel Huws, *Llengarwch Reciwsantiaid Gwent* (Penrhyn-coch: Manaman, 2016). Ar y Piwritaniaid, gweler R. Geraint Gruffydd, *Y Gair a'r Ysbryd: Ysgrifau ar Biwritaniaeth a Methodistiaeth*, gol. E. Wyn James (Bangor: Gwasg Bryntirion, 2019), tt. 45-8, 65-6; Noel Gibbard, *Walter Cradock: 'A New Testament Saint'* (Bridgend: Evangelical Library of Wales, 1977), tt. 39-40; *The Commonplace Book of John Gwin of Llangwm*, ed. Madeleine Gray *et al.* (Ebbw Vale: South Wales Record Society, 2022), tt. 42-7, 140-8.

[28] Mae'r halsing hon i'w gweld yn Llyfrgell Genedlaethol Cymru, llsgr. Cwrt Mawr 189A, 99–104. Diwygiwyd y sillafu a'r atalnodi.

[29] E. Wyn James, 'The evolution of the Welsh hymn', yn *Dissenting Praise*, ed. Isabel Rivers & David L. Wykes (Oxford: Oxford University Press, 2011), tt. 243–4; D.J. Odwyn Jones, *Daniel Rowland*, ail argraffiad (Llandysul: Gwasg Gomer, 1938).

[30] Wedi dweud hynny, dylid cofio bod ôl dylanwad gwahanol fathau o garolau i'w weld yma a thraw ar yr emyn Methodistaidd. Gweler, er enghraifft, Goronwy Prys Owen, *Canu Cynnar y Diwygiad Methodistaidd* (Ymddiriedolwyr y Ddarlith Davies, 2016); E. Wyn James, 'Dafydd William, Llandeilo Fach: An eighteenth-century Glamorgan hymn-writer', *Morgannwg*, 47 (2003), 13–20. Am ddylanwadau i'r cyfeiriad arall, gweler Meredydd Evans, 'Dylanwad Methodistiaeth ar rai o garolau Nadolig y ddeunawfed ganrif', *Ysgrifau Beirniadol*, XV (Dinbych: Gwasg Gee, 1988), 174–91.

6

Christine James

Y FICER PRICHARD A
CANNWYLL Y CYMRY

Mae enw'r Ficer Prichard yn un cyfarwydd hyd heddiw, os dim ond yng nghyd-destun canu'r garol Nadolig fywiog:

> Awn i Fethlem, bawb dan ganu,
> neidio, dawnsio, a difyrru,
> i gael gweld ein Prynwr c'redig,
> aned heddiw, Ddydd Nadolig.

Efallai y bydd rhai o ddarllenwyr yr ysgrif hon yn gyfarwydd hefyd â'r pennill canlynol, lle mae'r Ficer fel petai'n gosod allan ei agenda fel bardd yn y mesurau rhydd:

> Ni cheisiais ddim cywreinwaith
> Ond mesur esmwyth, perffaith,
> Hawdd i'w ddysgu ar fyr dro
> Gan bawb a'i clywo deirgwaith.

Ond i ba raddau y mae'r penillion hyn yn nodweddiadol o awen y Ficer Prichard? A pha nodweddion yn ei waith sy'n peri bod Gwenallt yn cyplysu ei enw ef ag eiddo Edmwnd Prys gan honni mai'r ddau hyn oedd '[d]au fardd mwyaf y canu rhydd [...]. Yn y "Salmau Cân" gan y naill a "Canwyll y Cymry" gan y llall y cyrhaeddodd y mudiad hwn ei ben-llanw yn yr ail ganrif ar bymtheg.'[1] Dyma ddau gwestiwn rwyf am geisio eu hateb yn anuniongyrchol yma. Er mwyn gwneud hynny, dechreuwn trwy edrych yn gryno ar hanes y Ficer ei hun, a'i osod yng nghyd-destun ei gyfnod.

Cymharol ychydig sy'n hysbys am fywyd Rhys Prichard mewn gwirionedd. Dywedir fel arfer iddo gael ei eni yn nhref Llanymddyfri tua 1579,[2] yn fab i Ddafydd ap Richard a oedd yn berchen ar dŷ sylweddol ar y Stryd Fawr. Roedd hwnnw'n ddigon cefnog i fedru fforddio talu i'w fab hynaf gael addysg, ac mae'n debygol i hynny ddigwydd yn yr ysgol ramadeg newydd a sefydlwyd yn nhref Caerfyrddin yn 1576.[3] Yn 1597 ymaelododd Rhys yng Ngholeg Iesu, Rhydychen—coleg Protestannaidd a fynnai'r safonau uchaf gan ei fyfyrwyr o ran buchedd a defosiwn—a gallwn dybio i'r *regime* ymarferol a'r hyfforddiant crefyddol a dderbyniodd yno ddylanwadu arno'n drwm, fel yn wir y gwnaeth y cyffyrddiad pendant hwn â'r byd Saesneg, gan fod eu hôl yn rhedeg fel edau trwy ei waith diweddarach.

Roedd y flwyddyn 1602 yn un bwysig iddo. Graddiodd yn BA ym mis Mehefin ond cyn hynny, ym mis Ebrill, fe'i hordeiniwyd yn offeiriad yn Witham yn Swydd Essex, ac wedyn ar 6 Awst derbyniodd fywoliaeth Llanymddyfri ym mhlwyf Llandingad, a dyma ddychwelyd i'w fro enedigol. Priododd yno â gwraig na wyddom ddim amdani ac eithrio'i henw, sef Gwenllian, a thua 1605 ganed iddynt fab, Samuel, a oedd yn unig blentyn hyd y gwyddom.

Daeth swyddi eraill i ran y Ficer Prichard dros y blynyddoedd. Cafodd reithoriaeth Llanedi yn 1613 ac fe'i gwnaed yn beriglor yng Ngholeg Eglwys Aberhonddu yn 1614. Wedi iddo dderbyn gradd MA yn 1626, gwnaed ef yn ganghellor yng Nghadeirlan Tyddewi, ac wedyn yn ganon. Ond er y swyddi cymharol fras hyn, a'r cysur materol a ddeuai yn eu sgil,[4] mae'n ddiddorol mai fel 'Ficer Llanymddyfri' y cofir amdano, neu fel 'yr Hen Ficer' a'r ansoddair hwnnw'n awgrymu mesur o anwyldeb. Oherwydd fel y gwelwn, nid anghofiodd Rhys Prichard am realiti bywyd pobl gyffredin ei gyfnod: mae ei gerddi'n ymateb yn uniongyrchol i'r brwydrau materol yn ogystal â'r rhai ysbrydol a ymleddid ganddynt yn feunyddiol, nid yn unig yn Llanymddyfri ond hefyd ledled Cymru. Ac er na wyddom union ddyddiad ei farw (tua diwedd 1644, mae'n debyg),[5] ac er nad oes sicrwydd ychwaith ymhle y cafodd ei gladdu (ym mynwent eglwys Llandingad yn ôl traddodiad),[6] nid gormodiaith fyddai dweud bod Rhys Prichard wedi gadael cofeb arhosol iddo'i hun yn ei gerddi.

Erbyn iddo ddychwelyd i Lanymddyfri yn 1602, roedd Protestaniaeth wedi hen gael ei thraed odani (yn swyddogol, o leiaf) yng Nghymru. Heb ddiystyru gwaith arloesol William Salesbury *yn Kynniver Llith a Ban* (1551), rhoddwyd sail gadarn i Brotestaniaeth Gymraeg gan Ddeddf Cyfieithu'r Beibl a'r Llyfr Gweddi Gyffredin i'r Gymraeg (1563). Cyflawnwyd gofynion y ddeddf yn rhannol yn 1567 gyda chyhoeddi cyfieithiad Salesbury o'r Llyfr Gweddi Gyffredin ynghyd â'r Testament Newydd. Prif drysor diamheuol y Diwygiad Protestannaidd yng Nghymru oedd cyfieithiad campus William Morgan o'r Beibl cyfan (1588), a chafwyd cyfraniad gwerthfawr pellach ganddo yn ei argraffiad diwygiedig o'r Llyfr Gweddi Gyffredin (1599). Mewn geiriau eraill, magwyd Rhys Prichard yn sŵn Testament Newydd a Llyfr Gweddi William Salesbury, gyda Beibl William Morgan yn cyrraedd eglwys y plwyf ryw naw mlynedd cyn iddo ymadael am Rydychen. Erbyn iddo ddychwelyd yn 1602, byddai copi o Lyfr Gweddi diwygiedig William

Morgan wedi harddu darllenfa eglwys Llandingad, ochr-yn-ochr â'i Feibl, ac felly rhyddiaith goeth Morgan fyddai i'w chlywed ar wefusau Prichard yn y gwasanaethau o wythnos i wythnos, er i waith Salesbury, ac yn arbennig ei Lyfr Gweddi, adael ei farc ar feddwl y Ficer hefyd.

Er mor allweddol oedd y cyhoeddiadau hyn i ffyniant Protestaniaeth Gymraeg—fel yn wir yr oedd y ddau argraffiad pellach o'r Beibl a ymddangosodd yn oes Prichard, sef argraffiad diwygiedig John Davies, Mallwyd (1620) a 'Beibl Bach' (1630),[7] ynghyd â'r cyhoeddiadau Protestannaidd amrywiol eraill a lifai'n gynyddol o'r wasg wrth i'r cyfnod fynd yn ei flaen—mewn gwirionedd roedd y tywyllwch ysbrydol y cyfeiriodd Richard Davies ato yn ei 'Epistol at y Cembru' ar flaen Testament Newydd 1567, ac a bwysleisir mewn gair a delwedd ar yr wynebddalen,[8] yn dal yn gaddug dudew yng nghalonnau a meddyliau llawer o'r boblogaeth gyffredin yn oes y Ficer. Oherwydd un peth oedd '[mynnu] yr ysgrythur lan yn ych iaith', yng ngeiriau taer Salesbury,[9] a chlywed yr Ysgrythur a'r ffurfwasanaeth 'yn ych iaith' o Sul i Sul yn eglwys y plwyf—a chofier bod Deddf Unffurfiaeth 1558/59 yn gorfodi pawb dros 14 oed i fynychu'r Foreol Weddi a'r Hwyrol Weddi ar y Sul ac ar Wyliau'r Eglwys neu wynebu dirwy—peth arall yn llwyr oedd deall Gair Duw a'i gofleidio yn y galon, yn enwedig mewn cyd-destun cymdeithasol lle roedd y rhan fwyaf o'r boblogaeth yn dlawd ac anllythrennog a nifer hefyd, mae'n debygol, yn dal i lynu'n dawel at ambell elfen o'r 'Hen Ffydd' Gatholig a ddiddymwyd yn swyddogol ym mlwyddyn gyntaf teyrnasiad Elisabeth I.

Sylweddolodd Rhys Prichard mai'r unig ateb i dywyllwch ysbrydol yw goleuo'r deall â llewyrch Gair Duw. Gallwn dybio iddo fwrw ati'n ffyddlon i hyfforddi ei braidd o'i bulpud o wythnos i wythnos mewn pregeth a homili, ond prin iawn bellach yw'r dystiolaeth uniongyrchol o'r gweithgarwch hwnnw.[10] Ond mae'n glir fod y Ficer hefyd wedi sylweddoli potensial barddoniaeth fel arf effeithiol yn y gwaith o ddysgu pobl anllythrennog yng ngwirioneddau'r ffydd Gristnogol. Aeth ati i gyfansoddi penillion—cannoedd ar gannoedd ohonynt—a chadwyd llawer o'r rheini yn y gwaith a adwaenwn bellach fel *Cannwyll y Cymry*. Gwaith a gyhoeddwyd mewn sawl cam ar ôl i'r Ficer farw yw hwnnw, ond cyn troi ato, priodol yw tynnu sylw at yr unig gerdd o'i waith a gyhoeddwyd yn ystod ei fywyd (hyd y gwyddys). Dyma'i theitl a'i phennill cyntaf:

Cyngor Episcob y bob enaid oddi vewn y Episcobeth

Fanwyl blentyn dere nes
Gwrando gyngor er dy les
Praw y ddilin tra fech* byw   [*fyddech]
Dymma r' fordd y dyrnas Dduw.

Er bod y gerdd yn ddienw yn yr unig gopi ohoni a gadwyd, derbynnir mai gwaith y Ficer ydyw. Yn ôl Stephen Hughes, y cyhoeddwr a'r hyrwyddwr o Anghydffurfiwr a aeth ati i gyhoeddi cerddi'r Ficer ar ôl iddo farw, 'Mewn pôb tybygolaeth efe ei hunan y fynnodd brintio y Gân honno, sef, *Fy Anwyl Blentyn dere nês, &c.* Yr hon a welais i yn brintiedig lawer blwyddyn cyn i mi brintio ei waith ef.'[11] Mae'r ffurfiau Lladinaidd 'Episcob' ac 'Episcobeth' yn rhai a gafodd y Ficer yng ngwaith Salesbury, mae'n siŵr.[12] Sylwer hefyd ar y blas tafodieithol deheuol ar y dweud, yn y terfyniad *-eth (< -aeth)* ac yn y ferf 'dere'. Ac ymdeimler hefyd â'r cynhesrwydd tadol yng ngwahoddiad y llinell gyntaf: 'Fanwyl blentyn dere ...'[13] Dyma nodweddion sy'n digwydd drosodd a thro yng ngherddi'r Ficer: bron na ellid eu hystyried yn nodau amgen ei awen.

Ond mae'r gerdd hon yn ddiddorol am reswm pellach. Cadwyd yr unig gopi ohoni sydd ar glawr mewn llyfryn lle y'i cydrwymwyd â'r unig gopi sydd gennym o gatecism a argraffwyd yn Llundain yn 1617: *Y Catechism neu athrawiaeth Gristianogawl, rhwn y mae pob plentyn y ddyscu, cyn iddo ef gael y vedydd Episcob: neu y dderbyn yr Cummûn bendigedig.*[14] Fel y gerdd, mae'r catecism yntau'n ddienw, ond unwaith eto derbynnir mai gwaith y Ficer ydyw.[15] Mae effeithiolrwydd dysgu trwy 'holi ac ateb' yn hysbys ers canrifoedd lawer—nid yn ddireswm y cyfeirir ato fel y dull Socrataidd. O ddyddiau cynnar y Diwygiad Protestannaidd, o gyfnod Luther ei hun, gwelwyd buddioldeb y dull hwn—sef cateceisio—er mwyn cynorthwyo pobl i ddeall hanfodion y ffydd Gristnogol. Rhoddwyd pwyslais o'r newydd ar gateceisio yn yr Eglwys Brotestannaidd yng Nghymru a Lloegr yng nghyd-destun y penderfyniad i ohirio gweinyddu bedydd esgob (conffirmasiwn) nes bod plentyn yn ddigon hen i ddeall yr addewidion a wnâi, ac y gellid ei brofi trwy ei holi ynghylch ei broffes. Ymddangosodd sawl catecism Cymraeg cyn yr un dan sylw yma, gan ddechrau gyda'r un syml yn Llyfr Gweddi 1567, ond hwn o waith y Ficer yw'r cynharaf i oroesi'n annibynnol ar y Llyfr Gweddi.

Gellir cynnig sawl rheswm pam y byddai Rhys Prichard wedi llunio catecism a'i gyhoeddi'n llyfryn. Yn gyntaf, roedd yn adlewyrchu ffasiwn ymhlith clerigwyr Lloegr yn yr un cyfnod. Yn ail, mae'n gyson â'r hyn a welir hefyd yng ngherddi'r Ficer, sef ei awydd i gyflwyno athrawiaethau a gwirioneddau Cristnogaeth mewn iaith ac arddull hygyrch. A byddai llyfryn bach rhad o'r math hwn yn fwy fforddiadwy o lawer i rai a fedrai ddarllen ond a oedd yn rhy dlawd i brynu copi o'r Llyfr Gweddi. Ond dichon mai'r ysgogiad pennaf oedd amgylchiadau ei deulu ef ei hun. Erbyn 1617 roedd Samuel, mab y Ficer, ar drothwy ei arddegau, ac felly'n dod at oedran addas i dderbyn bedydd esgob. Pa reswm gwell dros baratoi catecism, 'rhwn y mae pob plentyn y ddyscu, cyn iddo ef gael y vedydd Episcop: neu y dderbyn yr Cummûn bendigedig'? Yn y llyfryn hwn, fel yn ei waith arall i gyd, fel y gwelwn, mae cynulleidfa darged y Ficer yn eistedd wrth ei draed, ac mae'n ymwybodol o'u hanghenion deallusol ac ysbrydol.

Rhan o ddiddordeb catecism 1617 yw'r modd y gwelwn Rys Prichard weithiau'n dewis gair o Gatecism Salesbury (1567), weithiau o eiddo William Morgan (1599), weithiau o'r prif destun, weithiau o ymyl y ddalen—ac weithiau mae'n torri ei gwys ei hun ac yn defnyddio gair hollol wahanol. Ond yr egwyddor gyson yw dewis y gair symlaf neu fwyaf cyfarwydd i'w gynulleidfa, ac nid yw'n ofni ymestyn ac aralleirio lle mae eglurder, neu deithi'r Gymraeg, yn mynnu hynny. Mae'r ffaith mai un copi yn unig o'r llyfryn hwn a oroesodd efallai'n awgrymu'r defnydd mawr (a'r traul cysylltiedig) a fu ar y copïau ohono dros y blynyddoedd. Ond prin y gallai hynnny gymharu â phoblogrwydd eithriadol cerddi'r Ficer, a'r cyhoeddi a'r ailgyhoeddi a fu arnynt dros gyfnod o ryw dair canrif a hanner.

Goroesodd y cerddi hynny mewn tua hanner dwsin o lawysgrifau cynnar, ac er nad yw'r un ohonynt yn llaw Prichard ei hun, mae'n werth nodi mai cynnyrch yr ail ganrif ar bymtheg ydynt oll, wedi eu copïo naill ai yn ystod oes y Ficer neu'n weddol fuan ar ôl iddo farw, ac felly gellid tybio bod y cerddi ynddynt yn bur agos at eu ffurf wreiddiol. Ac eithrio'r un gerdd a nodwyd eisoes, mae hanes eu cyhoeddi'n gymhleth a bylchog, ac nid oes angen manylu yma. Digon yw dweud mai yn 1659 yr ymddangosodd y copi print cynharaf sydd gennym, wedi ei gyhoeddi gan Stephen Hughes dan y teitl *Rhan o waith Mr. Rees Prichard, Gynt Ficcar Llan-ddyfri yn Shir Gaer-fyrddyn, a osodwyd allan er Daioni'r Cymru*.[16]

Cafwyd rhannau ac argraffiadau pellach, ac wedyn yn 1672 cyhoeddwyd pedair rhan ynghyd yn yr argraffiad gweddol gyflawn cyntaf o'i waith, gan gynnwys nifer o gerddi a gawsai Stephen Hughes erbyn hynny yn llaw'r Ficer ei hun. Am yr argraffiad hwnnw, meddai Anthony Wood, 'In Wales is a book of his composition that is common among the people there'—awgrym clir o'i boblogrwydd ar y pryd.[17] Daeth Stephen Hughes o hyd i ragor o gerddi eto erbyn 1681, a'r argraffiad hwnnw yw'r cyntaf i ddwyn y teitl Canwyll y Cymru [sic].[18] Cawsai'r teitl hwnnw mewn cerdd a ymddangosodd eisoes yn 1672, sef '[Llythyr] Arall At y Darllenwr fel y mae'n dybygol', ac odani, ceir y nodyn canlynol: 'Pe gwelswn i y gân hon cyn printio'r sheete gyntaf, mi roddaswn yr enw y mae'r Awdwr wedi bwyntio ir llyfr, sef Canwyll y Cymru. Yr wyfi yn deisyf ar y neb a'i printio ar fy ôl i, i roddi'r enw hynny iddo.'[19] Er na fyddai pob golygydd o waith y Ficer a'i dilynodd yn parchu'r cyfarwyddyd hwnnw'n fanwl, gwireddwyd dymuniad Hughes i'r graddau mai prin y gellir enwi'r Ficer Prichard bellach heb nodi hefyd y teitl Cannwyll y Cymry.

Mae'n werth oedi dros y gerdd dan sylw, oherwydd mae'n datgelu llawer am y Ficer a'i waith mewn ychydig linellau:

> [Llythyr] Arall At y Darllenwr fel y mae'n dybygol
>
> Gogoniant Duw, a llês Brittaniaid,
> Canlyniaeth ffryns, a gwaedd y gweiniaid,
> Y wnaeth printio hyn o lyfran,
> A'i roi rhwngoch Gymru mwyn-lan.
>
> Abergofi* pûr Bregethiad,   [* anghofio]
> Dyfal gofio ofer Ganiad,
> A wnaeth im droi hyn o werseu,
> I chwi'r Cymru yn ganiadeu.
>
> Am weld Dwfn-waith enwog Salsbury,[20]
> Gan y diddysc heb ei hoffi:
> Cymrais fessur byrr cyn blayned,
> Hawdd iw ddyscu, hawdd iw 'styried.

parhad

> Gelwais hon yn Ganwyll Cymro,
> Am i'm chwennych brûdd oleuo,
> Pawb o'r Cymru diddysc, deillion,
> I wasnaethu Duw yn vnion.
>
> Er mwyn helpu'r annyscedig,
> Sydd heb ddeall ond ychydig,
> Y cynnhullais hyn mor gysson,
> Mae gan eraill well Athrawon.
>
> Duw oleuo bawb o'r Cymru
> I wîr nabod a'i wasnaethu:
> Duw a wnêl i hyn o Ganwyll,
> Roi ir dall oleuni didwyll.

Gellid synio am y gerdd hon fel maniffesto'r Ficer am iddi ddatgelu cymaint am: *Ei ysgogiad sylfaenol* Mae'n agor ei gerdd trwy nodi iddo ganu am reswm deublyg: er 'Gogoniant Duw, a llês Brittaniaid' (hen ffordd o gyfeirio at genedl y Cymry). Mae'r sôn am anogaeth cyfeillion, 'Canlyniaeth ffryns', yn awgrym clir bod gwerthfawrogiad cyfoes o'i gerddi. *Ei gynulleidfa darged* Eglura iddo lunio ei waith ar gyfer y bobl gyffredin, y 'Cymru diddysc', '[y]r annyscedig, / Sydd heb ddeall ond ychydig'; rhai 'diddysc' nad oeddynt yn hoffi 'Dwfn-waith enwog Salsbury'. *Ei obaith* Dymuniad y Ficer yw gweld pobl yn dod i 'wîr nabod [Duw] a'i wasnaethu'; cynigia ei gerddi'n gannwyll i oleuo meddwl yr ysbrydol ddall tra'n cydnabod mai Duw yn unig a all gyflawni hynny.

Yn eu tro, mae'r tripheth hyn wedi arwain y Ficer i wneud rhai dewisiadau ymarferol o safbwynt natur ei waith yn gyffredinol: *Genre* Gan fod ei gynulleidfa'n tueddu i anghofio cynnwys 'pûr Bregethiad', tra'n gallu cofio 'ofer Ganiad'—caneuon poblogaidd y dafarn a'r ffair— mae'n harneisio'r union gyfrwng hwnnw i ddibenion ysbrydol, gan droi ei 'werseu' yn 'ganiadeu'. *Arddull* Mae'n canu mewn dull deniadol o sionc, a'r iaith yn fwriadol hawdd ei deall—gan gynnwys ffurfiau llafar a geiriau benthyg o'r Saesneg (wedi eu lled-Gymreigio) a fyddai'n gyfarwydd i'w gynulleidfa.[21] Ailadroddir geiriau ac ymadroddion er mwyn eu hoelio yn y cof, a defnyddir delweddau er creu darluniau cofiadwy. *Mesur* Dywed iddo gymryd '[m]essur byrr cyn blayned, / Hawdd iw ddyscu, hawdd

CANWYLL y CYMRY:

SEF,

GWAITH

Y PARCHEDIG

Mr. REES PRICHARD, *M.A.*
Gynt Ficer *Llanymddyfri*.

THE
WELSHMAN's CANDLE:
OR THE
WORKS
OF THE REVEREND

Mr. REES PRICHARD, *M.A.*
Sometime Vicar of *Landovery*.

DEUT. xxxi. 19, 21.

Yfgrifennwch yr awr hon gan hynny i chwi y gân hon; dyfg hi hefyd i feibion Ifrael; a gofod hi yn eu genau hwynt, fel y byddo'r gân hon yn dyft i mi yn erbyn meibion Ifrael: canys nid anghofir hi o enau ei had ef.

CAERFYRDDIN,
ARGRAFFWYD GAN IOAN ROSS, YN HEOL-Y-PRIOR,
MDCCLXXVI.

Canwyll y Cymry (1776).
Trwy ganiatâd Casgliadau Arbennig ac Archifau Llyfrgell Prifysgol Caerdydd

iw 'styried'. Mewn gwirionedd defnyddiodd Rhys Prichard chwe mesur gwahanol yn ei waith, oll yn fesurau rhydd, poblogaidd ar y pryd; bob un yn rhythmig ac iddo batrymau odli pendant, sydd eto'n gymorth i'r cof. Y mesur a ddefnyddid ganddo amlaf yw un cyfarwydd yr Hen Bennill, 8.8.8.8., yn odli aabb (sef mesur y gerdd dan sylw yma).[22]

Awgrymodd Gwenallt fod undonedd y lliaws cerddi a luniodd y Ficer Prichard ar fesur yr hen bennill telyn yn fwrn; ond, meddai, 'nid cerddi i'w darllen oeddynt, ond cerddi i'w canu'.[23] Gan iddo lunio'r cwbl ar fesurau poblogaidd ei ddydd, ceid digon o donau cyfoes a chyfarwydd i'w canu arnynt, a hynny'n fodd i osgoi undonedd. Fodd bynnag, yn ei ragymadrodd i argraffiad 1659, dywed Stephen Hughes mai 'iw darllain, ag nid iw canu y printiwyd y pethau ymma'.[24] Dichon fod y gwrth-ddweud ymddangosiadol hwn yn adlewyrchu gwahaniaeth rhwng arfer oes y Ficer ei hun (canu) a'r bwriad a ddatblygodd wedi cyhoeddi'r cerddi mewn print (darllen). Ac eto, efallai mai gorsymleiddiad yw hyn, oherwydd dywed Anthony Wood am argraffiad 1672 o'r cerddi, 'the whole consist of several Poems and pious Carols in *Welsh*, which some of the Authors Countrymen commit to memory, and are wont to sing'.[25] Ysywaeth, mae'r dystiolaeth am sut y cenid cerddi'r Ficer yn brin ac ansicr, ond efallai nad amherthnasol yw nodi wrth fynd heibio fod tôn o'r enw 'Hen Dôn Llyfr Ficer' wedi goroesi, yn gysylltiedig â charol Nadolig enwog y Ficer, yng nghasgliad John Jenkins 'Ifor Ceri' o alawon Cymreig traddodiadol, mewn adran sy'n cynnwys 'Tonau Cyfaddas i Destynau difrifol'.[26]

Ceir deuoliaeth gyffelyb ynghylch cyfrwng cadw a thraddodi'r cerddi: sonia'r gerdd uchod am 'gofio', ond hefyd am 'brintio'. Mewn gwirionedd, mae'r Ficer Prichard yn sefyll ar y groesffordd rhwng y llafar a'r llyfr, a'i waith yn pontio rhwng y Gymru a oedd yn bennaf anllythrennog a'r Gymru lythrennog ddiweddarach—ac mae'n glir ei fod yn ymwybodol o hynny. Yn y cyd-destun hwn, mae'n werth nodi bod llawer o'r nodweddion hynny y mae darllenydd modern yn eu cael yn 'anfoddhaol' yng ngwaith y Ficer—yr odlau nad ydynt yn taro deuddeg ar ei ben, y colli neu ychwanegu sillafau er mwyn bodloni gofynion curiadau'r llinell, y geiriau benthyg 'diangen', ac yn y blaen—yn llawer llai amlwg, ac yn sicr yn llai tramgwyddus i buryddion barddol a gramadegol, o *wrando* ar y cerddi'n cael eu darllen yn uchel (neu eu canu), yn hytrach na'u *gweld* ar ddalen.[27] Bid a fo am hynny, ni ellir amau poblogrwydd eithriadol y fersiynau print o gerddi Rhys

Prichard. Yn y cyfnod rhwng 1660 a 1730, dim ond yr *Almanac Cymraeg* a argraffwyd yn fwy aml na cherddi'r Ficer; mae *Libri Walliae*, y catalog o lyfrau Cymraeg cynnar, yn cofnodi cynifer â 52 o argraffiadau gwahanol ohonynt yn y cyfnod hyd at 1820.[28] Felly beth yn union sy'n peri bod cerddi Ficer Llanymddyfri mor hynod boblogaidd, nid yn unig yn ei ddydd ef ei hun ond hefyd am genedlaethau wedyn? Nodwyd eisoes rai agweddau ar eu harddull a'u gwnâi'n ddealladwy a chofiadwy; rhoddwn sylw yn awr i rai agweddau ar eu cynnwys. (Wrth gyfeirio at gerddi penodol yn y drafodaeth isod, nodir rhif y tudalen yn argraffiad 1681.)

I ddechrau, rhaid cydnabod mai bardd ei gyfnod oedd Rhys Prichard. Canai ar bynciau a themâu a oedd yn uniongyrchol berthnasol ar y pryd, gan gyfeirio at ddigwyddiadau cyfoes yn aml—yn union fel y gwnâi'r baledwyr yn eu cerddi 'newyddiadurol' tra phoblogaidd hwythau. Trychinebau a digwyddiadau tywyll neu drist yw llawer o'r rhain, ac mae'r cerddi'n gyfrwng i ledaenu newyddion a gwybodaeth am faterion sy'n apelio at chwaeth y bobl gyffredin ym mhob oes. Enghreifftiau o'r *genre* yma yw 'Cân ar y Flwyddyn 1629. pan yr oedd yr yd yn afiachus trwy lawer o law' (tt. 287-98), a'r gyfres o gerddi sy'n sôn am y Pla Du yn Llundain yn 1625 (tt. 298 et seq.).[29] Dyma bennill o un o'r rheini:

> Y mae'r plâg yn difa ei phobloedd,
> Fel Tân gwyllt y ddoi o'r nefoedd,
> Ac fel gwaddach* ar sych fynydd,   [*coelcerth]
> Yn gorescyn ei holl drefydd.

Ymhlith ei gerddi sy'n cynnig cyngor i gleifion, ceir anogaeth iddynt droi at weinidogion a ffisigwyr, yn hytrach na'r swynwyr a'r dewiniaid a oedd yn bresenoldeb arwyddocaol yng Nghymru ar y pryd (e.e., tt. 322-7). Lluniodd y Ficer hefyd ddosbarth o gerddi sy'n cynnwys cynghorion mewn ymateb i broblemau cymdeithasol ei ddydd, gan gynnwys, er enghraifft, 'Cyngor ir Meddwyn' (tt. 157-62):

> Os meddwyn wyt yn arfer chwiffo*
> Gwîn, a chwrw, a Thobacco;
> Llêf am ras ar Dduw yn fuan,
> I orchfygu meddwdod aflan.
>   [*yfed diod gadarn (benth. Saes. to whiff)]

Ymhlith ei gerddi cynghori ceir ambell un sy'n cyfarch gwragedd yn benodol—peth eithaf anarferol yng ngwaith y Ficer, fel yng nghanu'r cyfnod hwnnw'n gyffredinol. Dyma brawf pellach o'i ofal dros bob rhyw rai ym mhraidd Llandingad, a'i braidd ehangach ledled Cymru. Cerdd gymharol fer yn erbyn arfer gwragedd bonedd o gyflogi mamaethod (*wet-nurses*) yw 'Fe ddylei Gwraig fagu ei phlentyn [...] a i llaeth ei hunan' (t. 445). Hwy o dipyn yw'r 'Cynghor i wraig i beidio tristhâu gormod a[r ôl] marwolaeth plentyn' (tt. 446-9), cerdd sy'n ein hatgoffa pa mor gyffredin oedd marwolaeth babanod a phlant bach yn y cyfnod hwnnw.

Gellid pentyrru enghreifftiau lawer i'r un perwyl, i ddangos ymwybyddiaeth y Ficer â digwyddiadau ac amgylchiadau econo-gymdeithasol ei ddydd, a'i ymdrechion i fugeilio ei gyd-Gymry trwy ei gerddi. Ond os oedd Rhys Prichard yn fardd ei gyfnod, roedd hefyd yn fardd i bob cyfnod, a bu'r ddysgeidiaeth a'r gwerthoedd Cristnogol a fynegodd mor groyw yn ei gerddi yr un mor berthnasol ar hyd y canrifoedd dilynol ag oeddynt yn ei oes ef, ac mor bwysig heddiw ag erioed. Er enghraifft, mae'n ein hatgoffa y dylai'n ffydd gael ei hamlygu ym mhob rhan o'n bywyd beunyddiol mewn cerddi defosiynol fel 'Diolch am dân a chynnhessrwydd' (tt. 254-5), 'Grâs cyn bwyd' (tt. 179-80), 'Gras yn ôl bwyd' (tt. 180-2), 'Gweddi ferr wrth ymolchi' (t. 125), 'Diolch foreuol pan ddihuner gynta' (tt. 121-2) a 'Hymn iw chanu i Dduw cyn mynd i gysgu' (tt. 253-4)—a hyd yn oed 'Myfyrdod pan dihuner o gysgu ganol nôs'! (tt. 258-9)—gan strwythuro'r diwrnod cyfan o gwmpas gweddi a diolch am fendithion materol. Mewn cerddi fel 'Cynghor i bob Penteulu i lywodraethu ei dŷ yn dduwiol' (tt. 193-204) a 'Dyledswydd plant iw rheini' (tt. 204-7), pwysleisia bwysigrwydd bywyd y teulu, a'r berthynas gywir a ddylai fodoli rhwng y gwahanol aelodau. Gellid dadlau mai i'r dosbarth hwn y perthyn hefyd gerddi fel 'Canmoliaeth Gwraig Dda' (t. 153) a 'Rhybudd a Chyngor ir Godinebwr' (tt. 154-7). Mae'n werth nodi hefyd fod yma gerddi i'w fab Samuel, 'Sami bach' (tt. 385-90), sy'n gyforiog o ofal tyner tad dros anghenion materol, emosiynol ac ysbrydol ei blentyn.

O edrych y tu hwnt i'r cartref, ceir dosbarth o gerddi y gellid synio amdanynt fel rhai 'galwedigaethol': 'Gweddi'r Hwsmon' (tt. 140-1), 'Cynghor ir Trafaelwr' (tt. 141-2), 'Cynghor ir milwr' (tt. 144-9), 'Cynghor ir Porthmon' (tt. 149-50) ac yn y blaen, ac er ei bod yn wir y diflannodd rhai o'r galwedigaethau hyn bellach, nid anodd yw cymhwyso llawer o gynghorion y cerddi hynny i'n byd gwaith cyfoes.

Nod sylfaenol y cerddi teuluol a chymdeithasol hyn yw amlinellu cyfrifoldebau a dyletswyddau amrywiol gyda golwg ar greu a chynnal cymdeithas a seiliwyd ar werthoedd Cristnogol, ac maent yn bwysig yn hanes Cristnogaeth yng Nghymru am y rheswm hwnnw. Fodd bynnag, gorwedd gwir arwyddocâd y Ficer, a'i bwysigrwydd fel bardd, yn y degau lawer o'i gerddi uniongyrchol Gristnogol. Amhosibl yw gwneud cyfiawnder â'r rheini o fewn cyfyngiadau'r ysgrif hon; yn wir, haeddant ysgrif gyfan iddynt eu hunain. Bodlonwn yma ar nodi rhai dosbarthiadau gwahanol y gellir eu hadnabod, ynghyd ag ambell enghraifft:

- anogaeth i ddarllen y Beibl, e.e., 'Cynghor i wrando ac i ddarllen Gair Duw' (tt. 1–10).
- cerddi sy'n adrodd hanes bywyd a marwolaeth Iesu Grist (yn arbennig hanes yr Ymgnawdoliad), gan egluro'r Efengyl mewn ffordd syml (e.e., tt. 20–7). I'r categori hwn y perthyn 'Awn i Fethlem' (tt. 31–4, cerdd hwy o lawer na'r pum pennill cwta a gyrhaeddodd dudalennau *Caneuon Ffydd*).
- mydryddiadau o ddarnau o'r Ysgrythur, gan gynnwys rhai o'r Salmau, e.e., Salm 23 (tt. 259–60), Salm 30 (tt. 271–4), Salm 100 (tt. 452–3).
- rhai litwrgaidd, yn mydryddu'r Deg Gorchymyn, Gweddi'r Arglwydd, Credo'r Apostolion ac yn y blaen yng nghyd-destun catecism mydryddol (tt. 237–51).
- cerddi moesol a bucheddol sy'n annog edifeirwch, e.e., 'Cynghor i Bechadur i ddyfod at Jesu Grist' (tt. 48–52, 52–8); yn annog buchedd rinweddol, e.e. 'Gweddi am lywodraethu'r geirie, a'r gene wrth fôdd Duw' (t. 172), 'Cynghor i gyfrannu a'r Anghenus yn ol ein gallu' (tt. 188–93), 'Cynghor i ochelyd cwmpni drwg, &c.' (tt. 76–8). Mae byrhoedledd pobl yn thema gyson ar draws y corpws, ac yn brif thema mewn cerddi fel 'Cofiwch Angeu' (tt. 280–7), lle y cyfleir hynny mewn cyfres o ddelweddau trawiadol:

>   Fel y rhed yr haul ir hwyr,
>   Fel y treulia'r ganwyll gwyr,
>   Fel y syrthia'r Rhossyn gwyn;
>   Fel y diffidd tarth ar lynn:

> Felly Treulia, felly rhed,
> Felly derfydd pobol Grêd,
> Felly diffydd bywyd dyn,
> Felly syrthiwn bob yr un.

- cerddi athrawiaethol, sy'n cyflwyno mewn iaith syml rai o faterion creiddiol y ffydd Gristnogol (weithiau trwy aralleirio neu symleiddio darnau o lyfrau diwinyddol cymhleth),[30] megis Etholedigaeth y Saint (tt. 262–4), Rhagluniaeth Duw (tt. 437–40), natur syrthiedig y ddynoliaeth (tt. 43–7), Person Crist (tt. 34–42), trefn yr Iachawdwriaeth (tt. 69–75), ac yn y blaen.

Cerddi hirfaith yw amryw o'r rhain, yn ymestyn weithiau dros gannoedd o linellau. Er nad ydynt bob amser wedi eu strwythuro'n arbennig o gadarn, a'r bardd fel petai'n neidio yn ôl ac ymlaen o bwnc i bwnc yn hytrach na datblygu dadl resymegol gadarn, ni ellir gwadu bod y Ficer Prichard wedi llwyddo mewn ffordd anghymharol i gyflwyno corff sylweddol o wybodaeth feiblaidd a diwinyddiaeth uniongred mewn iaith syml ac arddull deniadol, a'i roi nid yn unig o fewn cyrraedd Cymry ei oes ei hun, ond hefyd am genedlaethau wedyn. Yn wir, byddai'n rhaid aros tan William Williams, Pantycelyn, yn y ddeunawfed ganrif—un arall o ardal Llanymddyfri—cyn gweld neb cyffelyb iddo yn hynny o beth.

Sylfaen y cwbl o waith y Ficer Prichard, fel Pantycelyn yntau, yw'r Efengyl, y newyddion da am ffordd iachawdwriaeth a gynigir yn rhad trwy farwolaeth iawnol Iesu Grist ar y groes, ac a eglurir i bobl ym mhob man ac ym mhob oes trwy Air Duw yn y Beibl. Pa le gwell felly i derfynu'r ysgrif hon na gyda detholiad o benillion o'i gerdd hir a ddewisodd Stephen Hughes i'w gosod ar flaen ei argraffiadau gwahanol o waith y Ficer: cerdd sy'n annog ei ddarllenwyr nid yn unig i ddarllen y Beibl ond hefyd i brynu copi o'r 'Beibl Bach' (1630), yr argraffiad cyntaf o'r Beibl yn Gymraeg a anelwyd yn fasnachol at bobl gyffredin Cymru—hyd yn oed pe bai raid iddynt werthu'r crys oddi ar eu cefn i fedru fforddio un:

Cynghor i wrando ac i ddarllen Gair Duw

Nid goleu'r haul, nid goleu'r lleuad,
Nid goleu'r dydd, na'r sêr sy'n gwingad*,   [*wincio]
Ond goleu'r gair, a'r fengyl hyfryd,
All dy oleuo i dir y bywyd.

Y gair yw'r ganwyll ath oleua,
Y gair yw'r gennad ath gyfrwydda,
Y gair ath arwain i baradwys,
Y gair ath ddwg ir nef yn gymmwys.

Heb y gair ni ellir nabod
Duw, na'i nattur, na'i lân hanfod,
Na'i fab Christ, na'r sanctaidd Yspryd,
Na rhinweddau'r Drindod hyfryd.

Gwerth dy dir a gwerth dy ddodren,
Gwerth dy gris oddi am dy gefen,
Gwerth y cwbwl oll sydd gennyd,
Cyn bech* byw heb air y bywyd.   [*byddech]

Mae'r bibl bach yn awr yn gysson,
Yn iaith dy fam iw gael er coron;
Gwerth dy grys cyn bod heb hwnnw;
Mae'n well na thref dy dâd ith gadw.

Ni chist bibl inni weithian,
Ddim tu hwnt i goron arian;
Gwerth hên ddafad y fo marw,
Yn y clawdd ar noswaith arw.

Duw ro grâs a grym i *Gymru*,
Nabod Duw ai wîr wasnaethu:
Christ a nertho pob rhai ddarllain
Llyfyr Duw'n ei hiaith eu hunain.

Yn *Perl mewn Adfyd* (1595), mae Huw Lewys, cyfoeswr hŷn i Rys Prichard, yn disgrifio clerigwyr ei gyfnod fel 'cwn heb gyfarth, clych heb dafodeu ne gannwyll dann lestr'—hynny yw, pethau cwbl ddiwerth—a hwy, ynghyd â phrinder llyfrau, sy'n cael eu beio ganddo am yr 'anwybodaeth mewn pethau ysprydawl in mysc: mal y digwydd yn fynych, fod mewn amryw leoedd, henafgwyr briglwydion, trigeinmlwydd oed, ne fwy, mor ddeillion, ac mor anyscedig, ac na fedrant roi cyfri o bynciau yr ffydd, a'r crefydd Cristnogaidd, mwy na phlant bychain newydd eni.'[31] Dyna gyhuddiad na ellid ei osod wrth ddrws Ficer Llanymddyfri ar unrhyw gyfrif. Nid 'cannwyll dan lestr' oedd Rhys Prichard a'i gerddi ond yn hytrach un a losgai'n fflam olau yn ei ddydd, ac un y byddai llewyrch ei *Gannwyll* yn tywynnu'n ddisglair i lawr y canrifoedd hyd heddiw—os mewn rhai hen ffefrynnau fel 'Awn i Fethlem' yn unig y mae hynny bellach.

Eglwys Llandingad yn Llanymddyfri.

DARLLEN PELLACH

Stephen Hughes [gol.], *Canwyll y Cymru: sef, Gwaith Mr. Rees Prichard, gynt Ficcer Llanddyfri, a brintiwyd or blaen yn bedair rhan, wedi ei cyssylltu oll ynghyd yn un Llyfr* (London, 1681). Ceir delweddau digidol yma: <http://hdl.handle.net/10107/5301667> [cyrchwyd 6 Mawrth 2023].

Geraint H. Jenkins, ' "A lleufer dyn yw llyfr da": Stephen Hughes a'i hoff awduron', yn *Agweddau ar Dwf Piwritaniaeth yng Nghymru yn yr Ail Ganrif ar Bymtheg, Welsh Studies*, 6 (1992), gol. J. Gwynfor Jones, tt. 203-27.

D. Gwenallt Jones, *Y Ficer Prichard a 'Canwyll y Cymry'* (Caernarfon: Cwmni'r Llan a Gwasg Yr Eglwys yng Nghymru, d.d.).

Nesta Lloyd, *Cerddi'r Ficer* (Cyhoeddiadau Barddas, 1994).

Siwan Non Richards, *Y Ficer Prichard*, Cyfres Llên y Llenor (Caernarfon: Gwasg Pantycelyn, 1994).

---

[1] D. Gwenallt Jones, *Y Ficer Prichard a 'Canwyll y Cymry'* (Caernarfon: Cwmni'r Llan a Gwasg yr Eglwys yng Nghymru, d.d.), t. 55.

[2] Anthony Wood, *Athenæ Oxonienses*, cyf. 2 (London, 1692), col. 29-30, yw ffynhonnell y rhan fwyaf o'r wybodaeth a feddwn am hanes cynnar Rhys Prichard, ac ef sy'n awgrymu'r dyddiad hwn, gan ragdybio bod Prichard yn 18 oed 'or thereabouts' pan ymaelododd yng Ngholeg Iesu yn 1597. Fodd bynnag, cadwyd tystiolaeth annibynnol i'r perwyl bod Rhys Prichard yn '69 years or thereabouts' yn 1642, sy'n awgrymu iddo gael ei eni tua 1573 (ac felly'n hŷn na'r cyffredin yn cyrraedd Rhydychen); gw. Gruffydd Evans, 'The story of the ancient churches of Llandovery', *Trafodion Anrhydeddus Gymdeithas y Cymmrodorion*, 1911-12 (1913), 84, 182 n.2.

[3] Posibilrwydd arall yw iddo dderbyn ei addysg yng Ngholeg Crist, Aberhonddu. Nododd Gwenallt yn *Y Ficer Prichard a 'Canwyll y Cymry'*, t. 3, fod y ffordd o Lanymddyfri i Aberhonddu'n fyrrach, ond bod yr un i Gaerfyrddin yn haws i'w thramwyo yr adeg honno.

[4] Dengys amodau ewyllys Rhys Prichard ei fod yn ddyn digon cefnog adeg ei farw. Ceir copi diweddar o'i ewyllys yn llsgr. LlGC 1253D, a chyfieithiad ohoni gan Rice Rees yn *Y Seren Foreu, neu Ganwyll y Cymry; sef Gwaith Prydyddol y Parch. Rhys Prichard, M.A.* (Llanymddyfri, 1841), tt. lvi-lx. Ceir delweddau digidol yma: <http://hdl.handle.net/10107/5513549> [cyrchwyd 6 Mawrth 2023]. Efallai y dylid nodi na fyddai'r oes honno wedi gweld anghysondeb rhwng y cysur a fwynhâi'r Ficer ei hun a'i deulu, a'r tlodi sy'n gefndir i lawer o'i ganu.

5. Yn ôl Wood, *Athenæ Oxonienses*, cyf. 2, col. 29, bu Rhys Prichard farw yn Llanymddyfri 'about the Month of *Nov.* in sixteen hundred forty and four, and was, as I presume, buried in the Church there.' 2 Rhagfyr 1644 yw'r dyddiad ar ei ewyllys ond ni phrofwyd mohoni, achos helbulon y Rhyfel Cartref, mae'n debyg.
6. Gweler nodyn 5. Un awgrym yw i bob tystiolaeth am ei fedd gael ei ysgubo ymaith pan ddifrodwyd y rhan fwyaf o gangell yr eglwys gan lifogydd; awgrym arall yw i filwyr Cromwell ei ddifrodi tra oeddent yn lletya yn eglwys Llandingad, gweler Rice Rees, 'Hanes bywyd y Parch Rhys Prichard, A.M.' *yn Y Seren Foreu*, tt. lx–lxi.
7. Hwn oedd y 'Beibl poced' cyntaf yn Gymraeg, a'r argraffiad cyntaf a fwriadwyd i'w brynu gan y farchnad leyg. Beibl pulpud oedd Beibl 1588, fel argraffiad diwygiedig 1620, a byddai ei bris (£1) wedi ei roi y tu hwnt i gyrraedd pocedi'r rhan fwyaf o'r bobl gyffredin beth bynnag.
8. Mae'r wynebddalen yn dyfynnu Ioan 3:19: 'Hon yw'r varnedigeth, gan ddyvot golauni ir byt, a' charu o ddynion y tywyllwch yn vwy na'r golauni', a'i chyfuno â delwedd sy'n dangos llewyrch 'Gair Duw' ar weithgareddau daionus y rhai ar ochr chwith y llun, tra bod trueiniaid a drwgweithredwyr yn rhodio yn nhywyllwch yr ochr dde. Ceir delwedd ddigidol yma: <http://hdl.handle.net/10107/4755114> [cyrchwyd 6 Mawrth 2023].
9. Gweler ei ragymadrodd i *Oll Synnwyr Pen Kembero Ygyd* (London, 1547), t. [vi]. Ceir delweddau digidol yma: <http://hdl.handle.net/10107/5440856> [cyrchwyd 6 Mawrth 2023].
10. Ar hanes rhai o bapurau'r Ficer, gweler Rice Rees, *Y Seren Foreu*, tt. lxii–lxiii. Atgynhyrchwyd yno yr unig bregeth o waith y Ficer a gyhoeddwyd, ar destun Rhufeiniaid 6:2, 'Canys cyflog pechod yw marwolaeth', tt. lxiii–lxx. Cadwyd drafft o '[B]regeth ar yr ail enedigaeth' yn llaw Rhys Prichard yn llsgr. Coleg Iesu Rhydychen 145.
11. Cyfarchiad Stephen Hughes 'At y Darllenwr' yn *Gwaith Mr. Rees Prichard, Gynt Ficcer Llanddyfri Yn Shîr Gaerfyrddin: A Brintiwyd O'r Blaen Mewn Tri Llyfr, Wedi Gyssylltu Oll a Chwbl (er Nid Yn Yr Vn Drefn a Chynt Ynghyd â Phedwaredd Ran, Y Nawr Gynta Yn Brintiedig* (London, 1672), t. [xlv]. Ceir delweddau digidol o'r gyfrol yma: <http://hdl.handle.net/10107/5364444> [cyrchwyd 6 Mawrth 2023].
12. Digwydd y naill yn Nhestament Newydd 1567 a'r llall yn *Kynniver Llith a Ban* (1551). Yr enghreifftiau hynny yng ngwaith Salesbury a'r gerdd hon yw'r unig rai a ddyfynnir yng Ngeiriadur Prifysgol Cymru, *s.v.*

13 Mae'n wir fod agor cerdd yn y dull hwn yn un o ystrydebau'r canu rhydd. Agorodd Thomas Johns ei gerdd ddiolch am Feibl 1588 gyda chyfarchiad tebyg, er enghraifft: 'Vanwyl blwyf drwy grist ay rad...'; llsgr. LlGC Llanstephan 41, 195. Ond nid oes raid bod ystrydeb yn anniffuant.

14 Llyfrgell Bodley, Rhydychen, silffnod 8.C.164.Th. Ceir delweddau digidol yma: <http://hdl.handle.net/10107/5339190> [cyrchwyd 6 Mawrth 2023].

15 Gweler Nesta Lloyd, 'Catecism y Ficer Rhys Prichard, 1617', *Ysgrifau Beirniadol*, XXIII (Dinbych: Gwasg Gee, 1997), 164-83.

16 Ceir delweddau digidol yma: <http://hdl.handle.net/10107/5314680> [cyrchwyd 6 Mawrth 2023]. Mae posibilrwydd cryf mai yn 1656 yr ymddangosodd y rhan gyntaf o'r gwaith (ac nid 1646 fel y tybiwyd), gweler Nesta Lloyd, *Cerddi'r Ficer* (Cyhoeddiadau Barddas, 1994), t. xv.

17 Wood, *Athenæ Oxonienses*, cyf. 2, col. 29.

18 *Canwyll y Cymru: sef, Gwaith Mr. Rees Prichard, gynt Ficcer Llanddyfri, a brintiwyd or blaen yn bedair rhan, wedi ei cyssylltu oll ynghyd yn un Llyfr* (London, 1681). Ceir delweddau digidol yma: <http://hdl.handle.net/10107/5301667> [cyrchwyd 6 Mawrth 2023].

19 *Gwaith Mr. Rees Prichard, Gynt Ficcer Llanddyfri Yn Shir Gaerfyrddyn* (1672), tt. [xlvi–xlvii].

20 Nid at waith William Salesbury y cyfeirir, ond at salmau cynganeddol (astrus) William Midleton, gweler R. Geraint Gruffydd, 'Thomas Salisbury o Lundain a Chlocaenog', *Cylchgrawn Llyfrgell Genedlaethol Cymru*, 27 (1991-2), 15, lle y dywed fod y Ficer wedi cambriodoli salmau Midleton i Thomas Salisbury a argraffodd hwy yn 1603, ar ôl marw Midleton yn 1596 (nid c. 1600 fel sydd yn y *Bywgraffiadur* a 1621 fel sydd yng nghatalog Llyfrgell Genedlaethol Cymru).

21 Roedd y defnydd o'r Saesneg yn mynd ar gynnydd arwyddocaol yn y cyfnod yma, gweler T.H. Parry Williams, *The English Element in Welsh* (London, 1923), tt. 13-14. Ar ddefnydd y Ficer o'r Saesneg, gweler yr hanesyn difyr a adroddir gan R. Geraint Gruffydd yn *Y Faner*, 13 Medi 1985 (dyfynnwyd yn *Bwletin Cymdeithas Emynau Cymru*, III:3 (1990-1), 115.

22 Ar fydryddiaeth cerddi'r Ficer, gweler Siwan Non Richards, *Y Ficer Prichard*, Cyfres Llên y Llenor (Caernarfon: Gwasg Pantycelyn, 1994), tt. 27-37.

23 Gwenallt, *Y Ficer Prichard a 'Canwyll y Cymry'*, t. 53.

24 Stephen Hughes, *Rhan o waith Mr. Rees Prichard, gynt Ficcar Llan-ddyfri yn Shir Gaer-fyrddin, a osodwyd allan er daioni'r Cymru* (Llundain, 1659), t. [viii].

25 Wood, *Athenæ Oxonienses*, cyf. 2, col. 29.

26 'Per-seiniau Cymru', llsgr. LlGC 1940 Aii, rhif 18, casgliad a ddyddir i 1824–5 gan Daniel Huws, *A Repertory of Welsh Manuscripts and Scribes c.800–c.1800* (Aberystwyth: National Library of Wales & University of Wales Centre for Advanced Welsh and Celtic Studies, 2022); cf. idem, 'Melus-Seiniau Cymru', *Canu Gwerin*, 8 (1985), 32–50. Gweler hefyd Siwan Non Richards, *Y Ficer Prichard*, tt. 23–5.

27 Ar nodweddion iaith y cerddi'n gyffredinol, gweler Nesta Lloyd, 'Sylwadau ar iaith rhai o gerddi Rhys Prichard', *Cylchgrawn Llyfrgell Genedlaethol Cymru*, 29 (1995–6), 257–80.

28 Eiluned Rees, *Libri Walliae* (Aberystwyth: Llyfrgell Genedlaethol Cymru, 1987), tt. 504–11.

29 Roedd y cerddi am y Pla yn drawiadol o berthnasol adeg traddodi'r sgwrs hon yn wreiddiol yn Ebrill 2021 gan fod haint Covid-19 yn dal i ledu'n wyllt trwy Brydain, a nifer y marwolaethau'n codi'n ddyddiol.

30 Gweler e.e., Nesta Lloyd, ' "Yr Ymarfer o Dduwioldeb" a rhai o gerddi Rhys Prichard', *Y Traethodydd*, CL (1995), 94–106. Tynnodd Noel Gibbard sylw at bwysigrwydd y Ficer yn rhoi'r Pum Pwnc Calfinaidd ar gân yn *Elusen i'r Enaid* (Pen-y-bont ar Ogwr: Llyfrgell Efengylaidd Cymru, 1979), t. 15.

31 Huw Lewys (cyf.), *Perl mewn Adfyd* (Rhydychen, 1595), t. [xxi].

7

A. Cynfael Lake

**ELLIS WYNNE O'R LASYNYS
A'I WELEDIGAETHAU**

Ar un ystyr, dyw Ellis Wynne ddim yn gymwys i gael lle yn y gyfrol hon sy'n dathlu cyfraniad yr Eglwys i'r iaith Gymraeg, ei llên a'i diwylliant. Daeth gyrfa'r llenor i ben i bob pwrpas yn 1703 gyda chyhoeddi *Gweledigaethau y Bardd Cwsg*. Dwy flynedd wedyn y dechreuodd cyswllt ffurfiol Ellis Wynne â'r Eglwys. Cafodd ei urddo'n ddiacon, ac yn offeiriad wythnos yn ddiweddarach, ym mis Rhagfyr 1704, a'i benodi yn 1705 yn rheithor plwyfi Llandanwg a Llanbedr gerllaw Harlech yn Sir Feirionnydd. Ond go brin y bydd unrhyw un yn gwarafun rhoi sylw i awdur un o'n clasuron rhyddiaith, un o weithiau mwyaf gwreiddiol ei oes ac un a ddarllenwyd gyda blas gan genedlaethau o Gymry.

Yn ystod y ganrif cyn geni Ellis Wynne cyhoeddwyd rhyw un llyfr Cymraeg y flwyddyn ar gyfartaledd. Roedd y rhan fwyaf yn llyfrau crefyddol a defosiynol, llawer iawn yn gyfieithiadau o'r Saesneg a'r rhan fwyaf o'r cyfieithiadau hynny yn ffrwyth llafur gwŷr eglwysig. Ni ddylai'r ffaith olaf ein synnu. Roedd llawer o'r gwŷr eglwysig hyn yn perthyn i deuluoedd bonheddig, neu o leiaf i deuluoedd a chanddynt fwy o foddion na'r rhelyw. O ganlyniad roeddent wedi derbyn addysg mewn ysgolion gramadeg a rhai wedi mynd ymlaen i astudio mewn prifysgol. I Rydychen ac i Goleg Iesu yr aeth y rhan fwyaf o'r Cymry. Byddai'n rhaid aros nes y bedwaredd ganrif ar bymtheg cyn cael coleg yng Nghymru. Yr Eglwys oedd yr yrfa amlwg ar gyfer y rhai a ddychwelai i wlad eu geni. Cynigiai'r yrfa honno fywoliaeth gysurus, yn ôl safonau'r oes, ac amser i ddarllen ac i fyfyrio, amser hefyd i'w neilltuo i gyflawni gorchwyl heriol a llafurus fel cyfieithu. Mae'r ystyriaethau hyn yn berthnasol pan ystyriwn gefndir a llafur Ellis Wynne a Theophilus Evans sy'n cael sylw mewn ysgrif arall.

Roedd gan Ellis Wynne gysylltiadau â rhai o hen deuluoedd bonheddig Ardudwy ac Eifionydd. Fe'i ganed yn y Lasynys, cartref ei fam, yn 1671. Mae'r tŷ cadarn a sylweddol hwn ar y chwith wrth i chi deithio ar y B4573 rhwng Harlech a Thalsarnau ac mae'n arwydd diriaethol i ni heddiw o statws a chyfoeth ac amgylchiadau bydol Ellis Wynne. Mae'r tŷ wedi ei adfer erbyn hyn ac os na buoch yno eisoes daliwch ar y cyfle pan fyddwch yn y cyffiniau. Nid yw plasty bychan Glyncywarch yn Nhalsarnau yn bell i ffwrdd. Gallai Ellis Wynne arddel cyswllt â Wyniaid Glyncywarch trwy ei dad. Aeth Ellis i Rydychen yn 1692 yn 21 oed; dychwelodd i'w gynefin a phriodi yn 1698; yn 1705, fel y nodwyd, cafodd reithoriaeth Llandanwg a Llanbedr, dau blwyf sydd i'r de o Harlech. Yn 1711 ildiodd y ddau blwyf a derbyn rheithoriaeth Llanfair. Yr oedd Llandanwg a Llanbedr ryw bum milltir o'r Lasynys. Dim ond tair milltir i ffwrdd yr oedd Llanfair; dwy filltir yn llai o deithio i'r eglwys bob Sul. Daliodd y swydd honno hyd ei farw yn 1734 ac olynwyd ef gan ei fab Edward.

Fe gofiwn am Ellis Wynne a'i gysylltu â dau waith rhyddiaith. Cyfieithiad o waith Jeremy Talyor, *The Rule and Exercises of Holy Living*, yw'r cyntaf. Bu cylchrediad helaeth i waith Taylor. Ymddangosodd gyntaf yn 1650 a chafwyd pymtheg argraffiad erbyn 1690. Mae cyfieithiad Ellis, *Rheol Buchedd Sanctaidd*, a ddaeth o'r wasg yn 1701, yn llinach y gweithiau crefyddol a gyfieithwyd i'r Gymraeg cyn ei oes ef, gwaith a barhaodd yn wir trwy gydol y ddeunawfed ganrif. Roedd ffyniant yr Eglwys yn bwysig yng ngolwg Ellis a'r cyfieithwyr y cyfeiriwyd atynt, a mynnai ei gweld yn mynd o nerth i nerth. Ond roedd cyflwr ysbrydol ei gyd-Gymry yn fater o bwys iddo hefyd, ac mae'r cyfieithiad yn tystio i'r awydd i hyfforddi ac i esbonio, ac i roi'r Cristion ar ben y ffordd fel y gallai fyw ei fywyd yn unol â dysgeidiaeth y Beibl. Daeth *Gweledigaethau y Bardd Cwsg* o'r wasg ddwy flynedd yn ddiweddarach, yn 1703. Yr hyn sy'n rhyfedd yw bod y ddau waith hyn wedi eu paratoi cyn i Ellis ymgymryd â'i ddyletswyddau eglwysig. O safbwynt gweithgarwch llenyddol, ni fu'n gwbl segur wedi ei benodi yn rheithor. Goruchwyliodd argraffiad newydd o'r Llyfr Gweddi Gyffredin a ddaeth o'r wasg yn 1710, testun a fyddai wedi cael ei ddefnyddio'n rheolaidd yng ngwasanaethau'r Eglwys.[1] Lluniodd rai cerddi hefyd er mai ar ôl ei farw y gwelwyd y rhan fwyaf ohonynt mewn print. Y *Gweledigaethau* yw'r gwaith a'i gwnaeth yn ffigwr mor bwysig yn hanes ein llên.

Croesawyd y *Gweledigaethau* o'r dechrau a hynny ar gyfrif y cynnwys, yr iaith a'r arddull. Cafwyd dau argraffiad yn ystod oes Ellis Wynne a deg ar hugain a rhagor o argraffiadau yn ystod y ddwy ganrif ar ôl ei farw yn 1734. Cafwyd mwy nag un cyfieithiad i'r Saesneg.[2] Er ei bod yn hysbys o'r dechrau pwy a luniodd y *Gweledigaethau*, yn 1806 y gwelwyd enw Ellis Wynne ar y tudalen teitl am y tro cyntaf.

Yn wahanol i *Rheol Buchedd Sanctaidd*, nid yw'r *Gweledigaethau* yn gyfieithiad. Ond nid yw'n waith cwbl wreiddiol ychwaith. Wrth drafod gwaith Ellis Wynne, flynyddoedd lawer yn ôl erbyn hyn, mynnai Gwenallt ein hatgoffa, 'nid oedd gwreiddioldeb yn un o rinweddau llenor yn y ddeunawfed ganrif'.[3] Roedd efelychu, addasu, ailbobi yn gyffredin ac yn gymeradwy. Os ydym am gyrchu llygad y ffynnon, rhaid mynd i

Sbaen ac at *Los Suenos*, gwaith gŵr o'r enw Don Francisco de Quevedo Villegas a oedd yn byw rhwng 1580 a 1645. Bu ei waith ef yn cylchredeg mewn llawysgrifau yn y lle cyntaf ond yna fe'i cyhoeddwyd a daeth yn hynod o boblogaidd. Cafwyd dau gyfieithiad i'r Saesneg, gan Roger L'Estrange yn 1667 a John Stevens yn 1682. Testunau Saesneg L'Estrange a Stevens a ddefnyddiodd Ellis Wynne. Yn hytrach na chyfieithu air am air, yr hyn a wnaeth ef oedd dewis a dethol—mae'r ymadrodd Saesneg 'cherry-picking' yn cyfleu natur ei weithgarwch—mabwysiadu syniadau, disgrifiadau, sefyllfaoedd, a chreu ohonynt gyfanwaith newydd sbon sy'n gwbl wahanol o ran ei gynnwys a'i ffurf i'r gwreiddiol. Mae dyled Ellis Wynne i L'Estrange a Stevens yn amlwg, ond rhaid prysuro i ychwanegu nad hwy yw ei unig ffynonellau. Trodd at *Coll Gwynfa* John Milton ac at *Taith y Pererin* John Bunyan a benthyca ganddynt hwythau hefyd.[4]

'Y Breuddwydion' fyddai'r cyfieithiad Cymraeg o deitl y gwaith Sbaeneg. 'Visions' sydd gan Roger L'Estrange yn ei gyfieithiad ef a 'Gweledigaethau' a ddewisodd Ellis Wynne yn deitl i'w waith yntau. Ynddo mae Ellis Wynne, ym mherson y Bardd Cwsg, yn cysgu, yn breuddwydio, ac yn cael ei dywys i dri lleoliad gwahanol. Y byd sydd ohoni yw lleoliad y freuddwyd neu'r weledigaeth gyntaf, awn i deyrnas Angau yn yr ail ac i Uffern yn y drydedd.

Cawn olwg ar wreiddioldeb ac ar ddyfeisgarwch Ellis Wynne pan edrychwn ar gynllun y cyfanwaith ac ar ffurf y gweledigaethau unigol. Roedd saith gweledigaeth yn y gweiddiol; tair sydd gan Ellis Wynne. Roedd y gwreiddiol ar lawer ystyr yn ddigyswllt a'r adrannau ar Angau a'r Farn yn rhagflaenu'r adran ar y Byd. Mae trefn Ellis Wynne yn fwy ystyrlon a chydlynol a'r naill adran yn arwain yn naturiol at y llall: y Byd, Angau, Uffern. Mae'r tair gweledigaeth yn dechrau mewn lle gwahanol ac y maent yn wahanol hefyd o ran amser. Ar ddechrau'r weledigaeth gyntaf rydym ar un o fynyddoedd Cymru yn edrych dros Fôr Iwerddon. Mae enwi Glyncywarch (cartref hynafiaid yr awdur o ochr ei dad) a Chadair Idris yn lleoli'r ail yn Sir Feirionnydd. Rydym ychydig ymhellach i ffwrdd erbyn y drydedd sy'n agor ar lannau Afon Hafren, ond yn dal o fewn ffiniau Cymru. Fe welwch yn syth y modd y rhoes Ellis Wynne stamp Cymreig ar ei ddeunydd. Ni fyddai'r darllenwyr yn dychmygu am eiliad fod i'r *Gweledigaethau* gynsail estron. O ran amser, mae hi'n haf yn y weledigaeth gyntaf—'ryw brynhawngwaith teg o ha' hirfelyn tesog'—tymor llawnder a pherffeithrwydd.[5] Erbyn diwedd y

*Blaenddalen Gweledigaetheu y Bardd Cwsc Ellis Wynne (1703)
(Trwy ganiatâd Gwasg Prifysgol Cymru)*

rhan hon, fodd bynnag, sylweddolwn nad yw popeth mor llewyrchus ag sy'n ymddangos ar y dechrau. Gaeaf yw hi yn yr ail ac mae'r adeg honno o'r flwyddyn yn paratoi'r ffordd yn naturiol ar gyfer yr ymweliad â theyrnas Angau. Gwanwyn yw hi yn y weledigaeth olaf, y tymor pan fydd bywyd newydd ac egni newydd yn cyniwair ar ôl llymder y gaeaf. Caiff y darllenydd gryn ysgytwad o sylweddoli mai taith i erchyllterau uffern sydd o'i flaen y tro hwn. Mae i bob gweledigaeth ei thirwedd unigryw hefyd. Mae'r byd wedi ei gywasgu a'i gynrychioli gan ddinas ac ynddi ffyrdd a strydoedd, adeiladau, llysoedd, pyrth a thrysordai, ynghyd ag eglwys sy'n rhan o'r ddinas ond eto ar wahân. Cerrig beddau, esgyrn, coed yw, llyffantod a llyngyr sydd i'w gweld yn nheyrnas Angau a cheir sawl dibyn a llethr, twll ac ogof, yn Uffern, pob un yn gogwyddo tuag i waered.

Mae'r iaith a ddefnyddiodd yn wedd arall ar wreiddioldeb Ellis Wynne. Ceir yn y *Gweledigaethau*, fel y gallech ddisgwyl, lawer o ddisgrifio. Mae'r eirfa yn y rhannau hyn yn gyfoethog, y brawddegau yn hir ac amlgymalog, a phob cymal yn ei le ac yn cydasio. Dyma nodweddion y cyfieithiadau a gafwyd cyn dyddiau Ellis Wynne a gallwn olrhain yr eirfa a'r arddull i gyfansoddiadau cain penceirddiaid yr Oesoedd Canol ac i Feibl William Morgan. Dyma'r disgrifiad o lys y Brenin Angau yn yr ail weledigaeth:

> Â phenglogau dynion y gwnelsid y muriau, a'r rheini'n sgyrnygu dannedd yn erchyll; du oedd y clai, wedi ei gyweirio trwy ddagrau a chwys; a'r calch oddi allan yn frith o fflêm a chrawn, ac oddi fewn o waed dugoch ... O esgyrn morddwydydd dynion y gwnelsid holl bilerau'r neuadd; a philerau'r parlwr o esgyrn y coesau, a'r lloriau'n un walfa o bob cigyddiaeth. (tt. 69–71)

Ond nid dyma'r unig iaith a welir ar waith. Ceir yn y *Gweledigaethau* hefyd lawer iawn o ddeialog. Yn wir, mae rhagor na hanner yr ail weledigaeth ar ffurf ymddiddan. Ar ei deithiau daw'r Bardd Cwsg wyneb yn wyneb â phob math o gymeriadau a bydd yn sgwrsio â hwy. Ond y mae iddo hefyd gydymaith sy'n ei dywys i'r byd, i deyrnas Angau ac i Uffern. Un peth difyr yn y gwaith yw'r berthynas rhwng y Bardd Cwsg a'i dywysydd. Mae'r Bardd Cwsg, wrth reswm, yn deithiwr amhrofiadol. Y mae popeth a wêl yn newydd ac yn ddieithr ac mae'r cwestiynau a holir yn lleng. "Yn ara'," eb yr Angel, "un cwestiwn ar unwaith." (t. 8). Trwy'r cwestiynau a'r atebion y caiff y Bardd Cwsg, a ninnau'r darllenwyr, ddysgu am y mannau yr ymwelir â hwy. Ond o dipyn i beth daw'r teithiwr yn fwy hyderus ac fe'i gwelwn yn ymateb i'r bobl a wêl ac i'r sefyllfaoedd y'i caiff ei hun ynddynt. Rhannwn ei fraw a'i arswyd, ei syndod, ei gydymdeimlad a'i falchder. Yr iaith lafar a holl naturioldeb ei geirfa a'i rhythmau yw cyfrwng y sgwrsio. Mae yma ffraethineb parod sy'n dod â gwên i'r wyneb. Mae'r brawddegau yn fyr ac yn fachog, yr ebychiadau yn niferus, a'r eirfa liwgar ar dro yn gwrs a phriddaidd. Defnyddir ffurfiau fel *ffŵl, penbwl, gwiddan* (gwrach); nid cadw rhywun o hyd braich a wna'r Bardd Cwsg ond *o hyd fy nhin*. Mae'r cyfeirio at *furgyn*, sef corff neu gelain, yn gwbl amharchus, fel y mae'r sôn am *gachdy Liwsiffer*. Nid yw'r teithiwr yn cael cyfle i oedi a hamddena. Bydd un olygfa neu sefyllfa yn dilyn y llall ribidires. Mae ymadroddion llafar fel *chwipyn, a chwap ar hynny, ar y gair* yn cyfleu'r symudiad *staccato* i'r dim. Roedd Ellis Wynne yn torri tir newydd trwy wneud y fath ddefnydd o ffurfiau'r iaith lafar mewn gwaith rhyddiaith.

Mae'r tair gweledigaeth yn llawn o bobl. Dosbarthiadau sydd yma yn hytrach nag unigolion. Un peth sy'n rhoi undod i'r gwaith yw ein bod yn dilyn y dosbarthiadau hyn o'r naill leoliad i'r llall, o'r naill gyflwr i'r llall. Pwy sydd yno, felly? Mae'r rhestr yn hirfaith. Gwelwn lawer iawn o gyfreithwyr a swyddogion y llys; ceir siopwyr, masnachwyr, tafarnwyr, porthmyn a llogwyr (rhai sy'n benthyca arian ac yn codi llog), lladron a llofruddion. Down wyneb yn wyneb â merched, rhai y mae lle i amau eu diweirdeb, rhai yn treulio eu hamser o flaen y drych yn ymbincio, eraill yn meddwl am ddim ond eu dillad a'u hategolion. Mae yno feirdd ac—rwy'n mentro dweud—mae yno ambell offeiriad; mae yno ffidleriaid a meddwon lu. Mae'r holl ddosbarthiadau hyn yn cael eu cysylltu â'r byd, neu â'r Ddinas Ddihenydd, fel y gelwir hi, oherwydd eu camweddau. Cosb am gamwedd a phechod yw teyrnas Angau lle y gyrrir hwy yn yr ail weledigaeth ac Uffern wedi hynny. Gwaith crefyddol a didactig yw *Gweledigaethau y Bardd Cwsg* yn ei hanfod. Ceir sylwebaeth ar fywyd yr oes, ar werthoedd ac ymddygiad, a dangosir bod y cyfan yn wrthun. Mae tynged y rhai sy'n cael eu disgrifio yn rhybudd i eraill, felly, yn anogaeth glir i edifarhau, i newid a gwella, a byw bywyd bucheddol. Yn hynny o beth gellir cyfosod dau waith rhyddiaith Ellis Wynne er bod gwahaniaethau pendant rhyngddynt. Yr hyn a wneir yn y cyfieithiad, *Rheol Buchedd Sanctaidd*, yw cynnig arweiniad ar ffurf rheolau neu ganllawiau ymarferol ar gyfer y Cristion wrth fyw ei fywyd o ddydd i ddydd: yr hyn y dylai ei wneud. Disgrifir yr ymddygiad cywir wrth godi yn y bore, wrth weithio, wrth fwyta, wrth oruchwylio ei deulu a'i weision, wrth noswylio. Pwysleisio'r hyn na ddylid ei wneud a wneir yn y *Gweledigaethau* ac amlygu canlyniadau dilyn bywyd annuwiol. Mae'r anogaeth yn glir ar ddiwedd yr ymweliad â theyrnas Angau yn yr ail weledigaeth:

> Nid oeddwn i ond ysbïo o hirbell, eto mi a welais fwy o erchylltod arswydus nag a fedra'i 'rŵan ei draethu ... dychwelodd f'enaid i'w chynefin swyddau; a bu lawen iawn gen i 'ngweled fy hun eto ymysg y rhai byw; a bwriedais fyw wellwell, gan fod yn esmwythach gen i gan mlynedd o gystudd yn llwybrau sancteiddrwydd, na gorfod gweled cip arall ar erchylltod y noson honno. (t. 83)

Y Lasynys, cartref Ellis Wynne

A yw Ellis Wynne yn llwyddo i newid ymddygiad ei ddarllenwyr? Dyma bwnc y bu cryn drafod a dadlau yn ei gylch. Prif arf yr awdur yw ei ddychan ac ni all neb amau ei feistrolaeth yn y cyfeiriad hwnnw wrth iddo ddarlunio ymddygiad aelodau'r dosbarthiadau y soniwyd amdanynt gan fanylu ar eu pryd a'u gwedd, eu hystumiau, eu dull o siarad. Dyma un cameo bychan, er y bydd angen ychydig o esbonio:

> llawer ysgogyn rhygyngog a allai ridyllio ffa wrth wynt ei gynffon. (t. 13)

Cadi-ffan yw *ysgogyn*, un sy'n ymddwyn yn ferchetaidd; disgrifio un a'i gorff a'i gymalau yn symud i gyd a wna *rhygyngog*, gair sy'n cael ei gysylltu â cheffylau fel afer; ystyr *rhidyllio* yw hidlo. Y syniad yma yw fod symudiadau rhwyfus yr unigolyn hwn yn tynnu sylw pawb; mae holl aelodau ei gorff, ond ei gynffon yn benodol, sef ei ben-ôl, yn mynd i gyd, yn union fel pe bai rhywun yn ysgwyd gogor er mwyn hidlo grawn. Yn wir, mae symudiad ei ben-ôl mor nerthol nes gwneud i ni feddwl am wyntyll neu ffan enfawr sy'n cynhyrchu corwynt fel nad oes angen rhidyll o gwbl. Yr un pryd mae gwynt ei gynffon yn awgrymu bod rhyferthwy o awyr drycsawrus yn tarddu o'i ben-ôl. Mae'r cymeriad hwn yn edrych yn urddasol ond ni fyddech am fod yn rhy agos ato ac ni fyddech ychwaith am gerdded y tu ôl iddo.

Mae'n amlwg fod rhannau fel y rhain yn destun mwynhad a difyrrwch i'r darllenwyr. Mae dychan yn peri bod unigolion a'u nodweddion yn dod yn destun dirmyg a chwerthin; maent yn dod yn ffiaidd a gwrthun yn ein golwg. Y drafferth gyda dychan yw ein bod yn gwenu wrth weld ymddygiad y cymeriadau ond gweld eraill yr ydym, nid ein gweld ein hunain. Nid ydyw o anghenraid yn arwain at newid a gwella. Mae yma rannau comig hefyd. Meddyliwch mewn difrif calon am y cymeriad Medleiwr (un sy'n hel clecs) yn dweud wrth y Brenin Liwsiffer yn Uffern fod rhai o'i weision wedi bod yn esgeuluso eu dyletswyddau. Mae i'r *Gweledigaethau* amcan difrifol, sef gwella buchedd, ond nid yw'r neges o anghenraid yn cyrraedd adref. Fe drawodd Emrys ap Iwan yr hoelen ar ei phen trwy gymharu Ellis Wynne â threfnwr angladdau, ei wyneb yn ddwys, ei lais yn crynu; mae'n codi cadach neu hances at ei wyneb, nid i sychu deigryn ond i guddio gwên.[6]

Gobeithio i mi eich argyhoeddi y gall darllenwyr heddiw gael blas ar waith Ellis Wynne er bod tair canrif wedi mynd heibio er pan welwyd y *Gweledigaethau* mewn print am y tro cyntaf. Bydd sawl peth yn taro'r sawl sy'n troi at y *Gweledigaethau* heddiw. Oes y safbwyntiau eithafol yw hon ac nid yw'r celwyddau a'r newyddion ffug sy'n cael eu taenu ar led yn gwneud dim i ddod â'r ddau begwn yn nes at ei gilydd. Yn y cyd-destun hwn mae pob beirniadaeth sy'n cael ei chynnig mewn ysbryd adeiladol yn cael ei dehongli yn her ac yn ymosodiad maleisus. Efallai fod y *Gweledigaethau* yn awgrymu mai felly y bu hi erioed oherwydd awdur pur anoddefgar yw Ellis Wynne, yn enwedig mewn materion crefyddol. Roedd yn eglwyswr balch a oedd yn deyrngar i'r goron a'r llywodraeth ac nid oedd ganddo air da i'w ddweud am sectau a chrefyddau eraill. Mae'r ffaith fod y Bardd Cwsg yn dod ar draws y rhain ar ei deithiau, a'u bod yn dod yn wrthrychau ei ddychan, yn adrodd cyfrolau. *Pobl yr ysgubor* yw'r Ymneilltuwyr; *cŵn mudion* yw'r Crynwyr. Daw'r Pab a'i ganlynwyr o dan y lach dro ar ôl tro ac nid oes ymgais i fygu'r casineb tuag atynt. Mae Ellis Wynne yn gwbl unllygeidiog hefyd yn yr ystyr fod pob un sy'n cael ei ddisgrifio yn ddrwg, waeth beth fo ei gamwedd. Nid oes ymgais i wahaniaethu nac i raddoli; mae pob un ar ei ffordd i uffern.

Pwy fyddai Ellis Wynne yn ei roi yn nheyrnas Angau ac Uffern pe bai'n ysgrifennu heddiw? A phe byddech chi'n llunio gwaith fel y *Gweledigaethau*, pa fath o ddosbarthiadau y byddech chi yn dewis eu disgrifio? Rydym yn darllen yn feunyddiol am wleidyddion diegwyddor sy'n defnyddio pwrs y wlad i lenwi pocedi eu cyfeillion a'u cefnogwyr; am werthwyr cyffuriau sydd nid yn unig yn dinistrio bywydau ond yn ymosod a lladd er mwyn diogelu eu cyfran o'r farchnad; am sgamwyr sy'n dyfeisio twyll ar ôl twyll i ddwyn arian y rhai diniwed a di-feddwl-drwg; lladron pen-ffordd oedd y bygythiad yn oes Ellis Wynne ond lladron pen ffôn yw'r felltith heddiw. Mae gan gymdeithas gwestiynau difrifol i'w hystyried ar fater cyfraith a threfn, ar natur a swyddogaeth cosb. Yn nheyrnas Angau ac yn Uffern Ellis Wynne mae'r gosb am bechod yn cyfateb i'r drosedd. Dyma dynged y meddwyn a'r butain yng ngeiriau di-flewyn-ar-dafod yr awdur:

Rhwymwch y ddau wyneb yn wyneb, gan eu bod yn hen gyfeillion, a bwriwch hwy i Wlad y Tywyllwch; a chwyded ef i'w cheg hi, pised hithau dân i'w berfedd ynte hyd ddydd-farn. (t. 75)

Un peth sy'n sicr. Mae angen mwy na dos o ddychan er mwyn gwella ein cymdeithas ni heddiw.

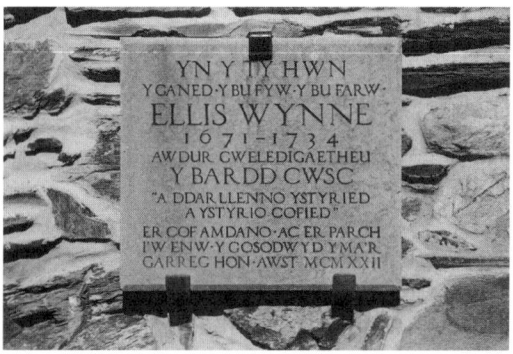

Cofeb i Ellis Wynne ar furiau'r Lasynys

DARLLEN PELLACH

Gwyn Thomas, *Y Bardd Cwsg a'i Gefndir* (Caerdydd: Gwasg Prifysgol Cymru, 1971).

Gwyn Thomas, *Ellis Wynne* (Cardiff: University of Wales Press, 1984).

Gwyn Thomas, 'Dychan Ellis Wynne', *Ysgrifau Beirniadol*, I (Dinbych: Gee a'i Fab, 1965), tt. 167–86.

---

[1] Gerald Morgan, 'Llyfr Gweddi Gyffredin Ellis Wynne trwy lygaid Casglwr', *Y Traethodydd*, 2021, 79–83.

[2] Er enghraifft, gan Robert Gwyneddon Davies, *The Visions of the Sleeping Bard* (London, 1897).

[3] D. Gwenallt Jones, 'Y Bardd Cwsg', *Lleufer*, Cyfrol 7, Rhif 3 (1951), 109–116 (t. 112).

[4] Trafodir rhai o'r benthyciadau hyn yn *Meistri'r Canrifoedd Ysgrifau ar Hanes Llenyddiaeth Gymraeg gan Saunders Lewis*, gol. R. Geraint Gruffydd (Caerdydd: Gwasg Prifysgol Cymru, 1973), tt. 206–16 (pennod XX 'Y Bardd Cwsc'). Hefyd yn rhagymadrodd Aneirin Lewis, *Gweledigaetheu y Bardd Cwsc Ellis Wynne* (Caerdydd: Gwasg Prifysgol Cymru, 1960).

[5] *Gweledigaethau y Bardd Cwsg Ellis Wynne*, gol. Patrick J. Donovan a Gwyn Thomas (Llandysul: Gwasg Gomer, 1998), t. 5. Daw'r holl ddyfyniadau sy'n dilyn o'r testun hwn.

[6] Yr ysgrif 'Y Clasuron Cymraeg', yn *Detholiad o Erthyglau a Llythyrau Emrys ap Iwan II Llenyddol Ieithyddol* (Y Clwb Llyfrau Cymreig, 1939), tt. 11–16.

8

Huw Pryce

IACHAWDWRIAETH, RHAGLUNIAETH A HANES: THEOPHILUS EVANS A *DRYCH Y PRIF OESOEDD*

Yn 1716 cyhoeddodd gŵr ifanc 23 oed a'i fryd ar ddod yn offeiriad yn Eglwys Loegr y llyfr mwyaf poblogaidd ar hanes Cymru ers gwaith Sieffre o Fynwy yn y ddeuddegfed ganrif. Teitl y gyfrol oedd *Drych y Prif Oesoedd* (sef yr oesoedd cynharaf neu hynafol).[1] Ei awdur oedd Theophilus Evans a aned yn 1693 yn aelod o deulu bonheddig o dde Sir Aberteifi a fu'n nodedig am ei gefnogaeth i'r goron yn ystod y rhyfeloedd cartref. Caniatâi ei gysylltiadau â boneddigion yr ardal a ymddiddorai mewn hynafiaethau iddo feithrin diddordeb yn llenyddiaeth a hanes Cymru, ac elwodd yn arbennig ar gael mynediad i lawysgrifau a llyfrau printiedig llyfrgelloedd yr achyddwr William Lewes (1652–1722) o Lwynderw yng ngogledd Sir Gaerfyrddin a Samuel Williams, ficer Llandyfrïog, ychydig i'r gogledd-orllewin yn Sir Aberteifi (tad yr hynafiaethydd a'r ysgolhaig Moses Williams y byddaf yn ei grybwyll yn nes ymlaen). Mae gafael Theophilus ar yr iaith Ladin yn awgrymu ei fod wedi derbyn addysg ffurfiol, efallai yn Ysgol Ramadeg Caerfyrddin, er nad oes tystiolaeth iddo fynd i brifysgol.[2] Urddwyd ef yn offeiriad yn 1718 a threuliodd y rhan fwyaf o'i yrfa hyd ei farw yn 1767 yn ficer neu reithor nifer o blwyfi ym Mrycheiniog, ar wahân i gyfnod yn olynydd i Samuel Williams yn Llandyfrïog yn y 1720au. Yn weinidog a phregethwr ymroddedig, ysgrifennodd lawer o weithiau crefyddol, y rhan fwyaf ohonynt yn Gymraeg, mewn ymgais i hybu'r hyn a ystyriai'n unig wir grefydd, sef Protestaniaeth Eglwys Loegr. Does dim syndod, felly, ei fod yn drwm ei lach nid yn unig ar Gatholigion ond hefyd ar Ymneilltuaeth a'r mudiad Methodistaidd a dyfai yn ystod ei oes, agwedd a adlewyrchir yn ei lyfr Saesneg mwyaf sylweddol, *The History of Modern Enthusiasm from the Reformation to the Present Times* (1752).

Llyfr crefyddol oedd *Drych y Prif Oesoedd* hefyd, er mai hanes oedd cyfrwng ei neges. Beth oedd y llyfr, felly, a beth oedd ei arwyddocâd? Y peth cyntaf i'w bwysleisio yw bod Theophilus Evans wedi cyfuno dwy agwedd bwysig ar ddealltwriaeth y Cymry o'u hanes, y naill yn tarddu o'r Oesoedd Canol, y llall o gyfnod y Diwygiad Protestannaidd: sef gwreiddiau gogoneddus y Cymry fel disgynyddion y Brytaniaid a gollasai eu sofraniaeth dros Ynys Prydain oherwydd eu pechodau, a deongliadau o'r Diwygiad fel adferiad rhagluniaethol o'r eglwys Frytanaidd hynafol a fu'n annibynnol ar Rufain yn wreiddiol—ac a oedd, felly, yn eglwys Brotestannaidd i bob pwrpas.[3] Ond gosododd ei stamp arbennig ar y syniadau hyn mewn arddull bywiog a gafaelgar, nodweddion a

DRYCH
Y
PRIF OESOEDD
𝔜𝔫 𝔇𝔡𝔴𝔶 𝔎𝔞𝔫.

RHAN. I. Sy'n traethu am Gyff-genedl y CYMRU, a'r Rhyfel a fu rhyngddynt, a'r RHUFEINIAID, *Gwyddyl Ffichtiaid*, ac a'r SAESON. Eu Coel-grefydd a'i Moefau cyn iddynt dderbyn y Grefydd Grift'nogol.

RHAN. II. Sy'n crybwyll am BREGETHIAD yr *Efengyl* ym MHRYDAIN, a pha beth bynnag a ddigwyddodd mywn perthynas i GREFYDD. Difgyblaeth, ac Athrawiaeth y BRIF EGLWYS, ynghyd a Moefau'r PRIF GRIST'NOGION yn gyffredinol.

Wedi ei gafglu allan o'r Awdwyr gorau a fgrifennafant a'r y Teftunau hynny, gan

THEOPHILUS EVANS.

Yftyriais y Dyddiau gynt, Blynyddoedd yr hên Oefoedd. PSAL. LXXVII. 5.

Argraphwyd, yn y MWYTHIG gan *JOHN RHYDDERCH* tros yr Awdur, 1716.

Blaenddalen Drych y Prif Oesoedd Theophilus Evans (1716) (Trwy ganiatâd Gwasg Prifysgol Cymru) gyfrannodd yn fawr at boblogrwydd y gwaith. Cyhoeddodd ddau fersiwn o'r llyfr yn ystod ei oes, yr un cyntaf, fel y gwelsom, yn 1716, ac un diwygiedig, hirach, yn 1740. O ran ei gynnwys, yr ychwanegiad pwysicaf i'r ail fersiwn oedd manylion pellach am hanes honedig y Tywysog Madog ab Owain Gwynedd yn darganfod America ar ddiwedd y ddeuddegfed ganrif, hanes a oedd wedi magu arwyddocâd gwleidyddol newydd, diolch i ryfel Prydain Fawr yn erbyn Sbaen yn y Caribî, a hanes yr helaethwyd yn ddylanwadol arno drwy gynnwys adroddiad o ddiwedd yr ail ganrif ar bymtheg am 'Indiaid' Cymraeg eu hiaith, a bortreadwyd gan Evans yn bobl gymysg eu hil a ddisgynnai o'r ymfudwyr Cymreig canoloesol a brodorion America.[4] Ar ôl dyddiau Theophilus y daeth ei lyfr yn wirioneddol boblogaidd, wrth i'r ail fersiwn gael ei ailargraffu ddwy ar bymtheg o weithiau rhwng y 1790au a diwedd y bedwaredd ganrif ar bymtheg yn ogystal â'i gyfieithu i'r Saesneg yn yr Unol Daleithiau yn 1834. Am dros ganrif, felly, dyma'r llyfr mwyaf poblogaidd ar hanes Cymru, hyd yn oed os mai fel clasur llenyddol y darllenwyd ef yn bennaf, fel mae Robin Chapman wedi dadlau.[5]

Yma, fodd bynnag, byddaf yn canolbwyntio ar argraffiad cyntaf 1716, a ailgyhoeddwyd yn hwylus gan Garfield Hughes yn 1961. Cyfrol o ryw 300 tudalen yw hon, wedi ei rhannu'n ddwy ran; gwaith uchelgeisiol, felly, er i Theophilus ei ddisgrifio fel 'llyfryn' mewn un man.[6] Er bod amcanion y gwaith yn weddol eglur, fel y cawn weld, allwn ni ddim ond dyfalu pam y penderfynodd Theophilus ei ysgrifennu ar yr adeg y gwnaeth. Efallai y daw un cliw yn y cyflwyniad Lladin i Adam Ottley, esgob Tyddewi (1713–23), sy'n agor y gwaith. Yn ogystal â dangos gallu'r awdur fel Lladinwr, roedd iaith y cyflwyniad yn ddewis ymarferol gan nad oedd Ottley, brodor o Swydd Amwythig, yn medru'r Gymraeg. Eto, fe'i hystyrir yn un o esgobion mwyaf effeithiol Cymru'r ddeunawfed ganrif: yn wahanol i nifer, preswyliai yn ei esgobaeth yn rheolaidd, gan gynnal tri ymweliad â hi yn ogystal â chefnogi offeiriaid Cymraeg a noddi llenyddiaeth Gymraeg. Dyma Theophilus, felly, yn ceisio ennyn nawdd yr esgob i'r llyfr er mwyn ei gadw'n ddiogel rhag 'niwed y maleisus', gan grynhoi'r cynnwys a phwysleisio bod yr esgob yn olynydd clodwiw i Ddewi Sant a ddisgrifir (a chyfieithu) fel 'amddiffynnwr mwyaf angerddol crefydd uniongred'—nodwedd a grisialai amcan y *Drych* ei hun.[7] Er ei bod yn annhebygol iddo ysgrifennu'r llyfr er mwyn hybu ei yrfa eglwysig (buasai gwaith Saesneg wedi ateb y galw hwnnw'n well, mae'n debyg), gellir mentro bod y Theophilus ifanc yn awyddus i wneud argraff drwy ddangos ei ddawn fel awdur ac ysgolhaig a'i ymroddiad fel eglwyswr mewn gwaith sylweddol a fyddai'n gymeradwy gan yr esgob.

Bid a fo am hynny, gallwn awgrymu'n ogystal fod Theophilus Evans wedi ei gymell i ysgrifennu'r llyfr nid yn unig oherwydd ei ddiddordeb mawr yn hanes y Cymry a hanes yr Eglwys ond hefyd er mwyn manteisio ar y diddordeb mewn hanes ymhlith darllenwyr Cymraeg a amlygwyd, er enghraifft, gan ddeunydd hanesyddol rhai almanaciau ers diwedd yr ail ganrif ar bymtheg. Efallai fod poblogrwydd deunydd o'r fath ymhlith darllenwyr tebygol y *Drych*—sef, mae'n debyg, ffermwyr a chrefftwyr llythrennog yn hytrach na'r 'gwerinos' tlawd y cyfeirir atynt o dro i dro— yn egluro pam y dewisodd ei gyhoeddwr, Siôn Rhydderch o Amwythig, ymgymryd â'r gwaith heb ofyn i'r awdur sicrhau cefnogaeth tanysgrifwyr. Yn wir, ymhen rhai blynyddoedd dechreuodd Siôn Rhydderch gyhoeddi almanaciau'n cynnwys darnau hanesyddol yn amrywio o gronoleg y Beibl i hanes brenhinoedd canoloesol Lloegr a digwyddiadau yn hanes y Cymry o ddyfodiad Brutus i Brydain hyd ladd Llywelyn ein Llyw Olaf yn 1282.[8]

Caiff y digwyddiadau olaf hynny le blaenllaw yn rhan gyntaf y *Drych*, sy'n llenwi tua 40 y cant o'r gyfrol i gyd ac yn olrhain hanes y Cymry o'u gwreiddiau honedig fel disgynyddion Gomer mab Japhet mab Noa hyd farw Llywelyn yn 1282.[9] Eto, mae'r naratif yn canolbwyntio'n bennaf ar y cyfnod rhwng concwest Prydain gan y Rhufeiniaid a marwolaeth y Brenin Arthur, ac yn rhuthro drwy oes y tywysogion mewn saith tudalen yn unig.[10] Mae pennod olaf y rhan gyntaf yn camu'n ôl i gyfnod y derwyddon ac yn trafod 'moesau'r hen Frytaniaid' a hefyd yr iaith Gymraeg, gan ddiweddu drwy ganu clodydd Dafydd ap Gwilym. Yn wir, cyflwyna Theophilus yr iaith fel prif nod amgen y Cymry ar ddechrau'r llyfr drwy ddatgan eu bod, er gwaethaf eu holl 'helbulon a gorthrymderau', yn gallu 'ymffrostio yn hyn etto, er ein gorchfygu gan y *Rhufeiniaid* a'r *Saeson*, yr ŷm yn cadw ein hiaith ddechreuol os nid yn berffaith-gwbl, etto'n burach nag un genhedl yn y bŷd'.[11] Mae'r pwyslais ar yr iaith yn arwyddocaol. Pan ddechreuodd ar y *Drych*, dim ond newydd ddod i werthfawrogi cyfoeth y Gymraeg fel cyfrwng mynegiant yr oedd Theophilus a cheir rhyw dinc arbrofol yn arddull y gwaith, gyda'i ddyled i'r iaith lafar yn ogystal ag i agweddau ar y diwylliant llenyddol y magwyd yr awdur ynddo.[12] Er iddo gyfieithu dau destun byr o'r Saesneg cyn mynd ati i ysgrifennu'r *Drych*, dyma'r llyfr cyntaf iddo ei gyfansoddi o'r newydd yn y Gymraeg, gan gymryd cam ymarferol i goleddu iaith a esgeuluswyd gan ormod o'i gyfoedion yn ei farn ef. Mae'r defnydd o'r Gymraeg yn ein hatgoffa bod amcan gwladgarol yn ogystal â chrefyddol i'r *Drych*; yn wir, roedd y ddau amcan yn annatod ynghlwm wrth ei gilydd. Nid oes syndod fod Evans, yn debyg i awduron o'i flaen, yn ymfalchïo yng ngallu'r iaith i gadw ei phurdeb dros fil o flynyddoedd a mwy;[13] roedd ei phresenoldeb ar dudalennau'r llyfr, felly, yn ddolen weladwy rhwng y gorffennol a'r presennol.

Mae gwedd grefyddol amlycach ar ail ran y llyfr sy'n dechrau drwy olrhain hanes cynnar Cristnogaeth ym Mhrydain, o ddyfodiad y ffydd gyda Joseff o Arimathea yn oes yr Apostolion hyd golli'r ffydd ddilychwin honno wrth i'r Brytaniaid gwympo'n ysglyfaeth i Eglwys Rufain yn y nawfed ganrif, sefyllfa a adferwyd yn y pen draw drwy'r Diwygiad Protestannaidd a chyfieithu'r Beibl i'r Gymraeg yn yr unfed ganrif ar bymtheg. Mae gwladgarwch gwrth-Seisnig yr awdur i'w glywed ar hyd y penodau hyn, yn arbennig yn y cyfeiriadau dirmygus at Awstin o Gaer-gaint, a geisiai ddwyn yr esgobion Brytanaidd o dan ei awdurdod, ac felly o dan awdurdod Rhufain—er enghraifft, drwy wahaniaethu rhyngddo ac Awstin o Hippo: 'un o bileri'r Eglwys oedd hwnnw; ond Ceccryn diddysc oedd hwn'.[14] Ond mae naws a phwyslais gweddill yr ail ran yn wahanol, a phenodau olaf y llyfr yn amddiffyniad o Eglwys Loegr yn anad dim, wrth i Theophilus Evans geisio profi bod trefniadaeth a ffurfiau addoliad yr eglwys honno'n seiliedig ar 'drefn efangylaidd' a sefydlwyd cyn i Gatholigiaeth lygru'r Eglwys.[15] Yma, golyga'r 'prif oesoedd' yr eglwys fore, fel y darlunnid hi gan 'y Scrythur Sanctaidd (yr unig Histori ddisiommedig [sicr])'.[16] Ymhlith y pynciau a drafodir mae gweinidogion yr Eglwys, bedydd, y cymun a moesau'r Cristnogion cynnar, gan bwysleisio eu perthnasedd cyfoes. Yn yr un modd, achubir ar y cyfle i nodi na 'chaniattawyd i neb ymneilltuo o'r Eglwys … Ac os rhyw *Ffanatic* a ryfygai wneuthur hynny, efe a gondemnid allan o law'. Arwyddocaol hefyd yw'r pwyslais ar '*Ufudd-dod* y Prif Grist'nogion i'r Llywodraeth'.[17]

Mae broliant yr hynafiaethydd William Lewes o Lwynderw ar flaen y gyfrol yn mynd â ni'n syth at amcan ei hawdur. Ar ôl canmol Theophilus Evans am fod yr un cyntaf ers pum neu chwe chanrif i ysgrifennu hanes y Cymry yn Gymraeg, ac eithrio adroddiad byr gan y piwritan Charles

Edwards (yn ei waith *Y Ffydd Ddi-Ffuant*), pwysleisiodd fod gwaith Evans 'yn cyfrannu nid ychydig i ddyrchafu Gwybodaeth, ac i hyfforddi Dynion ynghylch y *Wir Ffydd*, a'r Grefydd Grist'nogol'.[18] Hynny yw, roedd cynnwys hanesyddol y llyfr yn rhan o'i bwrpas crefyddol ehangach, a theg gweld y gwaith yn gynnyrch diwygiwr moesol a chrefyddol yn ceisio sicrhau iachawdwriaeth ei ddarllenwyr.[19] Dyna wedi'r cwbl fyrdwn y teitl sy'n awgrymu bod y llyfr yn codi'r gorffennol pell yn ddrych a chanddo wersi i'r presennol. Atgyfnerthir hynny gan yr adnod ar waelod wynebddalen y llyfr, sef 'Ystyriais y Dyddiau gynt, Blynyddoedd yr hên Oesoedd' (Salm 77:5), lle mae'r Salmydd yn ceisio cysur am drychinebau'r presennol drwy ddwyn i gof weithredoedd da Duw yn y gorffennol. Ac yn ei ragair i'r darllenydd mae'r awdur yn tanlinellu ei bwrpas drwy ddweud fel a ganlyn am y rhan gyntaf, ar hanes cynnar y Cymry, gan orffen drwy ddyfynnu o rybuddion Moses i'r Israeliaid os na fyddant yn ufuddhau i orchmynion a deddfau Duw:

> Yma y cewch weled Bortreiad amlwg o Ffrwythau Pechod, a'r gwahanrhedol Affaith rhwng Buchedd dda, a dihirwch Buchedd ... Yma y cewch weled, tra fu ein Hynafiaid yn gwneuthur yn ôl ewyllys yr Arglwydd, na thycciai ymgyrch un Gelyn yn eu herbyn: Ond pan aethant i rodio yn ôl cynghorion, a childynnrwydd eu calon ddrygionus, *Y Dieithr ag oedd yn eu mysc a ddringodd arnynt yn uchel uchel, a hwythau a ddesgynnasant yn issel issel.* [Deuteronomiwm 28:43].[20]

Mae amcanion crefyddol y gwaith yn helpu esbonio pam fod defnydd Theophilus Evans o Sieffre o Fynwy, er yn helaeth ac yn frwdfrydig, eto'n ddethol dros ben, ac felly ymhell o fod yn ymgais gyflawn i amddiffyn hanes Sieffre rhag ei feirniaid.[21] (Heb fynd i fanylion, codwyd amheuon cynyddol ers yr unfed ganrif ar bymtheg a oedd hanes Sieffre am frenhinoedd cynnar Prydain, o Brutus o hil Gaerdroea hyd Gadwaladr Fendigaid yn y seithfed ganrif—hanes a gyfieithwyd i'r Gymraeg o dan y teitl *Brut y Brenhinedd*—yn ddibynadwy, neu'n hytrach yn greadigaeth dychymyg Sieffre neu ei ffynhonnell honedig.) Yn gyntaf, dilynai Evans yr hynafiaethydd Seisnig nodedig William Camden, awdur *Britannia* (1586), ac eraill drwy fynnu bod y Brytaniaid a'u disgynyddion y Cymry yn hanu o Gomer mab Japhet, gan roi iddynt darddiad beiblaidd.[22] Gan hynny, addasodd hanes Sieffre drwy bortreadu Brutus, nid fel concwerwr cyntaf Ynys Prydain, ond yn hytrach fel arweinydd dylanwadol diweddarach a roes ei enw i'r ynys ac a gafodd ei dderbyn yn frenin gan y Brytaniaid, yn fwy na thebyg oherwydd iddo gyflwyno lefel uwch o wareiddiad, sef llythrennedd, adeiladu ac amaethyddiaeth; priodolwyd iddo hefyd yr elfennau Groeg yn yr iaith Gymraeg.[23] Yn ail, mae naratif y *Drych* wedyn yn neidio ymlaen at goncwest Prydain gan y Rhufeiniaid 'o herwydd fod llawer o ŵyr [*sic*] dyscedig yn amheu gwirionedd yr hyn a adroddir' am y brenhinoedd rhwng Brutus a'r adeg honno; a hyd yn oed pe bai'n wir, roedd yr hanes yn ddibwys.[24] Dyma enghraifft dda o barodrwydd Theophilus Evans i ymdrin â'i ffynonellau yn feirniadol, i ryw raddau o leiaf, parodrwydd a adlewyrchir yn ei ddefnydd o weithiau hanesyddol a hynafiaethol beirniadol eu dull gan ysgolheigion megis William Camden, Edward Lhuyd, James Ussher ac Edward Stillingfleet (er nad oedd ei ysgolheictod mor ddwfn ag yr oedd yn ymddangos, gan ei fod weithiau ond yn copïo'r cyfeiriadau at ffynonellau yn y gweithiau a ddefnyddiai).[25]

Eglwys Llangamarch lle y bu Theophilus Evans yn gweinidogaethu

Serch hynny, mae'n amlwg i Evans ddarllen nifer o ffynonellau canoloesol. Er enghraifft, a dychwelyd at naratif y *Drych*, er ei fod yn dal i ddilyn Sieffre o Fynwy wrth adrodd y digwyddiadau rhwng dyfodiad y Rhufeiniaid a goresgyniadau'r Saeson, tynnodd hefyd ar weithiau Gildas a Beda a ffynonellau eraill. Mae Gildas yn arbennig o bwysig yn hyn o beth, nid yn unig oherwydd yr wybodaeth a gynigiai ond yn bennaf oll oherwydd ei ddefnydd o hanes. Yn fynach ym Mhrydain yn y chweched ganrif, roedd Gildas yn adnabyddus am ei waith Lladin *De Excidio Britanniae* ('Coll Prydain'), gwaith sy'n esbonio goresgyniadau'r Eingl-Sacsoniaid fel cosb Duw ar y Brytaniaid am eu pechodau.[26] Yn nwy ran olaf y gwaith mae'n annerch brenhinoedd ac wedyn eglwyswyr Brytanaidd ei oes ac yn galw arnynt i wella eu buchedd rhag dioddef llid Duw unwaith yn rhagor, fel y digwyddasai i'w cyndeidiau. Atgyfnertha ei neges drwy ddyfynnu'n fynych o'r Beibl, yn arbennig proffwydi'r Hen Destament, gan gymharu'r Brytaniaid â phobl Israel; yn wir, cyfeirir atynt unwaith fel 'Israel heddiw' (*praesentem Israel*).[27] Dyma Gildas, felly, yn dilyn esiampl proffwydi'r Hen Destament wrth alw ar ei bobl i edifarhau. Nid Theophilus Evans oedd yr awdur cyntaf yng Nghymru i droi at '*Gildas*, y Brittwn digymmar hwnnw, a'r Historiawr cywir o bu un erioed', a'i ddehongliad rhagluniaethol o orffennol y Cymry.[28] Bu hefyd yn ddylanwad pwysig ar Charles Edwards, awdur *Y Ffydd Ddi-Ffuant*, er enghraifft. Yr hyn sydd angen ei bwysleisio yma, fodd bynnag, yw bod Theophilus yn rhannu rhagdybiaeth Gildas fod i hanes wersi pwysig i'r presennol, boed fel rhybudd neu fel ysbrydoliaeth. Gellir gweld hyn fel enghraifft o'r awydd i ganfod 'gorffennol defnyddiadwy' ('a usable past'), a benthyca'r term a fathodd Van Wyck Brooks, mewn cyd-destun gwahanol iawn, dros ganrif yn ôl, sef ymgais i ddewis a dethol elfennau o'r gorffennol er mwy creu gwaith newydd a fyddai'n ateb anghenion y presennol.[29] Wrth gwrs, doedd dim byd anarferol yn hyn o beth. A chyfyngu'n sylw i'r cyfnod modern cynnar yn unig, gellid rhestru llu o weithiau hanesyddol a ganfu yn y gorffennol wreiddiau neu gyfiawnhad dros safbwyntiau crefyddol a gwleidyddol cyfoes. Cymerwch hanes Lloegr swmpus cyfoeswr hŷn Theophilus Evans, a Phrotestant pybyr arall, sef Paul de Rapin Thoyras (1661–1725), a gyhoeddwyd yn wreiddiol yn Ffrangeg rhwng 1724 a 1727 a'i gyfieithu i Saesneg yn fuan wedyn. Mae'r gwaith poblogaidd hwn yn cyflwyno hanes Lloegr fel stori o ymgiprys am ryddid, gan olrhain gwreiddiau ei gyfansoddiad cymysg, wedi ei seilio ar gydbwysedd rhwng y brenin a'r senedd, yn ôl i'r Eingl-Sacsoniaid, stori a gyrhaeddodd ei phenllanw yn Chwyldro Gogoneddus 1688 a orseddodd y Brenin Protestannaidd Gwilym o Oren a'i wraig Mary. Nid yw'r dehongliad hwn yn syndod, gan fod Rapin yn darllen y gorffennol yng ngoleuni ei brofiad personol fel alltud Huguenot o Ffrainc a groesodd o'r Iseldiroedd i Loegr gyda'r Dug Gwilym adeg y Chwyldro.[30]

Mesur o'r gwahaniaeth rhwng hanesyddiaeth Cymru a Lloegr yr adeg hon yw bod y *Drych* yn canolbwyntio ar 'y Prif Oesoedd' ac at ei gilydd yn anwybyddu datblygiadau gwleidyddol—er bod Rapin, yntau, yn trafod tarddiad y Brytaniaid ac yn derbyn eu bod yn ddisgynyddion i Gomer,[31] tra oedd Theophilus Evans yn gadarn ei gefnogaeth i drefn gyfansoddiadol y Brydain Fawr a grewyd drwy'r undeb â'r Alban yn 1707. Ond nid dyna brif ffocws ei lyfr. Fel y gwelsom, mae rhan gyntaf y gwaith yn symud yn gyflym o wreiddiau hynafol y Cymry at eu hanes yng nghyfnod y Rhufeiniaid ac yn arbennig y canrifoedd wedi ymadawiad y Rhufeiniaid â Phrydain—ac felly'n canolbwyntio ar y cyfnod ar ôl iddynt ddod yn Gristnogion, thema bwysig yn ail ran y llyfr.[32] Golygai hynny fod modd dehongli hanes y Brytaniaid a'r Cymry yn nhermau rhagluniaeth y Duw Cristnogol. Syniad creiddiol Evans yma, gan ddilyn Gildas, oedd mai 'yn bennaf dim o herwydd Digofaint Duw arnom o ethryb [o achos] ein pechodau, gyrrwyd ein Hynafiaid i gyrrau salaf yr ynys fel *Cymru a Cherniw*'.[33] Eto gwelir tensiwn yn ei agwedd at gyfryngau cosb Duw, sef y Saeson. Ar un llaw, yn debyg i Charles Edwards o'i flaen, roedd Evans yn derbyn bod Saeson y presennol yn welliant mawr ar eu cyndeidiau paganaidd. Yn wir, cawsant eu hachub er mwyn gallu cyflawni'r amcan rhagluniaethol o gynhyrchu 'Sainct ac Etholedigion ... yn enwedig wedi adgyweiriad Crefydd' (sef ar ôl y Diwygiad Protestannaidd).[34] Ond achubai Theophilus Evans hefyd ar y cyfle i ladd ar y Saeson. Dylid ychwanegu nad oedd gwrth-Seisnigrwydd o'r fath yn anarferol ymhlith eglwyswyr Cymreig gwladgarol yr oes. Dyna i chi'r ysgolhaig Moses Williams (1685–1742), ficer Llanwenog a Defynnog y bu Theophilus yn gurad iddo, mewn pregeth i Gymry alltud Llundain yn 1717, y flwyddyn ar ôl cyhoeddi'r *Drych*, yn rhybuddio rhag peryglon Seisnigeiddio ac yn annog y Cymry i ymfalchïo fwy yn eu hiaith a'u gwlad, 'rhag i rai o Eppil y Genedl ormesol honno a ddygodd *Loegr* eisioes oddi arnom, ddwyn *Cymru* hefyd yr un ffunyd, ac felly mywn Amser ddifetha'n Henw ni oddi dan y Nefoedd'.[35] Sylwer ar y cyfeiriad hwn at oresgyniadau'r Eingl-

Sacsoniaid, pwnc a drafodwyd yn helaethach yn y *Drych*. Yno, fodd bynnag, darllenwn fod y rhan fwyaf o'r Brytaniaid wedi ffoi i Lydaw er mwyn dianc rhag y 'Pla Melyn', ac felly 'nid trwy nerth arfau, na thrwy gyfrwysdra chwaith (er cymmaint oedd eu hystryw drwg) y darfu i'r *Saeson* oresgyn *Lloegr*, eithr yn unig trwy ddamwain, sef o herwydd fod y wlâd yn wâg o Drigolion'—dehongliad, er yn gyson â chosb Duw, a wrthodai roi unrhyw ogoniant i'r Saeson.[36] Ar y llaw arall, mynnai Theophilus Evans fod y Brenin Arthur wedi amddiffyn y Brytaniaid yn wrol ac 'yn casau y *Saeson* yn ddi-ragrithiol; a hynny ydyw'r achos eu bod hwy yn ceisio lladd ei enw, pan fethu arnynt ladd ei Berson'.[37] At hynny, roedd y Cymry wedi parhau i ddefnyddio Cyfraith Hywel Dda tan oresgyniad Cymru gan Edward I, 'ym mha amser y dycpwyd ein Hynafiaid trwy ddichell a ffalsder tan gyfraith Loegr yn gyntaf', sef wrth i'r brenin gyflwyno ei fab newydd-anedig i'r Cymry yng Nghaernarfon yn ateb i'w cais am dywysog na wyddai air o Saesneg.[38] Os oedd dehongliad rhagluniaethol Evans o hanes yn priodoli aflwyddiant y Cymry i'w pechodau, roedd hefyd yn eu portreadu'n bobl yr oedd Duw wedi eu gwarchod er gwaethaf gormes cymydog nerthol.

I gloi, ydyw, mae *Drych y Prif Oesoedd* yn waith hanes (cyfeirir ato droeon fel 'histori' yn y testun). Ond hanes cymhwysol a geir ynddo sy'n defnyddio'r gorffennol at ddibenion cyfoes, sef hyrwyddo amcanion

Rhestr o ficeriaid y plwyf yn eglwys Llangamarch

eglwyswr a Chymro gwlatgar yn y ddeunawfed ganrif. Er bod rhai elfennau beirniadol ynddo, prin fod y *Drych* yn bodloni disgwyliadau hanes beirniadol modern; hyd yn oed ganrif a hanner yn ôl cafodd ei wfftio fel 'nofel' gan Gweirydd ap Rhys.[39] Eto, er na fyddwn i'n dadlau y dylem lynu wrth ddeongliadau Theophilus Evans, mae *Drych y Prif Oesoedd* yn fodd i'n hatgoffa o'r cwlwm annatod rhwng y presennol a'r gorffennol wrth ysgrifennu hanes. Mae'r awydd i ganfod 'gorffennol defnyddiadwy' yn fyw o hyd, ac wrth gwrs yn ddadleuol, wrth i unigolion a sefydliadau gwahanol gynnig deongliadau gwahanol o hanes sy'n adlewyrchu safbwyntiau ideolegol a gwleidyddol penodol. Nid Theophilus Evans oedd y cyntaf na'r olaf i apelio at hanes er mwyn cyfiawnhau argyhoeddiadau a gobeithion ar gyfer y presennol.

---

[1] Theophilus Evans, *Drych y Prif Oesoedd. Yn ôl Argraffiad Cyntaf: 1716*, gol. Garfield H. Hughes (Caerdydd: Gwasg Prifysgol Cymru, 1961) (o hyn ymlaen *DPO* (1716)).

[2] David Thomas, 'Cysylltiadau hanesyddol a llenyddol Theophilus Evans', *Y Llenor*, 18 (1939), 46–7; Geraint H. Jenkins, ' "I will tell you a word or two about Cardiganshire": Welsh clerics and literature in the eighteenth century', *Studies in Church History*, 38 (2004), 308.

[3] Saunders Lewis, *Meistri'r Canrifoedd Ysgrifau ar Hanes Llenyddiaeth Gymraeg*, gol. R. Geraint Gruffydd (Caerdydd: Gwasg Prifysgol Cymru, 1973), tt. 246–7.

[4] Theophilus Evans, *Drych y Prif Oesoedd (Second or 1740 Edition)*, gol. Samuel J. Evans (Bangor: Jarvis & Foster, 1902), tt. 7a–8a, 19–21. Gweler hefyd Theophilus Evans, 'The Crown of England's Title to America Prior to that of Spain', *Gentleman's Magazine*, 10 (March 1740), 103–5; Gwyn A. Williams, *Madoc: The Making of a Myth* (London: Eyre Methuen, 1979), tt. 75–80.

[5] T. Robin Chapman, ' "Yr ysbryd athrylithgar sydd yn awr yn cynhyrfu hiliogaeth y Cymry": Darllenwyr *Drych y Prif Oesoedd* Theophilus Evans yn y bedwaredd ganrif ar bymtheg', *Trafodion Anrhydeddus Gymdeithas y Cymmrodorion*, 24 (2018), 64–75.

6   *DPO* (1716), t. 25.
7   Ibid., sig. A2r–A3r; dyfyniad ar A3r.
8   Am enghreifftiau gweler 'Casgliad Almanaciau Cymraeg' y Llyfrgell Genedlaethol, https://www.llyfrgell.cymru/darganfod/oriel-ddigidol/deunydd-print/almanaciau-cymraeg (cyrchwyd 14 Gorffennaf 2021).
9   *DPO* (1716), tt. 17–102.
10 Ibid., tt. 95–102.
11 Ibid., tt. 17–18.
12 Ibid., tt. vi, xxxi.
13 Ibid., tt. 116–22.
14 Ibid., t. 194.
15 Ibid., tt. 124–305; 'trefn Efangylaidd': ibid., tt. 218, 249, 268.
16 Ibid., t. 125.
17 Ibid., tt. 268–9, 278.
18 Ibid., sig. A5^r.
19 David Thomas, 'Testun, Arddull a Chymeriad Gwaith Llenyddol Theophilus Evans' (Traethawd M.A. Prifysgol Cymru, 1937), t. 31. Barn debyg yn Lewis, *Meistri'r Canrifoedd*, t. 243; Bedwyr Lewis Jones, 'Theophilus Evans', yn *Y Traddodiad Rhyddiaith*, gol. Geraint Bowen (Llandysul: Gwasg Gomer, 1970), t. 265.
20 *DPO* (1716), sig. A3^v. Wrth gyflwyno ei ddadl yn y termau Cristnogol a beiblaidd hyn, mae'n ansicr i ba raddau, os o gwbl, y cafodd Theophilus Evans ei ddylanwadu hefyd gan bwyslais hanesyddiaeth neo-glasurol ei oes ar gynnig gwersi moesol, pwyslais y gellir ei olrhain yn arbennig i Titus Livius (c.60 CC–c. OC 17) yn ei waith mawr ar hanes Rhufain, *Ab urbe condita* ('Ers Sefydlu'r Ddinas'): gweler, er enghraifft, John Burrow, *A History of Histories* (London: Penguin, 2009), pennod 6; Noelle Gallagher, 'Early Enlightenment historiography in Britain', yn *A Companion to Enlightenment Historiography*, ed. Sophie Bourgault and Robert Sparling (Leiden: Brill Academic Publishers, 2013), tt. 345–6. Rwy'n ddiolchgar i Rhidian Griffiths am dynnu fy sylw at ragair Livius i'w waith sy'n dweud mai prif rinwedd hanes yw galluogi'r darllenydd i ganfod pethau i'w hefelychu a'u hosgoi: *Titi Livi Ab Urbe Condita: Praefatio, Liber Primus*, ed. H.J. Edwards (Cambridge: Cambridge University Press, 1951), t. 2.
21 Cymharer Geraint H. Jenkins, 'Historical writing in the eighteenth century', yn *A Guide to Welsh Literature c.1700–1800*, ed. Branwen Jarvis (Cardiff: University of Wales Press, 2000), t. 28.
22 *DPO* (1716), tt. 18–21 a n. (b) a (d), yn cyfeirio at William Camden, *Britain*, cyf. Philemon Holland (London, 1610), tt. 10, 11.

23 *DPO* (1716), tt. 22-4. Yn hyn o beth anghytunai Evans â Camden, a oedd wedi bwrw amheuaeth ar fodolaeth Brutus a'r syniad fod Prydain wedi ei henwi ar ei ôl, dehongliad a wrthodir yn ibid., tt. 111-12.
24 Ibid., t. 25.
25 Ar ffynonellau Evans gweler *DPO* (1716), tt. xxv-xl; D. Ellis Evans, 'Theophilus Evans ar hanes cynnar Prydain', *Y Traethodydd*, CXXVIII (1973), 102-3; Thomas, 'Testun, Arddull a Chymeriad Gwaith Llenyddol Theophilus Evans', tt. 33-90 (yn cyfeirio at olygiad 1740).
26 *Gildas: The Ruin of Britain and Other Sources,* ed. and trans. Michael Winterbottom (London: Phillimore, 1978); T.M. Charles-Edwards, *Wales and the Britons, 350-1064* (Oxford: Oxford University Press, 2013), tt. 202-19. Ceir cyfieithiad Cymraeg yn *Llythyr Gildas a Dinistr Prydain*, gol. a chyf. Iestyn Daniel (Bangor: Dalen Newydd, 2019), er bod dadl y golygydd fod y gwaith yn cynnwys dau destun gwahanol yn ddadleuol: gweler, er enghraifft, adolygiad Ben Guy, *Cambrian Medieval Celtic Studies*, 80 (2020), 104-7.
27 *De Excidio Britanniae*, pen. 26.
28 *DPO* (1716), t. 160.
29 Van Wyck Brooks, 'On Creating a Usable Past', *The Dial*, 11 April 1918, 337.
30 M.G. Sullivan, 'Rapin, Hume and the identity of the historian in eighteenth century England', *History of European Ideas*, 28 (2002), 145-62.
31 [Paul] de Rapin Thoyras, *The History of England. Volume I*, cyf. N. Tindal (London, 1725), t. xvi.
32 *DPO* (1716), tt. 136-81.
33 Ibid., t. 95.
34 Ibid., tt. 84-5.
35 Moses Williams, *Pregeth a Barablwyd yn Eglwys Grist yn Llundain, ar Ddyddgwyl Ddewi, yn y Flwyddyn 1717* (Llundain, 1718), tt. 12-17, dyfyniad ar d. 15.
36 *DPO* (1716), t. 194.
37 Ibid., tt. 92-3.
38 Ibid., tt. 100-1, dyfyniad ar d. 100.
39 Gweirydd ap Rhys, *Hanes y Brytaniaid a'r Cymry*, 2 gyfrol (Llundain, 1872-4), II, t. [iii].

9

D. Densil Morgan

GRIFFITH JONES LLANDDOWROR A'R SPCK

A ninnau'n sôn am Ofal ein Gwinllan, cyfraniad yr Eglwys yng Nghymru i iaith a diwylliant Cymru, ac i'r Gymraeg yn arbennig, prin y gallwn hepgor trafod cyfraniad syfrdanol yr un a alwodd yr Athro Geraint H. Jenkins: 'Cymro mwyaf y ddeunawfed ganrif ac un o gymwynaswyr pennaf ein cenedl',[1] ac eto: 'This starchy, introspective Anglican clergyman', 'an austere, peevish and humourless man', oedd 'the greatest Welshman of the eighteenth century and one of the chief benefactors of the Welsh nation'.[2] Wrth wneud hynny byddwn yn crybwyll pwysigrwydd y gymdeithas wirfoddol honno, yr SPCK, y Gymdeithas er Taenu Gwybodaeth Gristnogol, a heb dresmasu ar diriogaeth Dr Eryn M. White yn y bennod a fydd yn dilyn, gyfraniad Madam Bridget Bevan yn ogystal, ond canoli y byddwn ar fywyd a gwaith Griffith Jones ei hun.

Fe'i ganed yn 1684, yn fab ieuengaf John ap Griffith ac Elinor, ei wraig, a oedd yn ffermio Pant-yr-efail, Pen-boyr, gorllewin Sir Gâr, a'i addysgu yn Ysgol Ramadeg y Frenhines Elisabeth yng Nghaerfyrddin. Bugail ydoedd, yn ôl y sôn, pan gafodd dröedigaeth—ni wyddom sut, na phwy, na beth oedd y cyfrwng—a gweledigaeth ynghylch yr angen i genhadu ymhlith ei gyd-Gymry. 'He was called', meddai John Evans, Eglwys Gymyn—John Evans a ddeuai'n elyn pennaf iddo—yn goeglyd, ond eto yn ddigon cywir, 'to be a chosen vessel ... [and] a peculiar instrument for rescuing many souls that were now far gone on their way to that place of torment'.[3] Fe'i hordeiniwyd gan George Bull, esgob Tyddewi, ym Medi 1708 i guradaeth Pen-y-bryn, Ceredigion, ac yna Talacharn, Sir Gâr, cyn ei benodi yn rheithor Llandeilo Abercywyn yn ymyl Sancêr yn 1711. Bum mlynedd yn ddiweddarach, yn 1716, trwy nawdd ei gymwynaswr Syr John Philipps, barwn Picton, Sir Benfro, fe'i gwnaed yn ficer Llanddowror. Ac yno, yn y cornel bach hwnnw o dde-orllewin ei sir enedigol y byddai'n aros ar hyd ei oes, ac o'r fan honno y byddai'n goruchwylio'r dasg o droi Cymru, yng ngeiriau'r Athro E. Wyn James, 'yn un o genhedloedd mwyaf llythrennog y byd modern'.[4] Byddai'n marw yn 77 oed yn Ebrill 1761.

Daeth i sylw yn gyntaf yng nghofnodion y Gymdeithas er Taenu Gwybodaeth Gristnogol ym mis Hydref 1712 yn holi ynghylch y posibilrwydd o ymrestru ar gyfer y genhadaeth dramor:

That there's a very worthy clergyman in Carmarthensh[ire] whose name is Jones that has lately discovered an inclination to go to Tranquebar and for that end is desirous to acquaint himself with the Portuguese language and would gladly receive a Portuguese grammar if it can be procured.[5]

Sefydlwyd y genhadaeth honno yn 1706, y genhadaeth Anglicanaidd gynharaf i gyd, yn Tranquebar ar arfordir Malabar yn ymyl Madras, cenhadaeth a oedd ynghlwm wrth yr East India Company, ond trwy berswâd eraill, Syr John Philipps yn bennaf gallwn dybio, fe'i darbwyllwyd i sianelu ei egnïon i mewn i'r genhadaeth gartrefol, a chanolbwytio ar genhadu ymhlith ei bobl ei hun. ''Tis not the belief of his unmeetness and insufficiency only which hinders him from resolving upon the mission to Malebar, but likewise the extremely miserable blindness of his own country.'[6] Yn ôl y cofnod am Dachwedd 1713: 'He has declined upon the prospect ... of doing more service in his native country than he can propose to do abroad'.

Mae'n amlwg nad esgus oedd hynny, oherwydd y dystiolaeth yw iddo fod yng nghanol y genhadaeth fwyaf effeithiol a welwyd yng Nghymru oddi ar y cyfnod Piwritanaidd, cyfnod pregethwyr teithiol fel Vavasor Powell a Walter Cradock. Yn ôl un sylwebydd, John Dalton, sgweiar Clog-y-frân, Llanddowror, yn Chwefror 1713:

When Mr Jones is invited to preach anywhere, and also when he preaches in his own church, in which there does not belong as parishioners save ten or twelve small families, it is to be admired what a numerous congregation he has to minister to ... Having generally above five or six hundred auditors, nay sometimes a thousand, a number not to be met with in Wales beside on the like occasion. It mostly consists of such who seem very desirous of being instructed in the plain and familiar dialect of their native tongue.[8]

Mae'r cyfeiriad at y Gymraeg yn bwysig: 'It is certain' meddai Dalton, 'that Mr Jones is one of the greatest masters of the Welsh tongue that ever Wales was blessed with, both in respect of fluency of speech and eminency in scriptural and Christian knowledge'. Er mai achub eneidiau oedd ei brif gonsyrn, nid dibris gan Griffith Jones oedd tras, mawredd a hynafiaeth y Gymraeg a'i le oddi mewn i'r drefn ddwyfol.

Nid pawb a oedd yn gwerthfawrogi'r sêl eirias hon. Un o ddogfennau mwyaf cynhyrfus Cristnogaeth Cymru ddechrau'r ddeunawfed ganrif yw apologia Griffith Jones gerbron ei esgob, Adam Ottley, yng Ngorffennaf 1715. Fe'i galwyd gerbron yr awdurdodau eglwysig am bregethu yn yr awyr agored—pechod mawr yng ngolwg rhai a oedd yn cofio *chaos* y Rhyfeloedd Cartref ac a welai hyn yn fygythiad i'r drefn gyhoeddus o hyd—ac am bregethu y tu hwnt i derfynau ei blwyf ei hun. Gwrandewch ar ei amddiffyniad:

> My solemn vows and promises at the time of my ordination; the love of God; the requests of the clergy, and the deplorable necessity of perishing multitudes move me with compassion and constrain me sometimes to preach abroad where desired, in order to endeavour the rescuing of some souls as firebrands out of the fire ... [9]

Yn ôl rheithor Llandeilo Abercywyn, fel yr oedd ar hynny o bryd: 'There are not a few to be met within every corner ... that are utter strangers to Christ and his gospel, knowing not the Ten Commandments nor the Lord's Prayer.' Y rheswm am iddo genhadu oedd nid er mwyn tresbasu yn ddiganiatâd ar diriogaeth ei gyd-offeiriaid, ond er mwyn cyflawni'r addewid a wnaeth wrth gael ei ordeinio, sef taenu Gair Duw ar led ymhlith y bobl. Nid nad oedd yn feirniadol o'i gyd-offeiriaid. Er bod llawer ohonynt (fel y cyfaddefodd) yn ddynion duwiol a da, nid dyna oedd y gwir am bob un ohonynt. Roedd rhai 'that do not understand our language and consequently no better than barbarians and no more edifying nor less odd than Welsh in England or Latin in France'; roedd eraill a oedd yn hoffi pregethu 'empty speculations, high and lofty or quaint phrases, scholastical or controversial divinity above the reach of ordinary capacity'; ac yna roedd yr Uchel Eglwyswyr, plant yr Hen Fam: 'pleading with warmth for our Holy Mother whilst our duty to the Heavenly Father is but coldly or hardly mentioned'; ac yn waeth byth, y rheini a fyddai'n traddodi 'a little sober morality (which a pagan philosopher would have preached much better), without any intimation of repentance, regeneration and the like'. Ac yna, yr ergyd derfynol:

'It is ... much better to have the plague in the parish as the countenance of a profane profligate or a sensual epicure of a minister'. Byddai'n well cael y pla yn y plwyf na chael ficer annheilwng, bydol, heb ei aileni.

> ... I crave your lordship's favourable interpretation of this freedom I take. I have no pleasure to inveigh against any of my brethren ... and it is not without some pains that I overcome flesh and blood to be thus sincerely plain ... [but] it is the mere necessity of souls and my desire of their salvation, the prosperity of the church and the flourishing of piety in this diocese which forced me to this unmodesty, if some such hard name must be given it.

Ni wn i am unrhyw apologia tebyg, ac arwydd o ddoethineb Adam Ottley ac o'i werthfawrogiad o ddiffuantrwydd ac angerdd yr hwn a ddeuai maes o law yn ficer Llanddowror, oedd na chafodd ei gollfarnu am yr epistol pwerus hwn.

Ychydig a wyddom yn uniongyrchol am genhadaeth Griffith Jones am y degawd nesaf, ar wahân i'r ffaith iddo fod yn dderbynnydd cyson o Feiblau Cymraeg trwy law yr SPCK i'w dosbarthu'n rhad ymhlith ei blwyfolion. Gwyddom iddo briodi, yn Chwefror 1720, â Margaret, chwaer Syr John Philipps—arwydd o'r ffaith y gallai rhywun o gefndir mwy cyffredin ymddyrchafu'n gymdeithasol trwy briodi i mewn i un o'r hen deuluoedd bonedd. Y tro nesaf y mae'n ymddangos yng nghofnodion yr SPCK, ym mis Medi 1731, mae'n ceisio nawdd i sefydlu ysgol Gymraeg ('a Welsh school') yn Llanddowror er mwyn dysgu'r tlodion i ddarllen. O hynny ymlaen cynyddodd y gwaith addysgol, cymaint felly nes i'r cofnod nodi bod cymaint o ysgolion wedi tarddu o'r un ysgol gychwynnol honno erbyn 1737 fel nad oedd modd eu cyfundrefnu'n iawn.

I wybod mwy am dwf a datblygiad yr ysgolion cylchynol (fel y daethpwyd i'w galw), mae'n rhaid troi at y *Welch Piety*, sef adroddiadau blynyddol Jones i'w noddwyr, yn dechrau yn 1739, yn diolch iddynt am eu cefnogaeth ac yn cyfleu newyddion am lwyddiant y gwaith. Mae'r llythyr cyntaf, at Syr John Thorold o Swydd Lincoln—oedd yn dangos fel yr oedd yn rhaid iddo geisio nawdd o'r tu allan i Gymru yn ogystal ag o'r tu mewn—yn disgrifio sut y cychwynnodd y fenter. Byddai Jones yn casglu ynghyd ei gymunwyr, llawer ohonynt yn bobl ddigon main eu

(33)

An Account of the Circulating and Catechetical
Welch *and* English Charity Schools,
From *Michaelmas* 1773, to *Michaelmas* 1774.

In these *Schools* (supported by the charitable Benefactions of the well-disposed, whom we pray God to bless and reward) Men, Women, and Children, being ignorant of the *English* Tongue; (except a few *English* Schools set up in some Parishes where the Inhabitants have no *Welch*) are taught to read in their native *British* Language, and catechetically instructed every Day they are at School; and many in the Night, who cannot attend by Day, in the Principles and Duties of Religion, out of the *Church Catechism*, and the Explanation of it, for *four* or *five*, and sometimes for *six* Months, or longer, as those who desire to learn have Need of them, and at such Times of the Year, as the Poor can best spare from their Labor to attend them.

Welch Charity Schools in *Anglesea.*

Where taught	No of Scholars.	Where taught	No of Scholars.
		Brought over	143
Llanddona Par.Ch.	48	Llanfair Pwllgwyngill Par. Ch.	69
Llanvihangel tre'r Bardd P.C.	47	Another School at d°	76
Bodhynod in Amlwch Parish	48	Llaniestyn Par. Ch.	61
		Another at ditto	45
Carried over	143	Carried over	394

C

Welch Piety 1773–4
(Trwy ganiatâd Llyfrgell Genedlaethol Cymru)

hamgylchiadau, yn yr eglwys ar y prynhawn Sadwrn cyn y cymun misol, er mwyn eu hegwyddori yng Nghatecism yr Eglwys a'u cael i gadw'r cwestiynau a'r atebion ar eu cof. Byddai'n ofalus i beidio â chywilyddio neb yng ngŵydd ei gilydd trwy ofyn cwestiynau rhy anodd, a byddai'n gofalu hefyd i rannu torthau yn eu plith. Mae'n amlwg i'r bobl gael blas ar hyn, cymaint felly fel y cynyddodd y cyfarfodydd egwyddori yn ddirfawr a hefyd y cynulleidfaoedd ar y Suliau cymundeb. O'u holi, a gwrando ar eu hatebion, sylweddolodd Jones yn fuan, er mwyn i'r canlyniadau fod yn fwy arhosol, y byddai angen i'r tlodion ddysgu darllen drostyn nhw eu hunain. Yn fuan troes y cyfarfodydd egwyddori yn gyfarfodydd dysgu-sut-i-ddarllen, a'r deunydd darllen, yn ogystal â Chatecism yr Eglwys, oedd y Beibl.

Yn fuan iawn daeth eraill i glywed am yr arfer hwn, a dod i Landdowror i ymuno â'r plwyfolion, a'r galw wedyn ar i'r un math o drefniant ddigwydd yn y plwyfi cyfagos. Ni allod Griffith Jones gynnal y drefn hon ar ei ben ei hun, felly, gyda chaniatâd ei gyd-glerigwyr cymdogol, aeth ati i benodi athrawon, eu hyfforddi a'u cyflogi—teirpunt neu bedair y flwyddyn oedd y cwbl y gallai ei gynnig iddynt—i'w gynorthwyo yn y gwaith. Erbyn 1738 roedd 37 o ysgolion wedi eu cynnal a thri athro wedi eu cyflogi. Roedd yn ofalus iawn i beidio â chynnal ysgol heb gael ei wahodd gan y ficer lleol, ac roeddent hwythau, yn ôl pob tystiolaeth, yn falch iawn i gael cymorth i gyfrannu addysg feiblaidd ac eglwysig ymhlith eu plwyfolion. Menter drwyadl eglwysig oedd hon. Catecism yr Eglwys oedd y maes llafur gyda'r SPCK yn hael ei chefnogaeth yn cyfrannu Beiblau a chopïau o'r Sallwyr, sef Llyfr y Salmau. A Chymraeg, wrth gwrs, oedd unig gyfrwng y dysgu. Jones ei hun a luniodd ei ramadeg cyntaf, sef y llawlyfr buddiol *Cyngor Rhad yr Anllythrennog* (1737). Byddai pob ysgol yn para am rhwng wyth a deg wythnos, rhwng Medi a Mai, sef y misoedd mwyaf ysgafn o ran y flwyddyn amaethyddol, ac i'r sawl na allai fynychu yn ystod y dydd, byddai'r athrawon yn cynnal dosbarthiadau nos. Erbyn 1738, o blith y 2,500 o ddisgyblion a oedd wedi eu haddysgu yn siroedd Caerfyrddin, Ceredigion, Penfro a Brycheiniog,

> very few ... could say so much as the Lord's Prayer when they first came to school, and many of them could, in six or eight weeks' time, not only read tolerably but repeat by heart all the Church Catechism in their native Welsh language and

> make pretty good answers to plain and familiar questions concerning all the necessary points of faith and practice in a system of divinity, which the masters are to instruct them in for some hours every day, about the time of morning and evening prayer.

Roedd y gwaith yn mynd rhagddo, a chyda hyn y dechreuwyd gwireddu breuddwyd y Diwygwyr Protestannaidd—yr Esgobion Richard Davies, William Morgan ac eraill yn ôl yn yr unfed ganrif ar bymtheg—o droi Cymru yn genedl a oedd wedi ei chynysgaeddu â'r egwyddorion Protestannaidd: *sola fides, sola gratia* a *sola scriptura*.

Erbyn y 1740au roedd yr ysgolion wedi lledu y tu hwnt i'r de ac i'r siroedd gogleddol, ac mae'n gwbl amlwg, o ddarllen y llythyrau cymeradwyol mynych ym mhob rhifyn o'r *Welch Piety*, eu bod yn cael eu gwerthfawrogi yn ddiffuant ac yn gyffredinol. Erbyn hynny roedd Jones wedi mynd ati i lunio ei ddeunydd darllen ei hun, yn gyntaf cyfarwyddyd ynghylch sut i weddïo yn bersonol ac mewn teuluoedd, *Galwad at Orseddfaingc y Grâs* (1738), a *Hyfforddwr at Orseddfaingc y Grâs* (1740), cyfrolau a oedd yn hynod boblogaidd ymhlith y werin ac a atgynhyrchwyd ar hyd y ddeunawfed ganrif ac i mewn i'r ganrif ddilynol, ac yna bum cyfrol yr *Hyfforddiad i Wybodaeth Iachusol* (1741-6), sef esboniad manwl ond eglur iawn o gynnwys y Credo, y Deg Gorchymyn, Gweddi'r Arglwydd, y ddau sacrament o fedydd a Swper yr Arglwydd, ynghyd â holl fannau'r ffydd Brotestannaidd. Y llawlyfrau hyn, a ddaeth allan yn un llyfr cyfansawdd, y *Drych Difinyddiaeth, neu Hyfforddiad i Wybodaeth Iachusol* (1748), oedd y gyfrol ddiwinyddol Gymraeg fwyaf poblogaidd erioed hyd hynny, ac mae'n anghredadwy gen i—fel rwyf wedi pwysleisio mewn mannau eraill—nad yw haneswyr crefydd wedi talu nemor ddim sylw iddi o'r blaen. Gyda bod yr ysgolion yn cynyddu, roedd mwy a mwy o ddefnydd yn cael ei wneud o'r cyfrolau hyn, a phrif, onid unig bwrpas y llawlyfrau, oedd cyfarwyddo pobl ynghylch cynnwys yr Ysgrythurau a'u gwreiddio, yn athrawiaethol ac yn brofiadol, yn y ffydd Gristnogol.

O ran yr ysgolion cylchynol, erbyn 1761 roedd 3,395 ohonynt wedi eu cynnal mewn 1,600 o fannau trwy holl siroedd Cymru a'r Henffordd Gymraeg, gydag amcangyfrif o bron i 200,000 o ddisgyblion, gwŷr a gwragedd, oedolion a phlant, wedi eu mynychu, sef rhwng traean a hanner holl boblogaeth Cymru, a hynny heb gymorth ariannol nac ymarferol yr un esgob, na'r un uchel swyddog eglwysig Cymreig. 'Am y tro cyntaf yn hanes Cymru', meddai Geraint Jenkins, 'dyma niferoedd mawr o ffermwyr, crefftwyr, labrwyr ynghyd â'u meibion a'u merched, yn cael y cyfle i ddysgu darllen', a chreu, am y tro cyntaf erioed, werin ddarllengar ('a literate peasantry');[10] neu, gan ailadrodd geiriau'r Athro E. Wyn James, 'un o genhedloedd mwyaf llythrennog y byd modern'.

Y pwyslais athrawiaethol a ddaeth yn norm yn Eglwys Loegr erbyn diwedd yr ail ganrif ar bymtheg a dechrau'r ddeunawfed ganrif oedd athrawiaeth 'y buchedd sanctaidd' ('holy living'), pwyslais trwyadl Brotestannaidd ie, ac yn bolemig wrth-babyddol, ond a oedd yn fwy catholig, sacramentaidd, uchel-eglwysig na'r hen biwritaniaeth, piwritaniaeth y Ficer Prichard, gyda'r sancteiddhad yn ymdoddi megis i mewn i'r cysyniad o gyfiawnhad trwy ffydd. Fel ficer Llanymddyfri, dri chwarter canrif ynghynt, diwinydd diwygiedig, 'Piwritanaidd Gymedrol', yn null hen gonsensws Eglwys Loegr cyn cyfnod yr Archesgob Laud oedd Griffith Jones. Daw hyn yn gwbl amlwg yn ei ohebiaeth hirfaith a didostur athrawiaethol â Madam Bridget Bevan,—'a poor man's Countess of Huntington' fel y dywedodd Glanmor Williams yn ysmala unwaith!—ei brif noddwr wedi marw Syr John Philipps yn 1737. Etholedigaeth, sofraniaeth Duw yn yr arfaeth, yr enedigaeth newydd, cyfiawnhad trwy ffydd yn unig, byw'r bywyd sanctaidd nid fel paratoad at dröedigaeth ond yn ganlyniad i dröedigaeth, a ffydd bersonol yn y galon yw'r themâu cyson. 'Nid oes dim cysur i'w gael', meddai, 'ond trwy geisio gwir dduwioldeb fel y mae yn Iesu.'[11] Ni wyddom beth oedd ei ffynonellau, ond mae'n amlwg iddo ei drwytho'i hun yn niwinyddiaeth y Diwygwyr Protestannaidd a Phiwritaniaid eglwysig yr ail ganrif ar bymtheg. Erbyn hyn roedd y Diwygiad Efengylaidd wedi dechrau, a chenhadaeth Howell Harris a Daniel Rowland yn dechrau dwyn ffrwyth, ond gochelgar iawn oedd Griffith Jones yn ei ymwneud â'r penboethiaid ifainc. 'Our new itinerant preachers are exceedingly erroneous, harsh, conceited and disorderly', meddai wrth Madam Bevan yn Ebrill 1741, 'and have, as I am informed, no appearance of that soberness and humility ... that becomes true godliness.'[12] Pan glywodd fod George Whitefield, yr efengylydd Seisnig, am ymweld â Llanddowror, roedd yn amheus iawn:

I hope Mr W[hitefield] is not a false minister nor, so far as I know, are his doctrines false, but the absurdities [and] errors of several of his followers, and his misconduct can't be approved by judicious Christians ... I wish these people had such a modest opinion of themselves as to consider a little more about the way they observe the better sort of other persons shy of entering into their scheme.[13]

Ochr yn ochr â diwygiad y seiadau, roedd diwygiad yr mor ddilys, os yn llai dramatig, yn digwydd yn y llannau, yn rhengoedd yr offeiriaid plwyf a chefnogwyr yr ysgolion cylchynol. Does ond rhaid darllen yr ugeiniau o lythyrau cymeradwyol gan offeiriaid nas rhestrir ymhlith y Methodistiaid, yn y *Welch Piety*, i weld yr effaith. 'The Welsh clergy who supported these schools', meddai Roger Brown, 'did so with a full understanding of their evangelical nature, and had every wish to further that quiet but authentic revival of spiritual life that was taking place through these schools in their parishes.'[14]

Erbyn hynny roedd oes aur yr SPCK, yn Lloegr fel yng Nghymru, yn machlud, ond tra byddai Griffith Jones yn fyw, a thra parhaodd Madam Bevan (a fyddai'n marw yn 1779, deunaw mlynedd ar ôl y dyn mawr ei hun) i noddi'r ysgolion, byddai ei genhadaeth yn parhau. Roedd yn genhadaeth a oedd yn cyffwrdd nid yn unig â'r eglwyswyr ond â'r Ymneilltuwyr yn ogystal, fel sy'n amlwg o gymeradwyaeth Edmund Jones, 'Yr Hen Broffwyd' o Bont-y-pŵl, a'r peth agosaf a oedd gan yr Annibynwyr Cymraeg at archesgob: 'Among the clergy', meddai, 'is the famous Griffith Jones, one of the most excellent preachers in Great Britain for piety, good sense, diligence, moderation, zeal, a mighty utterance, the like whereof I never heard [before]'.[15] O blith pawb a oedd â gofal am winllan y ffydd yn ystod y ddeunawfed ganrif, nid oedd neb mwy na rheithor enwog Llanddowror.

DARLLEN PELLACH

Mary Clement, *The SPCK and Wales, 1699–1740* (London: SPCK, 1954).

Mary Clement, 'Perthynas mudiad Gruffydd Jones a chyfodiad Methodistiaeth', yn *Hanes Methodistiaeth Galfinaidd Cymru, Cyfrol 1, Y Deffroad Mawr*, gol. Gomer M. Roberts (Caernarfon: Llyfrfa'r Methodistiad Calfinaidd, 1973), tt. 81–94.

Gwyn Davies, *Griffith Jones, Llanddowror: Athro Cenedl* (Pen-y-bont ar Ogwr: Gwasg Efengylaidd Cymru, 1984).

Glanmor Williams, 'Religion, language and the circulating schools of Griffith Jones Llanddowror (1683–1761)', yn *Religion and Nationality in Wales: Historical Essays* (Cardiff: University of Wales Press, 1979), tt. 200–16.

W. Moses Williams, *Selections from the Welch Piety* (Cardiff: University of Wales Press, 1938).

---

[1] Geraint H. Jenkins, 'Hen filwr dros Grist: Griffith Jones, Llanddowror', yn *Cadw Tŷ mewn Cwmwl Tystion: Ysgrifau Hanesyddol ar Grefydd a Diwylliant* (Llandysul: Gwasg Gomer, 1990), tt. 153–74 (t. 153).

[2] Geraint H. Jenkins, ' "An old and much honoured soldier": Griffith Jones, Llanddowror', *Cylchgrawn Hanes Cymru*, 11 (1983), 449–68 (t. 449).

[3] John Evans, *Some Account of the Welsh Charity-Schools, and the Rise and Progress of Methodism in Wales* (1752), t. 14.

[4] 'One of the most literate countries in the modern world', E. Wyn James, 'Griffith Jones (1684–1761) of Llanddowror and his "Striking Experiment in Mass Religious Education" in Wales in the Eighteenth Century', yn *Educating the People through Reading Material in the Eighteenth and Nineteenth Centuries*, ed. Reinhart Siegert (Bremen: Edition Lumière, 2012), t. 283.

[5] *Correspondence and Minutes of the SPCK Relating to Wales 1699–1740*, ed. Mary Clement (Cardiff: University of Wales Press, 1952), t. 52.

[6] Ibid.

[7] Ibid, t. 62.

[8] Bodleian Library Rawlinson MS 743; wedi ei drawsysgrifio yn 'A letter concerning Griffith Jones', *Bwletin y Bwrdd Gwybodau Celtaidd*, 10 (1939–41), 273–5 (t. 274).

[9] NLW Ottley Papers 100; trawsysgrifiwyd yn *The Transactions of the Carmarthenshire Antiquarian Society and Field Club*, 24 (1933), 82–9.

[10] 'A literate peasantry' yw ymadrodd Geraint H. Jenkins, *The New Oxford Dictionary of National Biography*, s.n. 'Griffith Jones'.

[11] 'No abiding comfort can be found but by pursuing true godliness as it is in Jesus', 3 Ionawr 1738, yn *Letters of the Revd Griffith Jones to Mrs Bevan, late of Laugharne, near Carmarthen*, ed. Edward Morgan (London, 1832), t. 268.

[12] Llsgr. LlGC 6137D; dyfynnwyd gan Gomer M. Roberts, 'Griffith Jones' opinion of the Methodists', *Cylchgrawn Cymdeithas Hanes y Methodistiaid Calfinaidd*, 35 (1950), 53–6 (t. 54).

[13] Ibid, 53 (19 Ebrill 1743).

[14] Roger L. Brown, ' "Spiritual Nurseries": Griffith Jones and the Circulating Schools', *Cylchgrawn Llyfrgell Genedlaethol Cymru*, 30 (1997), 27–49 (t. 42).

[15] Dyfynnwyd yn D. Ambrose Jones, *Griffith Jones Llanddowror* (Wrecsam: Hughes a'i Fab, 1923), t. 118.

10

Eryn M White

MENYWOD A'R EGLWYS ANGLICANAIDD YN Y DDEUNAWFED GANRIF

Un o'r heriau pennaf sy'n wynebu haneswyr yr Eglwys yw ceisio olrhain hanes y plwyfolion benywaidd gan mai prin iawn yw'r ffynonellau sy'n cynnig unrhyw dystiolaeth sylweddol amdanynt. Er i enw sawl Anne, Catrin, Elisabeth, Mari a Sarah ymddangos yn gyson yng nghofrestri plwyf y cyfnod hwn, i gofnodi'r achlysur iddynt ddod i'r eglwys leol i'w bedyddio a'u claddu, eto, gwaetha'r modd, mae hanes eu perthynas â'r Eglwys rhwng y ddwy ddefod yn fynych yn ddirgelwch llwyr.

Yn anochel, ceir mwy o dystiolaeth yn y cofnodion hanesyddol am y rheini oedd yn perthyn i rengoedd mwyaf blaenllaw y gymdeithas wrth iddynt roi a derbyn arian. Er nad oedd ystyriaeth ar y pryd i'r syniad o ordeinio menywod, eto i gyd arferai rhai menywod lenwi rôl ryfeddol o ddylanwadol ar lefel y plwyf wrth reoli'r degwm. Mewn nifer o blwyfi, yn enwedig yn esgobaethau'r de, meddiannwyd y degwm ers blynyddoedd maith gan leygwyr ariannog a oedd o ganlyniad yn penodi clerigwyr ac yn gweithredu i raddau fel cyflogwyr. Mewn rhai achosion etifeddwyd yr hawl gan wraig weddw ar farwolaeth ei gŵr. Dyma un o'r adegau pan fyddai hawl etifeddol a statws cymdeithasol yn cael blaenoriaeth dros y syniad cyffredinol nad oedd lle i fenywod yn y bywyd cyhoeddus. Rhaid dweud nad oes unrhyw arwydd eu bod yn ymddwyn yn well neu'n waeth na'u gwŷr wrth dderbyn y degwm a thalu'r clerigwyr. Gresynai Erasmus Saunders yn ei draethawd ar gyflwr Esgobaeth Tyddewi yn 1721 fod casglwr degwm Llanddewibrefi yn derbyn dros £400 y flwyddyn ond yn talu prin £8 i'r curad druan.[1] Gellid cymharu hynny â Mrs Jane Cornwallis, Abermarlais, ar ddechrau'r ganrif, yn talu £8 i gurad plwyf eang Talyllychau yn Sir Gaerfyrddin allan o'r £100 a ildiai'r plwyf iddi o ran degwm.[2] Cododd cwynion hefyd ym mhlwyf Meidrim, Sir Gaerfyrddin, am Mrs Powel o dref Caerfyrddin oedd yn rhentu'r degwm yn y plwyf ac yn hawlio'r persondy o ganlyniad, gan warafun i'r clerigwr yr hawl i fyw yno.[3] I rai, boed yn ddynion neu'n wragedd, roedd y cysylltiad â'r Eglwys ar brydiau'n golygu cyfle i fanteisio'n ariannol.

Gwelir enwau rhai menywod bonheddig hefyd yng nghofnodion yr elusennau crefyddol gan mai ganddynt hwy roedd y modd i gyfrannu'n ariannol at achosion o'r fath, ond mae'n anodd iawn dehongli'r cymhellion a'r meddylfryd y tu ôl i ymddangosiad yr enwau hyn. I ba raddau roedd cyfrannu at gynnal ysgol yn fynegiant o awydd i ledu gwybodaeth Gristnogol a gwneud lles yn y byd, neu'n ymdeimlad o ddyletswydd ymhlith y rheini oedd mewn sefyllfa freintiedig, neu'n arwydd o falchder yn y plwyf ac awydd i helpu'r gymuned leol? Clymwyd plwyfolion wrth eglwys y plwyf drwy seremonïau bedyddio, priodi a chladdu.[4] Byddai'r eglwys honno'n ganolfan gyhoeddus ar gyfer cymdeithas yr ardal, yn ganolbwynt dathliadau gŵyl mabsant ac yn fan i gofio anwyliaid oedd yn gorwedd yn y fynwent. Mae'n debyg, felly, fod gwead cymhleth o deimladau'n ennyn teyrngarwch tuag at eglwys y plwyf ac anodd yw dadansoddi'r berthynas â'r Eglwys fel sefydliad ar sail hynny.[5]

Beth bynnag oedd y cymhellion, gwelid cryn dipyn o weithgarwch elusennol ar ddechrau'r ganrif a oedd fel petai'n perthyn i'r duedd Bietistaidd o geisio mynegi ffydd drwy wneud lles ymarferol yn y gymdeithas—drwy sefydlu ysgolion a chartrefi i blant amddifad, er enghraifft, neu drwy hybu cyhoeddi llyfrau duwiol. Byddai enwau menywod mwy cefnog yn ymddangos yn rheolaidd yn rhestrau tanysgrifwyr rhai o lyfrau'r cyfnod. Awgrymodd Geraint Jenkins fod tanysgrifwyr benywaidd yn ffafrio llyfrau defosiynol ymarferol yn cynnwys gweddïau a chyfarwyddiadau ar gyfer defosiwn teuluol y gellid eu defnyddio ar yr aelwyd. Menywod oedd 10% o danysgrifwyr *Defosiwnau Priod* W. Lewis (1720), er enghraifft, a 7% o danysgrifwyr *Holl Ddyledswydd Dyn* Edward Samuel (1718).[6] Er bod y ganran yn parhau'n isel yn yr enghreifftiau hyn, roedd yn sicr yn fwy nag ar gyfer llyfrau'r cyfnod yn gyffredinol. Yn ogystal â thanysgrifo, byddai rhai menywod cyfoethog yn hapus i dalu costau cyhoeddi cyfrolau a fyddai o fudd i bobl Cymru. Margaret Vaughan, Llwydiarth, er enghraifft, a dalodd holl gost cyhoeddi cyfrol Edward Morris, *Y Rhybuddiwr Cristnogol* (1689).[7]

Yng Nghymru yr SPCK (Y Gymdeithas er Taenu Gwybodaeth Gristnogol) oedd y mudiad mwyaf amlwg yn y maes hwn, cymdeithas a oedd â chysylltiad cryf â'r Eglwys Anglicanaidd. Un o'r gwragedd mwyaf enwog sy'n ymddangos yng nghofnodion y mudiad yw Bridget Bevan a gasglodd £14 3s. a 6d. ymhlith ei ffrindiau yn 1735 er mwyn cynorthwyo ceiswyr lloches Protestannaidd ar y Cyfandir. Eto, drwy law ei gŵr, Arthur Bevan, y trosglwyddwyd y swm i'r Gymdeithas.[8] Arwydd yw hynny o'r ffaith mai gwragedd, gweddwon a merched aelodau'r SPCK oedd y menywod a fyddai fel arfer yn ymwneud â gweithgarwch y gymdeithas. Cysylltodd Catharine Catlyn, gweddw person plwyf Ceri, Sir Drefaldwyn, er enghraifft, i nodi y byddai'n trosglwyddo cylchlythyr y Gymdeithas i Dr John Davies, olynydd ei gŵr, yn y gobaith y byddai hefyd yn ymddiddori, ond heb unrhyw awgrym y gallai hi ei hun chwarae rhan.⁹ Yn anochel, cyfyngid cyfraniad gwragedd priod i raddau helaeth gan ddisgwyliadau'r gymdeithas y byddent yn wylaidd ac yn ymddwyn mewn ffordd a fyddai'n hybu parchusrwydd eu gwŷr yn hytrach na mynnu rôl fwy annibynnol. Trafodwyd perthynas menywod bonheddig â'r Eglwys ar drothwy'r ddeunawfed ganrif, rhwng c.1560 a c.1700, mewn erthygl gan John Gwynfor Jones sy'n dangos sut roedd y cartref yn ganolfan i'w gweithgarwch, gyda'r disgwyl iddynt gefnogi eu gwŷr a dangos duwioldeb ar yr aelwyd.¹⁰ Gwelid yr un tueddiadau'n parhau drwy'r ddeunawfed ganrif. O ganlyniad, anodd dweud i ba raddau roedd cefnogi'r SPCK yn ddewis unigol i'r menywod hyn neu a oedd yn rhyw fath o draddodiad teuluol. Gresynai Syr John Philipps, Castell Pictwn, mewn llythyr at yr SPCK, fod gwragedd bonheddig yn gwastraffu amser ar frodwaith yn hytrach na gwaith gwnïo ar gyfer y tlodion, megis paratoi capiau, ffedogau a chrysau. Ymfalchïai iddo sicrhau mai gorchwylion mwy ymarferol oedd yn llenwi amser ei ferch ei hun, a oedd wrthi'n ddiwyd bob dydd yn helpu i ddarparu ar gyfer anghenion plant tlawd.¹¹ Gwaetha'r modd, nid yw barn Miss Philipps ei hun yn hysbys: a oedd hi'n cyflawni'r llafur o wirfodd ei chalon neu'n treulio'r dyddiau yn dyheu am les, ffriliau a blodau sidan harddach a mwy creadigol?

Ceir gwell amcan am agwedd merch un arall o brif gefnogwyr yr SPCK, sef Bridget Vaughan, merch John Vaughan, Derllys. Priododd hi Arthur Bevan, a fu'n aelod seneddol dros Gaerfyrddin rhwng 1727 a 1741 cyn colli ei sedd i Syr John Philipps, ei wrthwynebydd Torïaidd. Gellir tybied bod Bridget Bevan yn wraig ddelfrydol i aelod seneddol oherwydd ymddengys y byddai'n llwyddo i swyno pawb y byddai'n cyfarfod â hwy. Cyfareddwyd Howell Harris ganddi y tro cyntaf iddynt gwrdd yn 1736, ac adroddodd mewn llythyr at ei frawd: 'I think she is the finest Lady I ever saw in all Respects, twas a taste of Heaven to be with her.'¹² Ar ôl marw Arthur Bevan yn 1742, a hithau'n wraig weddw heb blant, byddai ymroi i weithgarwch elusennol yn sicr yn ddewis derbyniol yng ngolwg y gymdeithas, ond mae'n amlwg fod ganddi ymroddiad gwirioneddol at yr achos ac nid diddordeb arwynebol er mwyn ennill clod am barchusrwydd a charedigrwydd confensiynol.

Aeth ymlaen, wrth gwrs, i gefnogi a chydweithio gyda Griffith Jones, gan gynnal ei waith am ddeunaw mlynedd ar ôl iddo yntau farw. Erbyn marwolaeth Griffith Jones yn 1761 addysgwyd o leiaf 200,000 o ddisgyblion yn yr ysgolion cylchynol drwy gyfrwng eu hiaith gyntaf, sef y Gymraeg. Mudiad arloesol oedd yr ysgolion cylchynol, heb gefnogaeth gwladwriaeth nac eglwys, ond yn hytrach yn dibynnu'n llwyr ar fudiadau elusennol fel yr SPCK am Feiblau rhad, ynghyd â rhoddion ariannol gan unigolion hael.[13] Y canlyniad oedd creu cenhedlaeth o Gymry llythrennog a chynulleidfa fwy sylweddol ar gyfer llyfrau print a hynny tua'r un adeg ag yr oedd y diwydiant print yn magu nerth yng Nghymru am y tro cyntaf, wedi sefydlu'r wasg swyddogol gyntaf ar dir Cymru yn Adpar yn 1718. Bu'n gyfnod allweddol bwysig, gyda'r datblygiadau hyn o ran darllen ac argraffu yn cael effaith hir dymor ar gymdeithas a diwylliant Cymru.[14]

Er gwaethaf hynny, ychydig o sylw a roddwyd i Bridget Bevan ei hun. I raddau, gellir deall pam fod llai o sôn amdani oherwydd Griffith Jones oedd sylfaenydd yr ysgolion a cheir yn ei gyhoeddiadau ddatganiadau clir am ei gymhellion: y gofid am gyflwr ysbrydol llawer iawn o'i gyd-Gymry a'i gariad diffuant tuag at yr iaith Gymraeg. Haedda sylw fel arloeswr mawr y fenter. O ran crefydd, arddelai Bridget Bevan yr un polisi â Griffith Jones o osgoi unrhyw arlliw o ddylanwad Methodistaidd neu Anghydffurfiol, er bod rhai Methodistiaid fel Morgan Rhys yr emynydd ymhlith yr athrawon. Gwnaed hyn er mwyn peidio colli cefnogaeth cyfranwyr cyfoethog, a oedd gan mwyaf yn aelodau o'r Eglwys, yn ogystal ag oherwydd ymlyniad personol y ddau at yr Eglwys. Er nad oedd erioed unrhyw gysylltiad ffurfiol rhwng yr ysgolion a'r Eglwys, rhoddwyd pwyslais ar gael llythyron gan offeiriaid plwyf i'w cyhoeddi yn *Welch Piety* yn tystio i lwyddiant yr ysgolion ac ymddygiad da'r athrawon, gan atgyfnerthu'r neges nad oedd unrhyw ymwneud rhwng y mudiad a newydd-deb a brwdaniaeth y Diwygiad efengylaidd.

Bu farw Bridget Bevan ar 17 Rhagfyr 1779 a'i chladdu yn eglwys Llanddowror, yr un man â Griffith Jones. Gadawodd £10,000 yn ei hewyllys er mwyn sicrhau bod sylfaen gadarn yn ariannol ar gyfer parhad yr ysgolion, ond cychwynnwyd achos yn Llys y Siawnsri yn Llundain gan rai o'i pherthnasau i geisio rhwystro rhannu'r arian. Bu'r achos yn rhygnu ymlaen yn y llys tan 1804 a'r ysgolion yn edwino yn y cyfamser, ond tyfodd y cyfalaf yn aruthrol a chafwyd rhyw fath o ail wynt wedyn pan sefydlwyd Elusen Madam Bevan i gynnal yr ysgolion—elusen sy'n parhau o dan adain yr Eglwys yng Nghymru hyd heddiw.

Er mai Bridget Bevan yw'r enwocaf o'r menywod oedd ynghlwm ag addysg a llythrennedd yn y ganrif, nid hi oedd yr unig un. Noddwyd

Madam Bridget Bevan
(Trwy ganiatâd Gwasanaeth Amgueddfeydd Sir Gaerfyrddin)

ysgolion unigol gan nifer o fenywod cefnog, yn aml ar lefel leol, ar wahân i'r hyn oedd yn digwydd drwy'r mentrau mawr fel yr SPCK a'r ysgolion cylchynol. Byddai nifer o wragedd bonheddig yn gadael arian i addysgu plant tlawd, felly roedd addysg at ddibenion crefyddol yn elusen oedd yn amlwg yn denu sylw llawer o fenywod. Er enghraifft, nodwyd bod ysgol gylchynol Saesneg wedi ei threfnu yn Y Fenni yn 1769 drwy nawdd arbennig Rachel Price.[15] Elwodd plwyf Gresffordd, Sir Ddinbych, o ganlyniad i rodd o £500 gan Margaret Strode yn 1715 at ddiben dysgu a dilladu tri bachgen a thair merch, gydag amod mai gydag aelodau'r Eglwys yn unig y byddai'r plant yn derbyn prentisiaeth, sy'n awgrymu cymhelliad crefyddol, neu o leiaf elfen o deyrngarwch penodol tuag at Anglicaniaeth.[16]

Un o nodweddion yr Eglwys Anglicanaidd yn y ganrif oedd ei bod nid yn unig yn cynnig gofal ysbrydol ond hefyd yn sefydliad a gefnogid gan y wladwriaeth. Rhan o'r wedd swyddogol ar ymwneud yr Eglwys â phobl oedd mai yn llys yr Eglwys y profid ewyllysiau'r oes. Cyniga rhai ewyllysiau dystiolaeth am grefydd pobl y cyfnod, pe digwydd iddynt wneud rhyw ddatganiad o'u ffydd yn eu hewyllysiau, neu pe byddent yn gadael arian at achosion neilltuol, er mai ffafrio'r elfennau mwy cyfoethog yn y gymdeithas a wna'r ffynonellau hyn eto. Weithiau, serch hynny, clywir tinc o lais y werin bobl yn y dogfennau hyn. Am nad oedd gan wragedd priod yr hawl gyfreithiol i berchenogi eiddo, merched dibriod a gweddwon a fyddai'n llunio ewyllys fel rheol. Ymhlith y rhain roedd Jane Morgan o Aber-porth a fu farw heb blant yn 1718. Er nad oedd ganddi gyfoeth mawr, gadawodd ddeg swllt i dlodion plwyf Aber-porth, ac i dri phlentyn ei chwaer rhoddodd 'the heyffer and all the sheep on my mark to help bring them up in the fear of God'.[17] Ceir yn y ddogfen, felly, gipolwg ar ymlyniad Jane Morgan wrth grefydd a'i hawydd i weld y dylanwadau'n parhau yn y genhedlaeth nesaf.

Byddai profi ewyllysiau ymhlith busnes mwyaf cyffredin llysoedd yr Eglwys erbyn y ddeunawfed ganrif. Rhaid dweud bod dylanwad y llysoedd wedi lleihau'n ddirfawr ers dyddiau diwygiad yr unfed ganrif ar bymtheg, neu hyd yn oed dyddiau erlid Catholigion ac Anghydffurfwyr yn yr ail ganrif ar bymtheg, ac nid oedd fawr o atafaelu eiddo am beidio mynychu gwasanaeth yn digwydd bellach. Eto, yr oedd angen prawf o gymuno yn yr Eglwys Anglicanaidd o hyd er mwyn medru dal unrhyw fath o swydd gyhoeddus neu fynychu prifysgol. Gellid dadlau bod ychydig mwy o ryddid gan fenywod yn hyn o beth oherwydd am nad oedd ganddynt gyfle i gymryd rôl gyhoeddus, byddai llai ganddynt i'w golli wrth droi cefn ar yr Eglwys. Dyma un o'r ffactorau posibl sy'n helpu i esbonio cefnogaeth menywod i Anghydffurfiaeth a Methodistiaeth: nid oedd ganddynt yr un ymlyniad dinesig wrth yr Eglwys â'r dynion. Nid oedd modd iddynt fod yn wardeniaid eglwys, er enghraifft, neu'n oruchwylwyr Deddf y Tlodion yn eu plwyf.

Serch hynny, mae'n amlwg fod nifer fawr iawn o fenywod wedi manteisio ar y cyfle i wneud defnydd o'r llysoedd eglwysig er mwyn gwarchod eu henw da. Cynnal moesoldeb oedd un o brif ddyletswyddau'r llysoedd wedi'r cyfan; dyna pam fod difenwi yn disgyn i'w rhan. Byddai'r rhan fwyaf o'r difenwi yn ymwneud â chyhuddiadau o anfoesoldeb neu'n cynnwys geiriau oedd yn awgrymu cymeriad anfoesol, a hynny'n aml, wrth gwrs, yng nghanol ffrae dymhestlog, yn fynych o flaen tystion. Byddai hynny wedyn yn esgor ar yr awydd i amddiffyn enw da. Fe all fod hyn yn arbennig o wir am fenywod y cyfnod oherwydd er nad oedd gan y mwyafrif ohonynt fawr o arian nac addysg, gallent o leiaf ymfalchïo yn eu cymeriad a'u parch yn y gymuned. Parhaodd y cysylltiad rhwng llysoedd yr Eglwys a moesoldeb menywod yn berthnasol felly, er mai lleihau a wnaeth llawer iawn o weithgarwch arall y llysoedd eglwysig yn ystod y cyfnod hwn. Ychydig iawn o obaith erbyn canol y ganrif oedd i fynnu bod menywod neu ddynion yn ymddangos o flaen y gynulleidfa gyfan ar y Sul i edifarhau yn gyhoeddus am unrhyw gamweddau moesol, gyda mwy a mwy o blwyfolion yn troi at achosion Anghydffurfiol a'r seiat Fethodistaidd oedd â'u system disgyblaeth eu hunain.

Ceisiwyd osgoi trafod menywod y mudiad Methodistaidd yn y bennod hon er eu bod gan amlaf yn parhau'n aelodau o'r Eglwys, yn dechnegol o leiaf, hyd at yr ymwahanu a ffurfio enwad yn 1811. Yn ystod y bedwaredd ganrif ar bymtheg y gred oedd mai gwendid yr Eglwys oedd wedi eu gyrru i freichiau'r Methodistiaid ond erbyn hyn tueddir i bwyso a mesur gwendidau a chryfderau'r Eglwys yn fwy cytbwys. Byddai rhai haneswyr yn dadlau'n gryf fod unrhyw ddiwygiad yn y ddeunawfed ganrif yn cychwyn yn yr Eglwys gyda gweithgarwch eglwyswyr fel Griffith Jones a Daniel Rowland.[18] Ar yr un pryd, mae'n anodd peidio â dod i'r casgliad fod y menywod a ymunodd â'r seiadau Methodistaidd a'r tai cwrdd Anghydffurfiol yn chwilio am rywbeth ychwanegol i'r hyn a gynigiai gwasanaethau'r Eglwys. Mae hanes Ann Griffiths yn

Llantillio Pertholey in *Monmouthsh.* Aug. 4, 1774.

MADAM,

THIS is to certify, that *Margaret Jones*, Mistress of the Circulating Charity School in this Parish, has, during her Continuance here, been very diligent and assiduous in instructing the poor Children committed to her Care, in Reading and saying the *Church Catechism*, in which I have often examined them. And that you would be pleased to continue her in this Parish for some Time longer, is the hearty Desire of the Parishioners in general, and in particular of

William Powell, Curate.

Newport in *Pembrokeshire*, Aug. 6, 1774.

MADAM,

THIS is to certify, that *Thomas William*, Master of the *Welch* Charity School taught at *Kilgwyn* in the Parish of *Nevern*, behaved himself soberly and industriously in the said Office. He instructed with all Diligence the poor Children under his Care, in Reading, and in the Fundamentals of our holy Religion. I have examined them myself, and found them ready in their Answers. But as the poor Children are so young, I humbly request the Continuance of the School for another Quarter, that the Work begun may be perfected to the Glory of God and the Good of their Souls. I remain, &c.

William Jones, Curate of *Newport*.

An

Welch Piety 1773–4
(Trwy ganiatâd Llyfrgell Genedlaethol Cymru)

cael ei siomi gan ateb ysgafn curad anffodus yn enwog,[19] ond byddai'n annheg barnu holl glerigwyr y cyfnod ar sail un enghraifft; ychydig o dystiolaeth sydd i awgrymu sut yr arferai'r clerigwyr drin a thrafod gofidiau ysbrydol aelodau benywaidd eu praidd. Go debyg y byddai'r ymateb yn amrywio yn ôl yr unigolyn, gydag ambell berson plwyf yn dygymod yn well na'i gilydd. Byddai hefyd yn hollol anghywir dadlau bod Methodistiaeth ac Anghydffurfiaeth wedi agor y llifddorau o ran cynnig cyfle i fenywod i gyfrannu'n gydradd at fywyd ysbrydol a chyhoeddus, ond fe fyddent yn cael mynegi eu profiad unigol drwy drafodaethau'r seiat a'r gymdeithasfa mewn ffordd nad oedd yn nodweddiadol o wasanaethau'r Eglwys. Llawer mwy dadleuol, wrth gwrs, fyddai unrhyw awgrym y gallai menywod wneud mwy na hynny, gan fentro pregethu'r Gair. Prin oedd y menywod a gâi gyfleon felly a mwy cyffredin oedd gweld menywod ymhlith y Methodistiaid yn cyfrannu drwy helpu ar yr ochr ymarferol trwy drefnu teithiau pregethu a darparu bwyd a llety ar gyfer yr ymwelwyr a ddeuai i'r cyfarfodydd pregethu neu i'r Sasiwn. Anodd osgoi'r duedd i gysylltu'r gwragedd â gweini wrth y byrddau a hwylio'r te. Fel y gellid disgwyl, gwragedd ffermydd gweddol sylweddol a'u merched oedd y rheini oedd yn gwneud y cyfraniad mwyaf amlwg, am y rhesymau naturiol fod ganddynt y modd a'r lle i gynnig aelwyd a lloches i'r mudiad a'i weithgareddau. Ymhlith y Methodistiaid roedd grwpiau o'r haenau canol yn magu nerth a dylanwad mewn modd a fyddai'n rhoi mwy o amlygrwydd i'r menywod a berthynai i'r carfannau hyn. Gellid yn wir awgrymu eu bod yn datblygu'r un duedd tuag at roi nawdd elusennol, duwiol a welid gan rai o'r menywod bonheddig a fu'n gefnogol i'r Eglwys yn y canrifoedd cynt.

Proses araf iawn, felly, oedd datblygu rôl fwy gweithredol i fenywod yn enwadau crefyddol Cymru. Wrth drafod y datblygiadau hyn, y drafferth i'r hanesydd yw mai dim ond ambell unigolyn ac ambell gofnod sy'n cynnig rhywfaint o dystiolaeth am y berthynas rhwng yr Eglwys a'i haelodau benywaidd. Rhwng bedydd ac angladd, mae'r hyn a olygai aelodaeth o'r Eglwys Anglicanaidd i fenywod y ddeunawfed ganrif yn parhau'n ddirgelwch anodd ei ddatrys.

1   Erasmus Saunders, *A View of the State of Religion in the Diocese of St. David's about the beginning of the 18th century* (adargraffiad, Cardiff: University of Wales Press, 1949), t. 15.
2   G.M. Griffiths, 'A Visitation of the Archdeaconry of Carmarthen, 1710', *Cylchgrawn Llyfrgell Genedlaethol Cymru*, 19 (1975–6), 311–24 (t. 321); Saunders, *A View of the State of Religion*, t. 128.
3   Ibid.
4   Gweler David Cressy, *Birth, Marriage and Death: Ritual, Religion and the Life-Cycle in Tudor and Stuart England* (Oxford: Oxford University Press, 1997).
5   Gweler Eryn M. White, 'A "Poor, Benighted Church"?: Church and Society in mid-eighteenth-century Wales', yn *From Medieval to Modern Wales: Historical Essays in Honour of Kenneth O. Morgan and Ralph A. Griffiths*, ed. R.R. Davies and Geraint H. Jenkins (Cardiff: University of Wales Press, 2004), tt. 123–41; 'Baptism, burial and brawls: Church and community in mid-eighteenth century Wales', yn *Faith of our Fathers: Popular Culture and Belief in Post-Reformation England, Ireland and Wales*, ed. J. Allen and R.C. Allen, (Newcastle: Cambridge Scholars Publishing, 2009), tt. 39–51.
6   Geraint H. Jenkins, *Literature, Religion and Society in Wales 1660–1730* (Cardiff: University of Wales Press, 1978), tt. 258, 273–4.
7   Ibid., t. 273.
8   *Correspondence and Minutes of the S.P.C.K. Relating to Wales 1699–1740*, ed. Mary Clement (Cardiff: University of Wales Press, 1952), t. 308.
9   Clement, *Correspondence and Minutes*, tt. 95–6.
10 J. Gwynfor Jones, 'Welsh gentlewomen: Piety and Christian conduct c.1560–c.1700', yn *Wales, Women and Religion in Historical Perspective: Journal of Welsh Religious History*, ed. J.R. Guy, K. Jenkins and F. Knight, 7 (1999), 1–37.
11 Clement, *Correspondence and Minutes*, t. 42.
12 Llyfrgell Genedlaethol Cymru, Archif y Methodistiaid Calfinaidd, Llsgr. Trefeca 76, Howell Harris at Joseph Harris, [4 Mehefin?] 1736.
13 Gweler Geraint H. Jenkins, '"An Old and Much Honoured soldier": Griffith Jones, Llanddowror', *Cylchgrawn Hanes Cymru*, 11 (4) (1983), 449–68; Id., 'Hen filwr dros Grist: Griffith Jones, Llanddowror', yn *Cadw Tŷ mewn Cwmwl Tystion: Ysgrifau Hanesyddol ar Grefydd a Diwylliant* (Llandysul: Gwasg Gomer, 1990), tt. 153–74.
14 Gweler Jenkins, *Literature, Religion and Society 1660–1730*; *A Guide to Welsh Literature c.1700–1800*, ed. Branwen Jarvis (Cardiff: University of Wales Press, 2000).
15 *Welch Piety* (1769), t. 20.
16 Mary Clement, *The SPCK and Wales 1699–1740* (London: S.P.C.K., 1954), t. 108.

17 Llyfrgell Genedlaethol Cymru, Ewyllysiau a Dogfennau Profeb 1718/4: Jane Morgan, Aber-porth, 1718.
18 Gweler G. Williams, W. Jacob, N. Yates and F. Knight, *The Welsh Church from Reformation to Disestablishment, 1603–1920* (Cardiff: University of Wales Press, 2007); W. Gibson, '"The most glorious enterprises have been achiev'd": The Restoration Diocese of St Davids 1660–1730', yn *Religion and Society in the Diocese of St Davids 1485–2011*, ed. W. Gibson and J. Morgan-Guy (Farnham: Ashgate, 2015), tt. 91–128.
19 A.M. Allchin, *Ann Griffiths: The Furnace and the Fountain* (Cardiff: University of Wales Press, 1987), tt. 7–8.

11

Rhiannon Ifans

Y CANU RHYDD CYNGANEDDOL

Yng ngeiriau Dylan Thomas: i ddechrau yn y dechrau! Beth yn union yw'r canu rhydd cynganeddol? Rydym yn hen gyfarwydd â'r canu caeth, sef y farddoniaeth sydd â chynghanedd ym mhob llinell, ac yn gyfarwydd â'r canu rhydd, sef barddoniaeth ddigynghanedd; ond mae gennym hefyd ganu rhydd cynganeddol, sef barddoniaeth yn y mesurau rhydd ond sydd ag elfennau o gynghanedd i'w clywed ynddi, megis odl, cytseiniaid yn ateb ei gilydd, a llinellau o gynghanedd lawn yma a thraw.

Goroesodd nifer fawr o garolau o'r fath yn ein llenyddiaeth, er enghraifft, carolau Pasg, carolau clwb (a gyfansoddwyd ar gyfer aelodau o glybiau elusennol), caneuon yr anterliwtiau, caneuon serch, ac ati. Ond teg fyddai canolbwyntio am y tro ar ddau gategori o blith yr holl gynnyrch sy'n dod o dan ymbarél y canu rhydd cynganeddol Cymraeg, sef y carolau Mai a'r carolau plygain. Cenir y carolau Mai ar ŵyl seciwlar, yn yr haf, allan yn yr awyr agored; cenir y carolau plygain gefn gaeaf yng nghlydwch eglwys (neu gapel, bellach) ar ŵyl grefyddol.

Petai'n rhaid enwi un bardd i gynrychioli cyfansoddwyr y cerddi rhydd cynganeddol, mae'n debyg mai Huw Morys 'Eos Ceiriog' (1622–1709)[1] fyddai hwnnw. Roedd yn eglwyswr selog a brenhinwr brwd, yn warden eglwys Llansilin, ac yn fardd hynod gynhyrchiol, un a gododd safon barddoniaeth rydd, ac i raddau helaeth iawn iddo ef mae'r diolch am ddod â'r canu rhydd cynganeddol i fri yng Nghymru. Roedd ambell un yn galw'r steil yn 'fath Huw Morys o ganu', ac yn mynnu mai ef a roddodd gychwyn iddo. Ond wrth chwilio am arloeswyr ym maes y canu rhydd cynganeddol, dylem droi ein sylw'n gyntaf at Archddiacon Meirionnydd, Edmwnd Prys (1544–1623), cyn symud ymlaen at Huw Morys yn y ganrif ddilynol i chwilio am yr un a boblogeiddiodd y dull carolaidd hwn o farddoni.

Denwyd bryd Huw Morys gan y carolau Mai, neu'r carolau Haf, dau enw ar yr un peth. Roeddent ar eu mwyaf poblogaidd yng Nghymru yn ystod yr ail ganrif ar bymtheg a'r ddeunawfed ganrif, ond mae'n draddodiad sydd wedi para (mewn gwendid mawr) tan y dydd heddiw. Gwyddom beth yw carol Nadolig—carol i'w chanu ar ddydd Nadolig ac sy'n ymwneud â digwyddiadau'r ŵyl. Yn yr un modd, carol Fai yw carol sy'n cael ei chanu ar ddiwrnod cyntaf Mai ac sy'n ymwneud â dathliadau mis Mai. Pa ddathliadau yw'r rheini? I'r Celtiaid, diwrnod cyntaf mis Tachwedd oedd diwrnod cyntaf y flwyddyn, a Chalan Mai ymhen chwe mis oedd diwrnod cyntaf yr haf, a dyna arwyddocâd y traddodiad, sef canu carolau i ddathlu trofa'r rhod, dathlu dyfodiad yr haf, a dathlu grym ac egni adfywiol mis Mai.

Prif atyniad Calan Mai oedd codi pawl haf o bren bedw (*maypole*) yn symbol o'r haf ac o gariad, traddodiad paganaidd yn ei hanfod, a nifer o'r rhigymau oedd yn cael eu canu yn rhai oedd yn dyrchafu grym y ddaear ac yn hybu uniad gwryw a benyw. Atyniad pwysig arall oedd canu carolau Mai wrth fynd o gwmpas tai'r pentref a'r ffermydd ar y cyrion, yn gynnar ar fore Calan Mai. Mynd yn griw bychan, a sefyll dan ffenest ystafell wely cymydog i weiddi-canu ar y penteulu i godi o'i wely ac agor drws ei gartref i ddathlu gyda'r carolwyr fod y gaeaf wedi cilio a'r haf ar gerdded.

Mae'r carolau Mai yn nodi'r hyn sydd i'w weld yn brawf o'r haf—adar yn y perthi, y gerddi'n llawn llysiau, ffrwythau'n feichus ar y cangau, hadau'n egino'n gynnar—y ddaear i gyd yn werth ei gweld. Ond pwy sy'n gyfrifol am hyn? Yn y carolau Cymraeg, mae'r diolch i gyd yn cael ei roi i Dduw am fod mor drugarog â bendithio'i bobl â phob bendith dymhorol, dda. Ymgais i Gristioneiddio'r hen ddefod baganaidd sydd yma yn siŵr, ac eglwyswyr a chlerigwyr oedd nifer fawr o'r beirdd.

Isod fe welir detholiad byr o garol Fai John Howell (1774-1830) Abergwili, eglwyswr nodedig a cherddor da, oedd yn mynd o gwmpas yr eglwysi i ddysgu'r plwyfolion sut i ganu'r salmau. Mae'r penillion yn disgrifio'r byd ar fore o Fai. Sain gorfoledd sydd i'w glywed am fod byd natur mor fras, ac egni newydd yn y tir; ac wrth gwrs mae cyffyrddiadau cynganeddol hyfryd yn y garol, ac odlau dirifedi:

> Mae'r ddaear yn glasu,
> A'r coed sydd yn tyfu,
> A gwyrddion yw'r gerddi,
> > Mae'r llwyni mor llon;
> A heirdd yw'r eginau,
> A'r dail ar y dolau,
> A blodau'r perllannau
> > Pur llawnion.

parhad

> Os bu yn ddiweddar
> Wedd ddu ar y ddaear,
> Cydganodd yr adar
> > Yn gerddgar i gyd;
> Gweld coedydd yn deilio
> A wnâi iddynt byncio,
> Cydseinio drwy'n hoywfro
> > Draw'n hyfryd.
>
> Mae'r ddaear fawr ffrwythlon
> A'i thrysor, yn ddigon
> I borthi'i thrigolion
> > Yn dirion bob dydd,
> Pe byddem ni ddynion
> Mewn cyflwr heddychlon,
> Yn caru'n un galon
> > Ein gilydd.[2]

Cyhoeddwyd y garol am y tro cyntaf yn 1824 yn y gyfrol *Blodau Dyfed* dan olygyddiaeth John Howell ei hun. Mae dwsin o benillion yn y gerdd wreiddiol a syndod oedd gweld mai penillion rhif 7, 4, ac 1 a ddewisodd T. Gwynn Jones eu cyhoeddi yn 1944, a'i fod wedi'u cyhoeddi yn y drefn anghyffredin honno. Felly y buom ninnau'n eu dysgu, dim ond tri phennill a'r rheini yn y drefn anghywir! Ar sawl ystyr mae T. Gwynn Jones wedi gwneud cam â ni ac wedi gwneud cam â'r gerdd drwy hepgor nifer o elfennau hanfodol y garol Fai wrth ddethol mor llym. Does dim sôn am gyfarch y teulu yn y detholiad, a dim sôn am ddiolchgarwch i Dduw. Eto, cadwyd synnwyr o'r hyn sydd i'w weld ar fore o Fai, a chryn dipyn o gyffro'r ddefod.

Er bod mis Mai hefyd yn dymor y cariadon, a bod y carolau yn annog pobl ifanc, yng ngwres yr haul, i ymroi i serch, maent hefyd yn rhybuddio ac yn cynghori pawb i fod yn ofalus—rhag i'r 'meibion mawr eu cariad' gynnig 'codwm anllad' i ferched diniwed. Gall nwydau serch, 'cynhyrfiad cynnar haf', fod yn arbennig o gryf ym mis Mai yn ôl y carolau haf.

Roedd y carolau Mai yn garolau llawen, ond roeddent hefyd yn llawn ystyriaethau moesol. Nid yn unig eu bod yn cynnig cyngor wrth garu, ond roeddent hefyd yn rhoi cyngor i edifarhau am bob drygioni, i droi dalen newydd, i fod yn ddiolchgar, i fod yn ddarbodus yn hytrach nag yn afradlon, ac i ymddwyn yn ddoeth, er enghraifft mewn cyfnod o ryfel. 'Carol Haf mewn amser rhyfel yn annog i edifeirwch' yw teitl carol Wmffre Dafydd ab Ifan (*fl.* 1600?–64?), clochydd Llanbryn-mair a chlerc yr eglwys yno, ac mae'n nodedig pa mor gyfoethog yw cyfraniad clochyddion i'r traddodiad carolaidd. Teitl carol Richard Abraham 'Dic y Dawns' (*fl.* 1673–1700) o Fôn yw 'Carol Haf yn annog i glodfori Duw am ei fawr drugaredd yn anfon ymborth i ddyn trwy hybu'r ddaear. I'w chanu ar ôl gaeaf tymherus' (c.1680). Carolau moesol, addysgiadol, duwiol, yw nifer fawr o'r carolau Mai, yn cynghori ar sut i fod yn batrwm o Gristion a pharagon o ddinesydd.

Cyn cloi, mae'r garol Fai draddodiadol yn gofyn bendith Duw ar y frenhiniaeth. Mae'n anrhydeddu'r brenin, waeth beth oedd safon a natur ei deyrnasiad, ac yn ei ddefnyddio yn symbol o'r wlad: os yw'r brenin yn ffynnu, mae'r wlad yn ffynnu. O ganlyniad mae pobl gyffredin y wlad honno'n cael eu bendithio ac yn dod yn deuluoedd grasol, gwerthfawrogol, llewyrchus. Daw'r dyfyniad nesaf o hen garol Siôn ab Ifan Grythor o'r flwyddyn 1625. Sut le oedd yng Nghymru yn 1625? Gwlad rannol fynyddig, wledig, ar gyrion eithaf Ewrop oedd Cymru, yn ddibynnol ar amaethyddiaeth am ei bara beunyddiol. Roedd y gwaith yn cael ei reoli gan y tymhorau. Dim rhyfedd felly fod y caneuon Mai yn bwysig i boblogaeth cefn gwlad, a mynd o fferm i fferm ac o dŷ i dŷ yn ddiléit i'r plwyfolion. Wrth ystyried carol Siôn ab Ifan Grythor o'r flwyddyn 1625, mae'n werth cofio y gallai fod newid ar droed. Roedd Siarl I newydd ei goroni'n frenin ar 27 Mawrth y flwyddyn honno, cwta fis cyn i Siôn lunio'i garol. Siawns na fyddai bywyd yn gwella? Brenin newydd—a haf newydd! Gweddi Siôn, ar ran yr ardal, oedd:

> Duw, cadw trwy urddas ein brenin cyweithas
> I riwlio'i holl deyrnas o gwmpas i gyd;
> Dod iddo iawn ragor yn ben ar bob bordor,
> A dyddie'r hen Nestor trwy iechyd.

Nestor oedd un o arwyr y byd Groegaidd fu'n ymladd yn Rhyfel Caerdroia; roedd yn 110 oed pan dorrodd y rhyfel, ac roedd yn enwog am ei ddewrder.

Nid yn unig eu bod yn gofyn bendith Duw ar y frenhiniaeth, roedd y carolwyr hefyd yn gofyn bendith Duw ar Eglwys Loegr. Dyma gytgan carol Fai Rees Ellis yn 1736 i ofyn bendith ar y Brenin Siôr II ac ar Eglwys Loegr:

>   Duw, cadw'n brenin grasol,
>   George dy was dewisol,
>   I lywodraethu'i bobol
>   Yn dduwiol yn ei ddydd,
>   A chadw Eglwys Loeger
>   A'r bonedd sydd bob amser
>   Yn taro ym mhlaid cyfiawnder
>   Heb ffalster yn eu ffydd.

Tasg hanfodol arall fyddai dymuno bendith ar y cartref a'r trigolion, ac ar eu heiddo, yn anifeiliaid, a ffrwythau gardd a maes. Yn dâl am daenu bendith disgwylid 'calennig', sef rhodd, ac fe'i ceid yn hael. Mae Mab y Crythor yn 1625 yn cloi ei garol drwy alw bendith Duw ar y teulu am fod mor rhyddfrydig eu rhoddion i'r bardd:

>   Yn ormod fe'ch trwbles, a'ch arian mi a'i cefes,
>   Chwi wyddoch fy musnes, nid ydwyf ddyn gŵyl;
>   A bendith Duw'n benna adawa inne yma –
>   Mae'r gŵr o'r tŷ nesa'n fy nisgwyl!

Yn 'fy' nisgwyl meddai, sy'n awgrymu bod Siôn yn clera ar ei ben ei hun, ac nad oedd raid iddo rannu'r elw!

O droi at y carolau plygain, gwelwn fod lle i ganmol yr Eglwys yng Nghymru yn ddiatal am un o'i chymwynasau mawr i fywyd ffydd ac i lenyddiaeth Cymru, sef y gwasanaethau plygain a'u carolau gwerthfawr. Yn hanesyddol eiddo'r Eglwys Gatholig oedd gwasanaeth y plygain, ond pan ddaeth y Diwygiad Protestannaidd i Gymru yn ystod yr unfed ganrif ar bymtheg mae'n debygol fod yr Uchel Offeren Nadolig, a gynhelid ar gyfer pwysigion yr Eglwys Gatholig am hanner nos, ac Offeren y Wawr a gynhelid am dri o'r gloch y bore ar gyfer y plwyfolion cyffredin, wedi cael eu disodli gan ffurf wahanol ar wasanaeth Nadolig i gyd-fynd â'r

*Llawysgrif Cwrtmawr 224: Carol yn llaw Huw Morys a llofnod y bardd
(Trwy ganiatâd Llyfrgell Genedlaethol Cymru)*

amodau Protestannaidd newydd, ac wrth gwrs fe fu cyhoeddi'r Beibl yn y Gymraeg yn 1588 yn hwb enfawr i'r traddodiad carolaidd. Byth ers hynny fe fu'r beirdd yn cyfansoddi carolau o natur benodol i'w canu yn y gwasanaethau plygain, clerigwyr amlwg fel y Ficer Prichard (Rhys Prichard 'Yr Hen Ficer' (1579–1644)) ac Ellis Wynne o'r Lasynys (1670/1–1734)[3] yn ogystal â seiri maen, gwehyddion, a thyddynwyr cefn gwlad anhysbys.

Beth yw plygain? Y dyddiau hyn cynhelir y gwasanaeth ran amlaf gyda'r nos, ond gwasanaeth cyn toriad gwawr ydoedd yn y canrifoedd a fu, y 'blygain-cyn-dydd' fel y'i gelwid, a dechreuai'r oedfa gyda thalfyriad o'r Foreol Weddi. Yna clywid datganiad fod y plygain yn agored i unrhyw un yn y gynulleidfa gyflwyno carol blygain. I gloi, cenir 'Carol y Swper', carol Richard Owen 'Aelhaearn Hir' (1773–1860) o Fôn, cerdd sydd â chynghanedd ynddi drwyddi draw. Trwy gyfrwng y datganiadau carolaidd hyn mae neges y Nadolig wedi'i chyflwyno'n glir ers cenedlaethau lawer.

Un o'r pethau sy'n gosod y carolau plygain ar wahân yw fod a'u gwnelo nhw â diwinydda, athrawiaethu, moli, rhyfeddu a chynghori, a hynny'n ymestyn dros benillion lawer—hyd at ugain pennill a rhagor ar dro. Testun mawr y carolau yw, nid y geni'n gymaint â hynny ond holl droeon yr yrfa, holl hanes y byd ysbrydol. Gallai testun y carolau cynnar gynnwys detholiad o'r pynciau canlynol, neu bron y cyfan ohonynt: hanes y Creu, y Cwymp, bywyd a chenadwri'r proffwydi, genedigaeth Crist (ond does dim un garol gyfan sy'n sôn am y geni), y Croeshoeliad, yr Atgyfodiad ar y trydydd dydd, yr Esgyniad i'r nef, cyn gorffen drwy annog pawb i gredu yn y Gwaredwr.

Nid rhyw 'Jingle Bells' o garolau yw'r carolau plygain, ond cerddi am bynciau sy'n werth treulio amser yn pendroni drostynt pan fydd seiniau'r gerddoriaeth wedi hen ddistewi. Teitl un o'r carolau cynnar gan John Prichard Prys (*fl.* c.1704–21) o Langadwaladr ym Môn yw 'Carol Plygain, yn dangos mor fuddiol yw i bob Pechadur ddychwelyd at Grist'. Yn 1694 teitl carol Dafydd Manuel o Drefeglwys yn Sir Drefaldwyn (?1624–1726) yw 'Carol ar greadigaeth y byd, a syrthiad dyn, a'i ailbryniad drwy Iesu Grist'. Ac mae hynny'n dod â ni at galon y mater: yn gyntaf, sut wnaeth Duw greu byd a dyn; yn ail, sut wnaeth dyn siomi Duw; ac yn drydydd, sut wnaeth Duw adfer y sefyllfa. Iachawdwriaeth yw hanfod cynnwys carol blygain, yn hytrach na genedigaeth babi bach. Yng ngeiriau awdur anhysbys: 'Brenin gogoniant ddaeth ei hun i gadw dyn colledig'.

Pwysleisia'r carolau fod y fath beth i'w gael â dyn colledig, a bod yn rhaid iddo gael ei gadw gan frenin y gogoniant, gan Grist. Yng ngeiriau'r un garol, 'Merch yr hen Amoriad ddaeth yn rhydd'. Pwy oedd yr Amoriad, ac yn bwysicach, pwy oedd ei ferch? Does dim diben edrych ar y pennill er mwyn dod o hyd i'r ateb; mae'r pennill wedi symud ymlaen at ddelwedd arall. Y gwir yw, doedd dim angen esbonio gan fod y gynulleidfa wedi'i thrwytho yn y Beibl ac yn gwybod yn iawn pwy oedd dan sylw. Enw ar Israel mewn cyfnod o wrthgiliad yw 'merch yr hen Amoriad' (Eseciel 16:45), y credinwyr sy'n gwrthgilio, a'r neges fawr a chynnes yw fod Duw yn medru, ac yn dymuno, adfer ei bobl: 'Tynghedais fy hun iti, a gwneud cyfamod â thi, medd yr Arglwydd Dduw.' Oherwydd hynny mae'n codi Israel o'i gwaed a'i budreddi i fod yn frenhines hardd. Mae'r hanes hyfryd yma wedi'i gofnodi ym mhroffwydoliaeth Eseciel 16:1-14. Dyna fanylder y carolau, does dim rhan o'r Beibl sy'n rhy dywyll, yn rhy ddiarffordd, i fod o ddefnydd i feirdd y canu plygain, ac mae'r darlun yn dod yn fyw i'r gynulleidfa mewn saith gair: 'Merch yr hen Amoriad ddaeth yn rhydd.'

Delwedd odidog arall yn yr un garol yw'r darlun o'r Meseia yn blentyn gwan sy'n cael ei gynnal gan forwyn wan, tra'i fod ar yr un pryd yn gynhaliwr bydoedd cedyrn. Dyma'r paradocs hardd:

> Yr hanfod mawr, diderfyn, cynhaliwr bydoedd cedyrn
> Yn siriol rasol rosyn ar lin y Forwyn Fair.

Mae'r canu rhydd cynganeddol ar ei orau yma, yn tincial yn loyw.

Ar y diwedd yn deg mae'r garol blygain draddodiadol yn estyn gwahoddiad ac anogaeth daer i'r ddynoliaeth gyfan gredu yng Nghrist fel eu Gwaredwr. Mae'r saer o Lanuwchllyn, Morris ap Robert, yn disgrifio caethiwed pechod, y pryniad ar y groes, esgyniad Crist i'r nef, y Farn, y gwahoddiad i gredu, a chyflwr llawen y cadwedigion, i gyd mewn tri phennill tyn o ganu rhydd cynganeddol.

> Yn hyn o gaethiwed i ddynion fe ordeinied
> Crist Iesu ddarpared i'n gwared o gur;
> Bu fodlon i ddiodde holl gosb ein pechode,
> Drwy gleisie dug iase digysur.

parhad

I'r nef y dyrchafodd pan ddifai ddioddefodd
Dros bawb a'r a gredodd, fe'u prynodd mewn pryd;
Daw eto o'i eisteddle i farnu'n calonne
Heb ame, mewn dyddie diweddfyd.

Rhag bod y pryd hynny bob wyneb yn barddu
Ymrown i wir gredu yn Iesu, iawn waith;
Cawn fyned yn llawen i deyrnas ein Perchen,
Heb ddiben, heb orffen, yn berffaith.

Beirdd gwlad oedd yn cyfansoddi carolau plygain. Yn ardal Llanfihangel-yng-Ngwynfa un o'r beirdd amlycaf oedd Harri Parri, neu Harri Bach o Graig-y-gath, eglwyswr digymrodedd oedd yn casáu'r Methodistiaid a'r Ymneilltuwyr.[4] Un o'i garolau difyrraf yw carol a luniwyd ganddo yn 1739, ar fesur tri thrawiad.[5] Mae'r garol yn agor gyda galwad ar i'r gymdeithas gyfan ddod at ei gilydd i'r eglwys i ddathlu dydd genedigaeth Crist. Y profiad torfol sy'n bwysig mewn carol blygain, yn hytrach nag addoliad preifat unigolyn fel sy'n wir am emyn. Yn dilyn mae uned ddifyr o bum pennill lle mae Harri Parri yn defnyddio hen thema 'Pedair Merch y Drindod' i gyfleu ei neges. Mae tri Pherson i'r Drindod, ac i'r Drindod bedair merch, sef Cyfiawnder, Gwirionedd, Heddwch, Trugaredd, pob un yn bersonoliad o'r rhinweddau hynny sy'n eiddo i'r Duwdod. Roedd thema 'Pedair Merch y Drindod' a'r dadlau a fu rhyngddynt wedi bod yn eithriadol boblogaidd yn llenyddiaeth gwledydd y Gorllewin ymhell cyn dyddiau Harri Parri, er y ddeuddegfed ganrif mewn gwirionedd, gan ddechrau gyda Hu Sant (1097–1141) a Sant Bernard o Clairvaux (1091–1153). Yng Nghymru mae testun rhyddiaith Cymraeg Canol o tua 1604–5 wedi goroesi, a hwnnw'n adrodd hanes y dadlau.[6] Canodd y Cywyddwyr ar yr un thema—Dafydd ab Edmwnd (fl. 1450–90)[7] er enghraifft–ac mae'n digwydd yma yng ngwaith llifiwr coed o Lanfihangel. Mae'r thema yn seiliedig ar Salm 85.10: 'Trugaredd a gwirionedd a ymgyfarfuant; cyfiawnder a heddwch a ymgusanasant.' Sôn am gymod a wna'r adnod, ond mae pob un o'r pedair rhinwedd yn magu personoliaeth, a lle mae personoliaethau, mae anghytundeb.

I fod yn deg â'r pedair, y broblem oedd fod Adda wedi pechu yn erbyn Duw ac fel y gwyddys, cyflog pechod yw marwolaeth. Ac mae honno'n drefn ddiwyro. O dan y fath amgylchiadau mae Cyfiawnder a

Gwirionedd yn ei gweld hi'n amhosibl cynnig ymwared i Adda. Mae'r ddwy ferch arall, Heddwch a Trugaredd, yn 'crefu ar Dduw'n groyw' i gadw dyn. Mae'r pedair yn mynd at Dduw i ddadlau eu hachos:

> Dwy oedd yn myned i morol ymwared,
> Dwy oedd ddiarbed i'w erbyn.

A fyddai maddeuant? Wrth gwrs! Mae Duw yn anfon ei fab i gymodi:

> Pob enaid a bryne o ing tan law Ange,
> Y Meddyg fu'n madde hyll feie'r holl fyd ...
>
> Fe gafodd ei ddiystyru yn hyll, a'i fflangellu,
> A marw fu'r Iesu wrth ein prynu ni ar bren;
> Mewn bedd y gorweddodd, 'pen tridie cyfododd,
> I'r nefoedd dyrchafodd drachefen.

A'r fath lawenydd sydd yn y nef ar gyfrif hynny:

> Llawenydd mawr ddonie fydd yn yr uchelne,
> Moliannu Duw'n ore mae'r seintie'n eu swydd,
> Mewn bywyd heb ddarfod gerbron y glân Drindod
> 'N rhoi mawrglod oreuglod i'r Arglwydd.
>
> (Harri Parri, 1739)

Erbyn y bedwaredd ganrif ar bymtheg roedd yr arfer o ganu carolau ar y mesurau rhydd cynganeddol yn colli tir ac mae'r carolwyr yn troi at strwythur haws, mwy emynyddol. Erbyn yr ugeinfed ganrif, a fflam y Diwygiad Mawr wedi tawelu, dyw cynnwys y carolau ddim yn gyson gryf yn yr un ffordd. Bu'n rhaid symlhau'r alawon i weddu i'r geiriau, a cherddorion fel y rheithor Owen Humphrey Davies 'Eos Llechid' (1828-98), a'r crydd o Lanymawddwy Thomas Cilwern Davies (1863-1925) yn ddiweddarach, yn cynnig cyfansoddiadau newydd yn lle'r hen alawon traddodiadol. Ond stori arall yw honno.

DARLLEN PELLACH

Rhiannon Ifans, 'Dydd Calan Mis Mwynlan Mai', yn *Sêrs a Rybana: Astudiaeth o'r Canu Gwasael* (Llandysul: Gwasg Gomer, 1983), tt. 189–209.

Rhiannon Ifans, 'Golwg gyfoes ar y Canu Mai', *Canu Gwerin*, 32 (2009), 51–64.

Enid Roberts, 'Hen garolau plygain', yn *Ysgrifau ar Lên a Hanes Powys gan Enid Pierce Roberts*, gol. Gruffydd Aled Williams (Caernarfon: Gwasg y Bwthyn, 2022), tt. 183–213.

D. Roy Saer, 'Y traddodiad canu carolau yn Nyffryn Tanad', *Cylchgrawn Cymdeithas Alawon Gwerin Cymru*, 5 (1971), 99–112.

Eirug Salisbury, *Carolau Haf Huw Morys a'i Gyfoeswyr* (i'w gyhoeddi).

Record a phamffled *Carolau Plygain*, gol. D. Roy Saer (Cwmni Recordiau Sain mewn cydweithrediad ag Amgueddfa Werin Cymru, 1977).

CD *Ar Dymor Gaeaf: Carolau Plygain* (Cwmni Recordiau Sain, 2008).

---

[1] Ymhellach gweler David Jenkins, 'Bywyd a Gwaith Huw Morys (Pont y Meibion) (1622–1709)' (traethawd MA Prifysgol Cymru, 1948), ar gadw yn Llyfrgell Genedlaethol Cymru.

[2] Cyhoeddwyd y tri phennill gyda cherddoriaeth yn T. Gwynn Jones, *Canu Haf* (Cwmni Cyhoeddi Gwynn: Llangollen, 1944), tt. 4–5.

[3] Yn ei argraffiad o'r *Llyfr Gweddi Gyffredin* (1710) y cyhoeddwyd ei emyn adnabyddus 'Myfi yw'r Atgyfodiad Mawr'; cyhoeddwyd pedwar emyn arall, fersiwn o un o'r salmau a dwy garol blygain yn Edward Wynne, *Prif Addysc y Cristion* (1755).

[4] 'Os mynnwch chwi fyned i wrandaw y Pengryniaid, ewch i gapel y Presbyteriaid yn Llanfyllin; os mynwch chwi wrandaw y Cwaceriaid, ewch i gapel Dolobran; ond os mynwch chwi wrandaw 'gweinidog Duw', deuwch i eglwys y plwyf'', gw. *Cymru* (1906), 99. Cyhoeddwyd englynion gwrth-Fethodistaidd ac Ymneilltuol ganddo yn almanac Gwilym Howell yn 1774.

[5] Fe'i cyhoeddwyd yn almanac Evan Davies (1740), tt. 8–10, gweler http://hdl.handle.net/10107/4662682.

[6] Nesta Lloyd, 'Llyma Ystoria Pedair Morwyn y Drindod', *Bwletin y Bwrdd Gwybodau Celtaidd*, 25 (1973), 123–4.

[7] 'Cowydd Pedair Merched y Tad, Pump Llawenydd Mair, a Phump Pryder Mair, a Saith Gorvchaviaeth Mair', yn *Gwaith Dafydd ab Edmwnd*, gol. T. Roberts (Bangor: Bangor Welsh Manuscripts Society, 1914), t. 121.

12

Rhidian Griffiths

YR ANGLICANIAID A'R EMYN YN YR AIL GANRIF AR BYMTHEG A'R DDEUNAWFED

Arhosodd gwaddol Salmau Cân 1621 yn ddylanwad dros genedlaethau, gyda'r argraffiadau lu a gafwyd yn dyst i'w defnyddioldeb: dyma sylfaen y traddodiad emynyddol Cymraeg. Ar y cyd â'r Llyfr Gweddi y byddai Salmau Cân Edmwnd Prys yn ymddangos yn amlach na heb, a'r Llyfr Gweddi oedd yn penderfynu patrwm y gwasanaethau eglwysig. Yn yr ail ganrif ar bymtheg a'r ddeunawfed doedd dim llawer o sgôp i ddatblygu canu emynau o fewn traddodiad yr Eglwys Wladol y tu hwnt i'r Salmau Cân ond, serch hynny, tyfodd rhai emynau allan o'r traddodiad eglwysig.

Yn 1662, yn sgîl ailsefydlu'r frenhiniaeth, cafwyd Llyfr Gweddi newydd yn Lloegr, a chyhoeddwyd argraffiad Cymraeg ohono yn 1664. Ers creu'r Llyfr Gweddi cyntaf yn 1549, cynhwyswyd yn y ffurfwasanaeth ar gyfer ordeinio offeiriaid fersiwn Saesneg o'r emyn Lladin *Veni Creator Spiritus*, sef 'Come Holy Ghost, eternal God, proceeding from above ... ', i'w ganu neu ei adrodd ar ffurf litani, hynny yw, yr arweinydd yn cyhoeddi llinell a'r sawl a oedd yn bresennol yn ymateb â'r llinell nesaf. Yn Llyfr Gweddi 1662 ychwanegwyd at y ffurf honno fersiwn arall mwy cryno, yn seiliedig ar yr un emyn Lladin, gan roi dewis o ddau emyn yn y gwasanaethau hynny. Fersiwn gan John Cosin yw'r fersiwn cryno, 'Come, Holy Ghost, our souls inspire / and lighten with celestial fire', fersiwn sy'n dal i gael ei ganu'n rheolaidd gan gynulleidfaoedd Saesneg eu hiaith. Barn Brynley F. Roberts yn ei drafodaeth ar y ddau emyn yw mai'r fersiwn hir sy'n glynu agosaf at y Lladin, ond bod Cosin wedi cyfleu ysbryd y gwreiddiol yn llawn mor effeithiol. Llyfr Gweddi Gyffredin 1664 a gyflwynodd y ffurfwasanaeth ordeinio offeiriaid ac esgobion am y tro cyntaf yn y Gymraeg, ac felly cyfieithwyd y ddwy ffurf ar yr emyn Saesneg. Nid oes sicrwydd pwy oedd y cyfieithydd, ond mae hen draddodiad yn priodoli'r ddau fersiwn i Rowland Fychan, Caer-gai ger Llanuwchllyn, cyfieithydd llyfrau defosiynol, gan gynnwys clasur Lewys Bayly, *The Practice of Piety (Yr Ymarfer o Dduwioldeb)*. Mae'r emyn byr, 'Tyrd, Ysbryd Glân, i'n calonnau ni', yn un o glasuron y Gymraeg, ac wedi cael lle, gyda'r mymryn lleiaf o newid arno, mewn emyniaduron Cymraeg dros y cenedlaethau:

> Tyrd, Ysbryd Glân, i'n c'lonnau ni,
>   A dod d'oleuni nefol;
> Tydi wyt Ysbryd Crist, dy ddawn
>   Sy fawr iawn a rhagorol.

Am resymau ymarferol, hwyrach, nid yw 'Tyred, Ysbryd Glân, dragwyddol Dduw', sy'n 16 o benillion yn ei ffurf lawn, wedi cael yr un croeso fel emyn cynulleidfaol, er iddo aros yn emyniaduron yr Eglwys yng Nghymru yn bum pennill, ac ymddangos hefyd yn bum pennill yn *Llyfr Emynau'r Methodistiaid Calfinaidd a Wesleaidd* yn 1927:

> Tyrd, Ysbryd Glân, tragwyddol Dduw,
>   Yr unrhyw â'r Tad nefol,
> Yr unrhyw hefyd â'r Mab rhad;
>   Duw cariad tangnefeddol.

Yn Llyfr Gweddi 1664 mae'r ddau emyn yn parhau ar ffurf cyfarchiad ac ymateb; at hynny, mae'r cyfarwyddyd (ers yr ymddangosiad cyntaf yn y Llyfr Gweddi Saesneg yn 1549) yn awgrymu canu neu ddweud. Pa mor aml, tybed, y byddai'r geiriau Cymraeg hyn yn cael eu canu, a pha mor aml eu dweud? Ac os eu canu, ar ba dôn neu donau? Ni wn am unrhyw dystiolaeth i'n galluogi i ateb y cwestiwn, ond mae'n werth sylwi mai Mesur Salm Edmwnd Prys a ddefnyddiwyd ar gyfer y fersiynau Cymraeg, ac mae'n bur debyg mai un o'r alawon a genid i'r Salmau Cân a fyddai'n cael ei defnyddio yn y cyswllt yma yng Nghymru.

Emynau at achlysur penodol, sef ordeinio offeiriad neu esgob, oedd dau fersiwn 'Tyrd, Ysbryd Glân'. Ond trwy'r Llyfr Gweddi daeth clasur arall o emyn i'r golwg, er nad yn rhan o ffurfwasanaeth swyddogol. Yn 1710, ar gais esgobion Cymru a Henffordd, paratôdd Ellis Wynne o'r Lasynys argraffiad newydd o'r Llyfr Gweddi Gyffredin, a chynhwysodd ynddo emyn dan y pennawd ymddiheuriol, 'Yn lle bod hyn oedd o bapur gweddill yng-orpheniad y Gwaith yn gwbl weili ac oferwag, rhyfygais na fai lwyr ddigroesaw nac amherthynol ei gyflenwi a hyn o HYMN ... '. Mae'r emyn eto ar y Mesur Salm:

> Myfi yw'r atgyfodiad mawr,
>   Myfi yw gwawr y bywyd,
> Caiff pawb a'm cred, medd f'Arglwydd Dduw,
>   Er trengi, fyw mewn eilfyd.

Mesur y Salmau Cân a geir yma eto, ac efallai fod hynny yn rhoi math o urddas a hygrededd arbennig i'r geiriau; efallai hefyd fod Ellis Wynne yn teimlo mai dyna'r mesur priodol i emyn; ac wrth gwrs, tonau'r Salmau Cân oedd yn cael eu harfer yn yr eglwysi. Emyn yw sy'n datblygu rhywfaint ar y syniad Calfinaidd creiddiol mai dim ond geiriau'r Ysgrythur y dylid eu canu o fewn yr eglwys; er nad yw'r geiriau'n fydryddiad uniongyrchol, mae Ellis Wynne yn daearu'r emyn yn yr Ysgrythur trwy roi yn yr argraffiad gwreiddiol gyfeiriadau ysgrythurol i bob pennill. Sylwn hefyd ar y nodyn mai emyn i'w ganu mewn cynhebrwng neu wylnos ydyw, hynny yw, y tu allan i adeilad yr eglwys: mewn cynhebrwng, yn yr awyr agored; mewn gwylnos, ar yr aelwyd. Ac fe nodir 'i'w ganu', gan awgrymu, felly, fod yr arfer o ganu mewn gwasanaethau o'r fath yn sefydlog erbyn 1710. Diddorol yw cymharu disgrifiad Lewis Morris o wylnosau yn Sir Fôn yn hanner cyntaf y ddeunawfed ganrif:

> At the dusk of night an evening Prayer is read by the clergyman of the parish or if not present by one of the company ... The Singing of psalms if they can, or else fall to singing of carols which are antient songs containing Reflections on death & c. & Immortality of the Soul.[1]

Doedd Ellis Wynne ddim yn wrthwynebus i garolau gan iddo gyfansoddi rhai carolau plygain ei hun; a mesur carol yw'r Mesur Salm. Ond tybed ai ymdrech i ddisodli'r hen garolau hyn oedd emyn Ellis Wynne, ymdrech i ddwyn urddas newydd i wasanaeth gwylnos?

Mae Llyfr Gweddi 1710 yn cynnwys emynau eraill heblaw'r Salmau Cân, sef fersiynau mydryddol Edmwnd Prys o'r caniadau eglwysig (*Te Deum, Venite* ac eraill), eto yn y Mesur Salm, a ymddangosodd yn wreiddiol yn *Llyfr y Psalmau* yn 1621. Gallwn awgrymu bod y rhain, fel y Salmau Cân eu hunain, yn cynrychioli pwynt hanner ffordd rhwng y caniadau pros a thraddodiad yr emyn cynulleidfaol. Ond yn eu plith, yn Llyfr Gweddi 1710, ceir emyn sy'n ymddangos am y tro cyntaf, sef cyfieithiad eto gan Rowland Fychan, Caer-gai, o gân Saesneg boblogaidd o'r unfed ganrif ar bymtheg, 'The Lamentation of a Sinner' gan John Marckant:

> Na thro dy wyneb, Arglwydd glân,
>   Oddi wrth un truan agwedd
> Sydd o flaen dy borth di yn awr
>   Mewn cystudd mawr yn gorwedd.

A yw presenoldeb emyn Rowland Fychan ymhlith y caniadau mydryddol yn Llyfr Gweddi 1710 yn awgrymu symudiad araf tuag at fwy o ganu gan y gynulleidfa yn hytrach na'r côr neu'r clerc ar ei ben ei hun? Yma eto dewisodd Rowland Fychan y Mesur Salm, sy'n wahanol i fesur y gân wreiddiol, ac mae'r nodyn uwchben yr emyn yn dweud ei fod 'I'w ganu fel y chweched Psalm', hynny yw, mae'n debyg, ar y dôn a oedd yn cael ei harfer ar fydryddiad Salm 6 gan Edmwnd Prys.

Os oes peth amheuaeth a fyddai'r emynau hyn wedi cael eu canu o gwbl yn eu cyfnod, mae gennym dystiolaeth o arferion canu yn yr eglwys, yn dyddio o 1721, pan gyhoeddodd Erasmus Saunders *A View of the State of Religion in the Diocese of St. David's*. Yng nghanol llawer o alarnadu am ddiffygion yr Eglwys, mae gan Saunders ddarn dadlennol am yr arfer o ganu halsingod, sef penillion moeswersol, tebyg i benillion telyn, yn yr un traddodiad â phenillion y Ficer Prichard. Er nad yw'r rhain yn emynau fel y cyfryw, mae'r disgrifiad o'r dull o ganu, a'r arfer o ymgynnull i ganu, yn awgrymu bod diddordeb mewn canu ymhlith mynychwyr yr Eglwys, os ar gyrion y gwasanaethau ffurfiol:

> ... some of the more Skilful and knowing among them frequently compose a kind of Divine Hymns, or Songs, which they call *Halsingod, or Carolion,* which generally consist either of the Doctrinal, or Historical parts of Scripture, or of the Lives, and worthy Acts of some eminent Saints, whose extraordinary Piety and Virtue they thereby endeavour to illustrate and recommend to themselves and others.
>
> It is not to be express'd, what a particular Delight and Pleasure the young People take to get these Hymns by heart, and to sing them with a great deal of Emulation of excelling each other. And this is a Religious Exercise they are us'd to, as well at home in their own Houses, as upon some Publick Occasions; such as at their Wakes and solemn Festivals, and Funerals, and very frequently in their Churches in the Winter Season, between *All Saints* and *Candlemass*; at which Times, before and after Divine Service, upon *Sundays*, or Holy-days, Eight or Ten will commonly divide themselves to Four or Five of a side, and so forming themselves, as it were into an Imitation of our Cathedral, or Collegiate Choirs, one Party

first begins, and then by way of Alternate Responses, the other repeats the same *Stanza*, and so proceed till they have finish'd their *Halsing*, and then conclude with a *Chorus*.[2]

Does dim amheuaeth wrth gwrs nad oedd cerddoriaeth yn para yn yr eglwysi yn y cyfnod yma ar ffurf canu salmau—y Salmau Cân a'r salmau pros—a cheir cyfeiriadau mynych at athrawon a oedd yn cael eu cyflogi i ddysgu canu'r salmau. Ond yn gyffredinol cesglir nad oedd llawer o raen ar y canu. Dywed William Morris yn 1746: 'that trade (psalmody) is almost quite over with us at the Head [h.y. Holyhead, Caergybi]'. Tybed a oedd mydryddiadau Edmwnd Prys bob amser yn taro deuddeg gyda'r cynulleidfaoedd? Dyma Lewis Morris eto, mewn llythyr at Owen Meyrick yn 1738:

> Mr. Ed. Prys archdeacon of Merioneth whose british version of yᵉ singing 'salms is yᵉ only one we ever used in churches ... chose rather to preserve the old measure, than to set his words to musick which is yᵉ reason they make such hobbling work in our churches.[3]

Dros y blynyddoedd bu esmwytho gan olygyddion ar rai o linellau Edmwnd Prys i'w gwneud yn fwy rheolaidd yn ôl safonau cerddoriaeth ddiweddar, ond mae'n ddiddorol gweld bod problemau yn y ddeunawfed ganrif hyd yn oed.

Un o gyfraniadau mawr yr Eglwys i fywyd Cymru am ddeugain mlynedd o 1730 ymlaen, oedd gwaith yr ysgolion cylchynol a arloeswyd gan Griffith Jones, rheithor Llanddowror. Achub eneidiau oedd amcan pennaf Griffith Jones, ac roedd maes llafur yr ysgolion yn gyfyngedig i feistroli darllen y Beibl a'r catecism; ond ceir ambell awgrym fod rhai o'r ysgolion yn gwneud defnydd o'r Salmau Cân, gan ddilyn yr athroniaeth addysgol glodwiw fod canu gwirioneddau'r ffydd yn gallu bod yn ddull yr un mor effeithiol o'u dysgu. Yn sicr, roedd gan Griffith Jones ei hun ddiddordeb yn yr emyn fel cyfrwng mawl. Yn 1743 cyhoeddodd ddetholiad o Salmau Cân Prys, at ddibenion yr ysgolion, lle y mae'n pwysleisio'r gwersi addysgol a oedd i'w cael drwy'r Salmau Cân; cyfeiria adroddiad *Welch Piety* 1742-3 at brynu pedair mil o 'Books of Singing Psalms' (sef y detholiad hwn, mae'n

HYSPYSIAD.

YN lle bod hyn oedd o bapur gweddill yng-orphenniad y Gwaith yn gwbl weili ac oferwag, rhyfygais na fâi lwyr ddigroesaw nac amherthynol ei gyflenwi a hyn o

HYMN-*Canhebrwng* neu *Wylnos*,

A gynghaneddwyd o amryw werfi o'r Yfgrythyr Lân fy yn y Llyfr ymma yn ddewifedig rannau o *Gymmun y Claf*, ac o *Drefn Claddedigaeth*, ar gyffredin fefur y Pfalmau, fel y canlyn.

I.
Myfi yw'r Adgyfodiad mawr, (*a*)
Myfi yw Gwawr y Bywyd;
Caiff pawb a'm crêd, medd f' Arglwydd cry'
Er trengu, fyw mewn eilfyd.

II.
A'r fawl fy'n byw mewn ufudd-grêd (*a*)
I mi, caiff drwydded Nefol
Na allo'r Angeu, Brenin Braw,
Ddrwg iddaw yn dragwyddol.

III.
Yn wir yn wir, medd G W I R ei Hun, (*b*)
Pob cyfryw ddyn fy'n gwrando
Fy Ngair, gan gredu'r Tâd a'm rhoes,
Mae didrange Einioes ganddo.

IV.
A wnêl ei oreu'r ufuddhau (*b*)
Drwy ffydd i'm Geiriau hyfryd,
Ni ddaw i Farn, ond trwodd f' aeth
O Angeu caeth i Fywyd.

V.
Mi wn, medd *Job* o'r cynfyd cudd, (*c*)
Mai byw'n Gwaredydd hawddgar,
Mi wn y daw fy Mhrynnwr drud
Ar ddiwedd byd i'r Ddaiar.

VI.
Ac er fy mod i'nawr mewn poen,
Ac wedi 'nghroen i'r pryfed (*d*)
Ddifetha hefyd fy Nghorph hwn,
Er hynny gwn caf weled

VII.
Y Duw Anfeidrol yn fy Ngnhawd,
A'r Ddydd Gollyngdawd Seintiau;
A'm llygaid i fy hun a'i gwêl (*e*)
Ar dirion Uchelderau.

VIII.
Ac medd Sant *Ioan*, a fafe'n nês
A'i ben ar Fynwes IESU,
O wynfydedig Entrych nêf
Mi a glywais lef yn traethu (*f*)

IX.
'Sgrifenna; O hyn allan mai
Gwyn-fŷd y rhai 'fu feirw
Yn Ffydd yr Arglwydd, gwynn eu byd (*f*)
O'r glân ddiweddbryd hwnnw.

X.
Felly 'dyweid yr Yfpryd Glân
Can'ys maent yn diddan orph'wys (*f*)
Oddiwrth eu llafur, mewn Rhyddhâd
Dedwyddol 'Stâd Paradwys.

XI.
Na fyddwn anobeithiol drift (*g*)
Am neb ynGhrift a hunant,
Medd *Paul*, o'r Corph maent gyd-ag Ef, (*h*)
Ynghartref y Gogoniant.

XII.
Os mynnwn, fel na ddug ond kun
Yfpryd ein dyn at Seintieu: (*i*)
Mewn ennyd bach cawn ninneu hun
A'n dwg i'r un Trigfanneu.

Amen.

(*a*) S. Io. xi. 25, 26. (*b*) S. Io. v. 24: (*c*) Job xix. 25. (*d*) gw. 26. (*e*) gw. 27. (*f*) Datg. xiv. 13. (*g*) 1 Theff. 4. (*h*) 2 Cor. v. 6, 8. (*i*) Hebr. xii. 23.

Act am

Emyn Ellis Wynne yn Llyfr Gweddi Gyffredin 1710
(Trwy ganiatâd Llyfrgell Genedlaethol Cymru)

debyg) am naw ceiniog yr un. Yn 1745, yr un flwyddyn ag y cyhoeddodd Jones draethawd ar ganu mawl dan y teitl *Cerdd Sïon*, roedd rheolau'r ysgolion yn nodi bod disgwyl i'r ysgolheigion 'ymostwng yn barchedig ac yn ddiysgafnder i ganu Salm, a gweddio Duw, ynghŷd yn yr Ysgol, bob borau a hwyr ... '. O ystyried y miloedd o blant ac oedolion a gyfranogodd o addysg yr ysgolion cylchynol—hyd yn oed os nad oedd canu i'w gael ym mhob ysgol—gallwn dybio bod yr arfer hwn wedi helpu i gryfhau'r ymwybyddiaeth o'r Salmau Cân ac wedi braenaru'r tir ar gyfer y canu emynau a ddaeth wedyn.

Mae'r ddeunawfed ganrif yng Nghymru yn cael ei chyfrif yn ganrif yr emyn yn bennaf oherwydd y ffrwydrad emynyddol a ddaeth yn sgîl y Diwygiad Efengylaidd a'r mudiad Methodistaidd o 1735 ymlaen, yn arbennig trwy gyfraniad unigryw William Williams o Bantycelyn. Mae'r emyn Methodistaidd yng nghyfnod y diwygiadau yn haeddu triniaeth ar wahân. Nid wyf am fentro ymdrin ag ef yma ond rhaid tanlinellu mai eglwyswyr pybyr oedd arweinyddion y mudiad Methodistaidd ac mai rhan o'u hamcan oedd ceisio adfywio'r Eglwys Wladol. Eglwyswr, diacon na chafodd ei urddo'n offeiriad, oedd Williams Pantycelyn ei hun, ac felly mae gan yr Eglwys yng Nghymru ryw hawl arno fel emynydd, er mai ar gyrion yr Eglwys a thu allan iddi, o fewn y seiadau Methodistaidd, y cafodd ei emynau eu mynegiant pennaf. Gan ddechrau gyda'i *Aleluia* yn 1744, a dod i'w lawn dwf fel emynydd yn ail don y Diwygiad o 1762 ymlaen, cyfoethogodd Pantycelyn y traddodiad emynyddol Cymraeg â chlasuron o emynau a ddaeth yn rhan o etifeddiaeth pob adain o'r eglwys Gristnogol yng Nghymru. Ac nid Pantycelyn oedd yr unig eglwyswr i gyfansoddi emynau. Roedd ei gyfoed, Morgan Rhys, Llanfynydd, un o athrawon ysgolion cylchynol Griffith Jones, hefyd yn eglwyswr ac yn emynydd, ac mae enwau eraill y gellid eu hychwanegu at y rhestr.

Enw llai disgwyliedig yn y cyswllt hwn, ac enw an-Fethodistaidd, yw'r bardd o Fôn, Goronwy Owen. Ganddo ef y cafwyd un cyfieithiad o emyn gan y Presbyteriad Samuel Collet. Mae E. Wyn James wedi olrhain hanes yr emyn a'r cyfieithiad ac wedi awgrymu mai yn y *Gentleman's Magazine* yn 1754 y cafodd Goronwy afael ar emyn Collet, ac mai yn fuan wedyn y lluniodd ei gyfieithiad. Go brin y gellir galw emyn Goronwy yn un adnabyddus, a hyd y gwelaf nid aeth i mewn i'r ffrwd o emynau eglwysig. Yn y Mesur Salm y mae'r emyn yma eto (mesur gwahanol i fesur gwreiddiol Collet)—ai awgrym pellach mai'r Mesur Salm oedd y mesur priodol i'r emyn eglwysig? Ymddangosodd tri phennill ohono yn llyfr yr Undodiaid, *Perlau Moliant* (1896) a detholwyd pedwar pennill i *Lyfr Emynau'r Methodistiaid Calfinaidd a Wesleaidd* (1927):

> Trwy droeau'r byd a'i wên a'i wg,
>   Bid da, bid drwg y tybier,
> Llaw Dduw sy'n troi'r cwmpasgylch glân
>   Yn wiwlan, er na weler.

Cadeirydd Is-bwyllgor Testun ac Iaith cyfrol 1927 oedd John Morris-Jones, a gallwn ddeall fel yr oedd y mynegiant clasurol yn apelio ato; hawdd cytuno hefyd â dyfarniad Ifor Williams mai pur ddieithr yw iaith emyn Goronwy erbyn heddiw.

Eglwyswr arall, a Methodist amlwg na ddylid ei anghofio, yw Thomas Charles, a'i emyn 'Dyfais fawr tragwyddol gariad', a gyfansoddwyd yn ddeg pennill yn dilyn afiechyd a'r trawma o orfod colli ei fys bawd. Diddorol yw sylwi ar fesur yr emyn hwn: dyma'r mesur 8.7. 'clonciog' sy'n cael ei gysylltu'n bennaf ag emynau Ann Griffiths, ond roedd Morgan Rhys hefyd yn ei ddefnyddio, a Phantycelyn weithiau:

> Dyfais fawr tragwyddol gariad
>   Ydyw'r iechydwriaeth lawn;
> Cyfamod hedd yw'r sylfaen gadarn,
>   Yr hwn ni dderfydd byth mo'i ddawn:
> Dyma'r fan y gorffwys f'enaid,
>   Dyma'r fan y byddaf byw,
> Mewn tangnefedd pur heddychol,
>   Ym mhob rhyw stormydd gyda'm Duw.

Fel y mae acenion Edmwnd Prys wedi peri gofid i gynulleidfaoedd ar hyd yr oesau, felly hefyd mae'r mesur 8.7. clonciog â rhyw ddawn i faglu pawb ond y cantorion mwyaf profiadol. Dangoswyd flynyddoedd yn ôl fod y mesur clonciog yn perthyn yn naturiol iawn i fyd y canu baledol (yr alaw 'Callyn serchus', neu 'Y ferch o blwy Penderyn', er enghraifft). Tybed a yw defnydd Ann Griffiths, Morgan Rhys a Thomas Charles o'r mesur hwn, gyda'r tri ohonynt yn byw mewn ardaloedd gwahanol o Gymru, yn awgrymu bod rhai tonau gwerin yn cynnal peth o emynyddiaeth y cyfnod?

Go brin y gallai'r ymchwydd emynyddol yn ail hanner y ddeunawfed ganrif fethu â gadael ei ôl ar yr Eglwys, ac mae'n amlwg fod yr awydd i ddod ag emynau i mewn i'r gwasanaethau yn cynyddu erbyn blynyddoedd olaf y ganrif yn sgîl llwyddiant y Methodistiaid a'u canu. Yn argraffiad 1770 o'r Llyfr Gweddi ychwanegwyd dogn newydd o donau ar gyfer y Salmau Cân, gyda llinell i'r bas yn ogystal â'r alaw. Yn 1795 cyhoeddwyd dau gasgliad o emynau, un yn Saesneg ac un yn Gymraeg, at ddefnydd penodol eglwys Biwmares. Mae nodyn ar wynebddalen copi Saesneg a geir yn y Llyfrgell Genedlaethol yn awgrymu mai gwaith yr offeiriad, Richard Griffith, yw'r gyfrol: 'This collection was made by the Revd. R. Griffith, Rector of Llandegfan (and Beaumaris)': mae'n cynnwys 153 o salmau mydryddol ac emynau, yn tynnu ar draddodiadau eraill yn ogystal â'r eglwysig, rhai ohonynt ar gyfer gwyliau eglwysig penodol megis y Nadolig, y Groglith a'r Sulgwyn, ond llawer yn emynau cyffredinol. Mae'r casgliad Cymraeg yn llai o gyfrol, yn cynnwys deg salm i'w canu—ac nid fersiynau Edmwnd Prys i gyd—a 14 o emynau, sy'n cynnwys gwaith yr emynwyr Ymneilltuol Dafydd Jones o Gaeo a Benjamin Francis. Mae'r ffaith i'r casgliadau hyn gael eu cynnull a'u cyhoeddi yn dyst i'r graddau yr oedd yr emyn yn tyfu'n rhan naturiol o'r gwasanaeth eglwysig erbyn diwedd y ddeunawfed ganrif.

Detholiad helaethach o emynau Cymraeg at ddefnydd eglwys Llanbeblig yw'r gyfrol a gyhoeddwyd yn 1799: *Salmau, hymnau ac anthemau a arferir eu canu yn eglwys Llanbeblig*. Sylwer fel y mae'r teitl ynddo'i hun yn dangos patrwm a oedd eisoes yn sefydlog ('a arferir eu canu'). Ceir detholiad o 29 o'r Salmau Cân gyda'r Gloria ar dri mesur gwahanol, addas i ba salm bynnag a oedd yn cael ei chanu. Mae ail ran y gyfrol, dan y pennawd 'Hymnau', yn cynnwys 33 o emynau cyffredinol a 13 o 'Hymnau ar destunau ac achosion neillduol'; ac nid detholiad 'eglwysig' yn unig mohono—ceir Dafydd Jones o Gaeo a Williams Pantycelyn yma, ochr yn ochr â 'Tyrd, Ysbryd Glân' o Lyfr Gweddi 1664, a nifer o emynau eraill, rhai ohonynt ar fesurau tebyg i fesurau plygain. Ni cheir dim gwybodaeth am y tonau a oedd yn cael eu canu, ond gellir tybio bod llawer o'r tonau a ddaeth o Loegr i Gymru trwy law'r Methodistiaid wedi dod yn adnabyddus erbyn hynny, a gall fod tonau Cymreig a oedd yn cael eu harddel hefyd. Mae maint y llyfrau hyn yn awgrymu eu bod at ddefnydd cynulleidfa; maent yn fach ac yn hawdd eu cario, ac mae'r llofnodion ar yr wynebddalen yn arwydd o ddefnydd cyson. A gall fod casgliadau tebyg gan eglwysi eraill nad ydynt wedi goroesi.

Erbyn diwedd y ddeunawfed ganrif, felly, roedd yr Eglwys Anglicanaidd wedi cofleidio'r emyn yn rhan o'i gwasanaethau, ac ni fyddai'n cefnu arno. O gofio mai un o amcanion arweinyddion cynnar y mudiad Methodistaidd oedd adfywio'r Eglwys Wladol, ac mai llwyddiant y mudiad Methodistaidd i ddenu pobl drwy eu canu oedd un o'r cymhellion dros i'r Eglwys glosio mwy at yr emyn cynulleidfaol, gellir awgrymu bod yr arweinyddion hynny wedi llwyddo mewn un ffordd o leiaf i ddod â bywyd newydd i'r 'hen Fam'.

DARLLEN PELLACH

R.D. Griffith, *Hanes Canu Cynulleidfaol Cymru* (Caerdydd: Gwasg Prifysgol Cymru, 1948).

E. Wyn James, 'Emyn Goronwy Owen a Samuel Collet', *Y Traethodydd*, CXLIX (2004), 21–37.

Brynley F. Roberts, 'Tyrd Ysbryd Glân i'n c'lonnau ni (Emyn 245 a 246)', *Y Traethodydd*, CXLVIII (1993), 23–31.

Ifor Williams, 'Emyn Goronwy', yn *I Ddifyrru'r Amser* (Caernarfon: Llyfrfa'r Methodistiaid Calfinaidd, 1959), tt. 92–9.

---

[1] Dyfynnir yn G. Nesta Evans, *Religion and Politics in Mid-Eighteenth Century Anglesey* (Cardiff: University of Wales Press), t. 53.

[2] Erasmus Saunders, *A View of the State of Religion in the Diocese of St. David's* (London, 1721), t. 33.

[3] *Additional Letters of the Morrises of Anglesey (1735–1786)*, ed. Hugh Owen (two volumes, London: The Honourable Society of Cymmrodorion, 1947–9), llythyr 37, t. 73.

13

John Richard Williams

EGLWYSWYR OEDDENT I GYD: GORONWY OWEN A MORYSIAID MÔN

Fel Mam Cymru gall Môn ymfalchïo yn ei phlant ac er ei bod ymhell o ganolfannau a dinasoedd dysg roedd ynddi yn nechrau'r ddeunawfed ganrif bobl hynod fywiog yn byw ar ochr orllewinol yr ynys. Yn eu mysg roedd rhai fel William Jones, y mathemategydd; Hugh Davies, y naturiaethwr; Henry Rowland, yr hanesydd; William Bulkeley, y dyddiadurwr; Huw Huws, y Bardd Coch o Lwydiarth Esgob, Llannerch-y-medd; y Canghellor Edward Gwyn, Bodewryd, disgynyddion yr hen deuluoedd pendefigaidd ac aelodau o gymdeithas fonheddig a diwylliedig. Efallai mai'r amlycaf a'r enwocaf ohonynt oedd Morysiaid Pentre-eiriannell. Y tri brawd hyn fu'n bennaf gyfrifol am y dadeni llenyddol Cymraeg a ddigwyddodd yn y ganrif a hwy a arweiniodd yr ymgyrch i ysgogi diddordeb yn yr iaith Gymraeg ac ym marddoniaeth glasurol Cymru.

Yr hynaf a'r enwocaf o'r tri oedd Lewis; un a oedd yn hyfedr mewn sawl maes a heb fod yn fyr o ddweud hynny wrth bawb. Oedd, roedd yn gymeriad a canddo gryn feddwl ohono ei hun. Roedd ei ddiddordebau yn eang ac fe'i disgrifiwyd fel polymath Pentre-eiriannell. Fe'i cofir am ei waith yn mesur tir ym Môn ac yn mapio arfordir Cymru, am ei drafferthion yn Sir Aberteifi ac am ei ymwneud â llenyddiaeth—ei waith creadigol a'i waith yn casglu a chopïo llawysgrifau. Heddiw efallai y byddai wedi gwneud llwyddiant o'i amryfal gynlluniau ond y gwir yw na wireddodd bob un ohonynt. Mentrodd godi gwasg argraffu ym Môn ond dim ond un argraffiad o *Tlysau yr Hen Oesoedd* (1735) a welodd olau dydd; bu'n rhaid aros hyd 1987 cyn cael ail argraffiad. Ym Môn y cynhyrchodd y rhan fwyaf o'i waith llenyddol, yn farddoniaeth a rhyddiaith, ond bu gydol ei oes yn hyrwyddo llenorion a llenyddiaeth Gymraeg, ac meddai W.J. Gruffydd amdano: 'iddo ef yn fwy na neb arall y mae'r clod am ganoli diddordeb dysgedigion y ddeunawfed ganrif yn hynafiaethau Cymru ac yn ei llenyddiaeth'.

Er iddo gael ei fedyddio, a'i dderbyn yn gyflawn aelod o'r Eglwys, ymddengys mai cymharol brin fu dylanwad yr Eglwys arno. Roedd yn llawer rhy brysur yn torri ei gwys ei hun yn y maes a oedd yn digwydd ei ddenu ar y pryd. Roedd cylch ei ganu yn amrywiol iawn ac yn cynnwys cerddi a ddaeth yn adnabyddus maes o law megis 'Caniad y Gog i Feirionnydd', 'Gallt y Gofal', 'Lladron Grigyll' a 'Cywydd y Mwyn Plwm'. Er hynny, dim ond chwe cherdd o'i waith a welwyd yn ein prif flodeugerddi—pedair yn *The Oxford Book of Welsh Verse* Thomas Parry, pedair eto yn *Blodeugerdd o'r Ddeunawfed Ganrif* D. Gwenallt Jones a dwy yn *Y Flodeugerdd Gymraeg* W.J. Gruffydd. Canai ar y mesurau caeth, y mesurau rhydd a'r rhai traddodiadol ac argraffwyd 73 o'i gerddi yn *Diddanwch Teuluaidd* (1763). Roedd yn fardd cynhyrchiol ond nid oedd ei ddewis o destunau yn apelio at bawb. Yn y rhestr o'i gerddi yn *Cofiant Lewis Morris 1742-1765*, mae Dafydd Wyn Wiliam yn eu rhestru ac o sylwi'n fanwl arnynt gwelir bod Lewis yn eithaf hoff o ganu i ferched a gwragedd a'i fod hefyd yn llunio caneuon masweddus. Ni fyddai canu 'I Butain' neu ei ddeuddeg englyn i *wraig annwyl o'r Grogwynion a folaf* yn cael derbyniad rhy gynnes gan yr awdurdodau eglwysig ond nid oedd Lewis yn malio'n ormodol gan iddo fynd ymlaen i gyfansoddi 'Cywydd y Wialen Ddŵr'—cywydd nad yw Dafydd Wyn Wiliam yn sôn amdano yn ei gofiant ac un y gwrthododd Hugh Owen ei gynnwys yn *The Life and Works of Lewis Morris* gan nodi ei fod *ufp*—'unfit for publication'.

Yr ail o'r brodyr oedd Richard Morris. Treuliodd ef y rhan fwyaf o'i oes yn Llundain yn gweithio yn swyddfa'r Llynges—'Ein Tad yr hwn wyt yn y Nafi' fel y'i cyfarchwyd mewn llythyr gan Goronwy Owen. Os mai Lewis oedd y brawd allblyg, Richard oedd yr un mewnblyg ac nid oedd yr un rhwysg yn perthyn iddo ag oedd i'w frawd. Perthynai i'w gymeriad galon feddal ac roedd yn fwy pwyllog ac ystyriol na Lewis. Roedd rhai o nodweddion ei frawd hŷn yn perthyn iddo, serch hynny: gallai'r ddau frawd gwyno cystal â'i gilydd am eu hafiechydon! Roedd yntau'n casglu llawysgrifau ac yn llunio englynion a rhigymau. Ond cyfraniad pennaf a chymwynas fwyaf Richard â'r Gymraeg oedd yr argraffiadau diwygiedig o'r Beibl a phedwar argraffiad o'r Llyfr Gweddi Gyffredin y bu'n gweithio arnynt rhwng 1744 a 1770. Roedd yn gyfarwydd â gwaith Griffith Jones, ac ymddiddorai yn yr ysgolion cylchynol a oedd yn dysgu'r anllythrennog i ddarllen Cymraeg. Astudio'r Beibl a dysgu catecism Eglwys Loegr oedd y cwricwlwm yn yr ysgolion. Efallai fod Griffith Jones yn rhoi mwy o bwyslais ar achub eneidiau'r disgyblion ond i Richard roedd yr addysg yn fodd i ehangu gorwelion ac yn gyfle i roi mwy o fri ar yr iaith Gymraeg. Cyfrannodd yr SPCK £500 tuag at gostau'r argraffiad o'r Beibl sy'n cynnwys y dyddiad 1746 ond a ymddangosodd yn 1748 mewn gwirionedd. Roedd yn cynnwys mynegai, rhestr o brif ddigwyddiadau'r Hen Destament a'r Newydd a thablau a mapiau. Anfonwyd copïau i Gaergybi lle roedd William, brawd Richard, a'i gyfaill, y Parchedig Thomas Ellis, yn aros amdanynt yn eiddgar. Ac nid dyna ddiwedd y gwaith gan i Richard olygu sawl argraffiad o'r Beibl a'r Llyfr Gweddi Gyffredin gan ychwanegu atynt Salmau Cân a darluniau a hynny heb sôn am ei waith yn goruchwylio llyfrau eraill o natur grefyddol a oedd yn cael eu hargraffu yn Llundain.

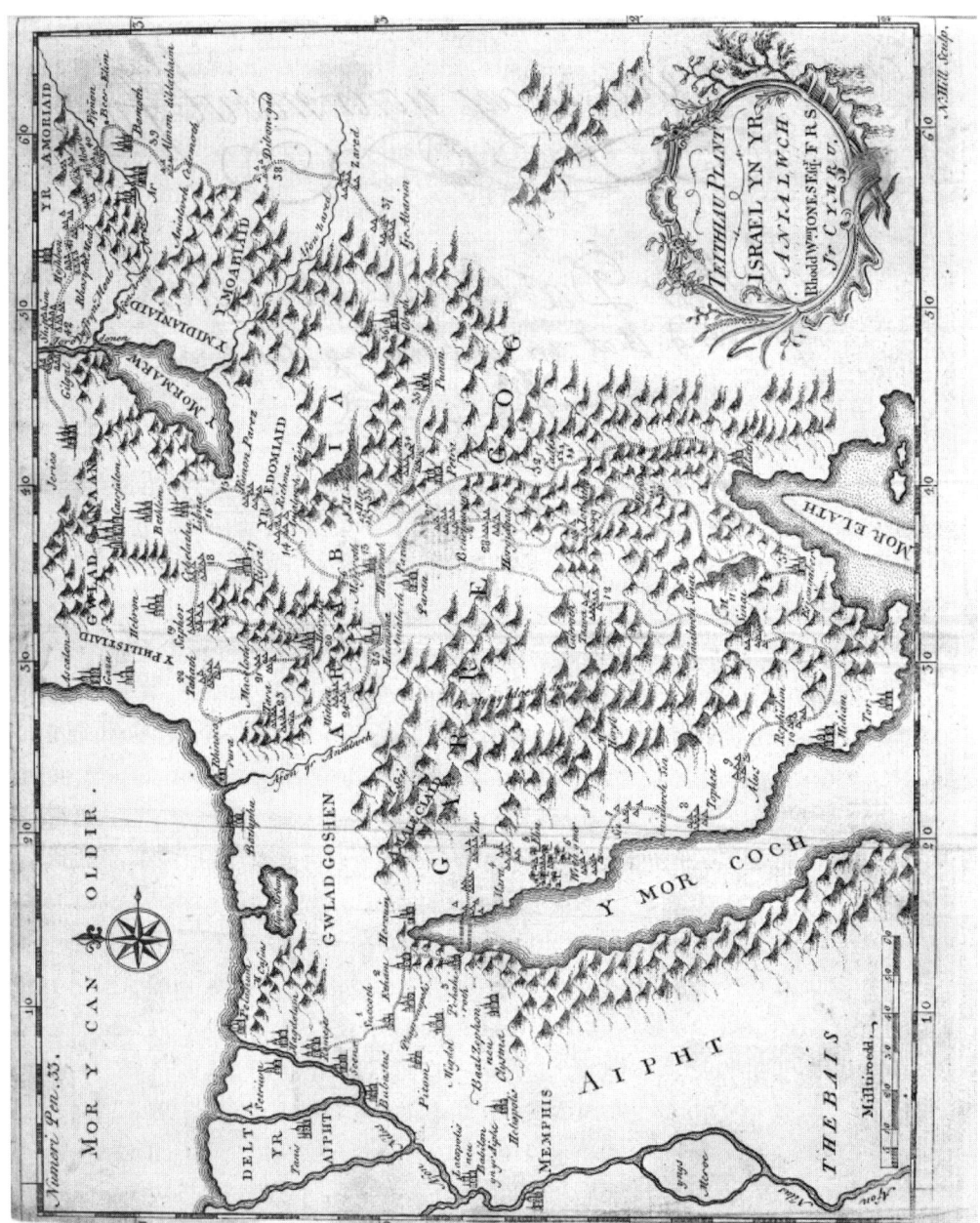

Beibl 1746: Teithiau Plant Israel yn yr Anialwch
(Trwy ganiatâd Llyfrgell Genedlaethol Cymru)

  Cymwynas arall Richard Morris oedd sefydlu Anrhydeddus Gymdeithas y Cymmrodorion yn Llundain yn 1751 gyda chymorth ei frawd Lewis. Os oedd Beibl yr SPCK wedi amcanu at fod o gymorth i'r werin, roedd y gymdeithas hon wedi ei hanelu at yr alltudion dylanwadol o Gymry ym mhrifddinas Lloegr. Roedd y Cymmrodorion:

i) yn fudiad cymdeithasol ac elusennol a fyddai'n cynnal ciniawau lle gellid casglu arian i gefnogi'r ysgol elusennol Gymraeg ac unrhyw Gymry a oedd mewn trallod yn Llundain;

ii) yn gymdeithas lenyddol a hynafiaethol a oedd yn cynnal trafodaethau ar hanes a llenyddiaeth Cymru, ac yn helpu i gyhoeddi llyfrau Cymraeg;

iii) yn rhoi arweiniad i'r Cymry gartref, nad oedd ganddynt unrhyw fath o sefydliadau seciwlar.

Y trydydd brawd oedd William. Arhosodd wrth ei waith yn swyddfa'r tollau yng Nghaergybi gan ymddiddori yn bennaf yn ei ardd a byd natur. Ni chyhoeddodd waith llenyddol ond cyhoeddodd lyfr ar blanhigion ei ynys a fu'n sylfaen i gampwaith y Parchedig Hugh Davies 'Davies y Dail', sef *Welsh Botanology* (1813). Prin yw ei waith llenyddol ar wahân i dros 400 o lythyrau a ysgrifennodd at ei frodyr ac eraill ond casglodd yntau nifer o lawysgrifau a gweithiau beirdd Cymru ac nid oes dim dwywaith na fu yr un mor bleidiol dros y diwylliant Cymraeg. Efallai mai'r ansoddair gorau i'w ddisgrifio yw 'ceidwadol'. Fel ei frodyr roedd yn benderfynol o sicrhau bod yr iaith a'r diwylliant Cymraeg yn ffynnu. Fel Richard roedd William yn Gristion ac yn eglwyswr pybyr. Roedd yn gôr-feistr yn yr eglwys ac yn gyfaill i'r Parchedig Thomas Ellis. Yn wahanol i Lewis roedd yn gymeriad tawelach, un a chanddo barch i'w gyd-ddyn a phoenai'n fawr am gyflwr ei rieni oedrannus ym Mhentre-eiriannell.

Pan ysgrifennodd Goronwy Owen y cwpled *Pwy a rif dywod Llifon? / Pwy rydd i lawr wŷr mawr Môn?* mae'n siŵr mai'r Morysiaid oedd flaenaf yn ei feddwl; ni chredai am funud y byddai ef ei hun yn cael ei gyfrif gyda'r mwyaf o wŷr mawr yr ynys. A fyddai Goronwy wedi codi i'r tir uchel hwn trwy ei ymdrechion ei hun? Oni bai am Lewis, Richard a William Morris, mae'n siŵr na fyddai llawer o sôn wedi bod amdano. Ond ef, yn sicr, yw'r mwyaf o gewri llenyddol Môn, er mai rhan fechan yn unig o'i oes a dreuliodd ar yr ynys. Er iddo ddyheu am gael dychwelyd, nid felly y bu a chythryblus a phoenus fu hanes gweddill ei fywyd byr o ddeugain mlynedd a chwech.

Yn nechrau'r ugeinfed ganrif ganed un arall o wŷr mawr Môn. Actor oedd Hugh Griffith; un o'r ychydig Gymry i ennill Oscar am ei waith. Disgleiriodd yn rhan y gwerthwr ceffylau yn y ffilm *Ben Hur*. Fe'i ganed ym Marian-glas, ychydig i lawr y lôn o Lanfair Mathafarn Eithaf a'r Rhos Fawr, lle y ganed Goronwy. O ddarllen eu hanes, gwelir bod tebygrwydd rhwng yr actor a'r bardd. Roedd y ddau yn gymeriadau diwylliedig a fu'n byw ar gyrion Llundain am gyfnod. Ailbriododd y ddau a chroesi Môr Iwerydd i'r Unol Daleithiau. Breuddwyd un oedd codi safonau llenyddol y cyfnod a mynnai'r llall wella safonau actio a sefydlu Theatr Genedlaethol. Roedd Hugh yn hoff iawn o adrodd rhannau o'r cywydd 'Hiraeth am Fôn' am ei fod yntau, fel Goronwy, yn dyheu am gael dychwelyd i Fôn ond ni wireddwyd breuddwyd yr un ohonynt. Swydd yn y banc a gafodd Hugh i ddechrau a Goronwy yn athro ysgol, swyddi nad oeddent wrth fodd calon y naill na'r llall.

Nid oedd y ddau heb eu gwendidau. Byddai Hugh yn troi at y brandi, ac wedi cael dau wydraid neu dri, neu fwy efallai, byddai'n hoff o ddifyrru ei gyd-actorion drwy adrodd rhannau o gywydd Goronwy. Teimlai y dylai fod wedi cael gwell rhannau actio wedi ei lwyddiant yn y ffilm *Ben Hur* ond efallai fod cynhyrchwyr y cwmnïau ffilmiau yn gwybod am ei wendid gan fod iddo enw fel yfwr trwm. Ar ei dystysgrif marwolaeth nodwyd mai un o achosion ei farwolaeth oedd 'chronic alcoholism'. Pe bai tystysgrif marwolaeth Goronwy ar gael, mae'n debyg y byddai'r crwner wedi cofnodi geiriau tebyg. Does dim dwywaith nad oedd yn orddibynnol ar y ddiod a dyna esbonio ei fywyd cythryblus, ei fethiant i gadw unrhyw un o'i swyddi am gyfnod sylweddol, a'r dieithrio rhyngddo a'i brif noddwr Lewis Morris ac eraill a fyddai wedi gallu bod o gymorth iddo yn ei drafferthion. Bu John Gwilym Jones yn giaidd ei onestrwydd pan ddisgrifiodd wendid Goronwy fel:

> ... pathetic, almost tragic weakness of character. In that stocky dark bearded Welshman charm and geniality rubbed shoulder with the most abject scrounging ... with an equally obsessive urge for degrading drinking orgies.

Roedd gallu actio cynhenid yn nheulu Hugh Griffith ac yn yr un modd roedd y gallu i farddoni yn nheulu Goronwy. Etifeddodd beth o allu ei dad a'i daid ond mewn llythyr at William Morris, i'w fam y talodd y diolch mwyaf twymgalon:

Dywedaf innau, er cyfiawnder â choffadwriaeth fy mam, nad adnabûm i erioed feistr mwy gofalus i gywiro brawddeg flêr ac anystwyth, neu gynhaniad anhyfryd na hyhi; a hynny a fu, mae'n rhaid i mi addef, o gymorth amhrisiadwy i mi.

Roedd Goronwy yn ddeng mlwydd oed cyn dechrau'r ysgol, a dianc a wnaeth yng nghwmni bechgyn eraill, heb yn wybod i'w rieni, i Ysgol Llanallgo:

> ... fy nhad a fynnai fy nghuro, a'm mam nis gadawai iddo; ba wedd bynnag trwy gynhwysiad fy Mam yno y glaniais, hyd oni ddysgais ennill fy mywyd.

Byddai ei fywyd wedi bod yn wahanol iawn hefyd oni bai am *Farged lawagored gynt*, sef Marged Morris, mam y Morysiaid. Mewn llythyr at Richard Morris mae'n hel atgofion ac yn datgan ei ddiolch i Marged:

> Hoff iawn a fyddai gennyf redeg ar brydnhawn Sadwrn o Ysgol Llanallgo i Bentre Eiriannell, ac yno y byddwn yn siwr o gael fy llawn hwde ar fwyta Brechdanau o Fêl, ac amryw neges arall, a cheiniog yn fy mhoced i fyned adref, ac anferth siars, wrth ymadael, i ddysgu fy llyfr yn dda; a phwy bynnag a fyddai yn y byd, y ceid ryw ddydd fy ngweled yn glamp o Berson.

Diddorol fyddai gwybod beth oedd barn Marged am hynt a helynt y darpar berson. Tybed a gafodd hi werth ei cheiniogau prin gan y sgolor bach a ddatblygodd yn fardd mawr? Roedd Goronwy yn sicr yn gwerthfawrogi ei chymwynasgarwch ac ar ei marwolaeth yn 1752 cyfansoddodd gywydd marwnad sy'n cynwys, yn ôl Alan Llwyd, 'anwyldeb cynnes, angerdd tawel, dwys, a mynegiant cynnil, cofiadwy':

> Tristaf man Pentre 'Riannell;
> Ni fu gynt un a fai gwell.

Roedd y sylfaen wedi ei gosod, a Goronwy bellach a'i fryd ar addysg. Yn 1734 neu 1735 aeth i'r Ysgol Rad ym Mhwllheli cyn symud ymlaen i Ysgol Friars ym Mangor. Datblygodd ei allu mewn Lladin a Groeg a throdd at farddoni. Yn 1740 bu'n ymryson ag Elis y Cowper yn Llanrwst, ac er ei fod flynyddoedd yn iau na'i wrthwynebydd cafodd y gorau arno. Ysgogwyd ef gan farwolaeth ei fam, a'r ffaith i'w dad ailbriodi yn fuan wedyn, i droi ei feddwl at fod yn offeiriad. Roedd breuddwyd Marged Morris ar fin cael ei gwireddu. Ysgrifennodd lythyr cais, yn Lladin, at Owen Meyrick, Bodorgan, i wneud cais am ysgoloriaeth i Goleg Iesu, Rhydychen:

> Gan nad wyf gynefin â llafurio â'm dwylo, gadawyd fi i ymdrechu torri fy nghwys fy hun, oreu gallwn ... Deuaf atoch felly fel cardotyn i ofyn am eich cymorth ... i fyned i un o'r Prifysgolion. Os daw hyn i'm rhan fe all fy nghyfaddasu i ryw swydd un ai yn yr Eglwys neu yn rhywle arall ...

Methiant fu'r cais ond ymhen blwyddyn roedd wedi cyrraedd Rhydychen a châi osgoi rhai o'r taliadau trwy weini ar y myfyrwyr eraill a'r athrawon. Gallai hynny olygu dechrau ar yrfa lwyddiannus ond nid felly y bu a phrin iawn fu'r amser a dreuliodd yn y coleg. Gwell oedd ganddo fireinio'r grefft o farddoni. Cafodd ei urddo yn ddiacon yn 1746 a'i dderbyn yn 'offeiriad hanner pan' neu gurad yn ei blwyf genedigol ym Môn. Er mawr siom iddo, ymhen tair wythnos fe'i gorfodwyd i adael ei swydd a'i fam ynys am y tro olaf.

Bu'n gurad yn yr Eglwys Anglicanaidd am bron i ugain mlynedd. O ystyried ei gefndir difreintiedig a'i amgylchiadau, ni allai Goronwy druan fod wedi dewis llwybr anoddach na phe bai wedi llunio rhaw â'i ddwylo ac wedi agor bedd iddo ef ei hun. Byddai swydd eglwysig wedi sicrhau incwm rheolaidd, statws cymdeithasol a digon o amser i farddoni ond ni fanteisiodd ar y cyfleoedd a ddaeth i'w ran. Aeth pethau o ddrwg i waeth. Collodd swyddi oherwydd natur wyllt ei gymeriad a'i fywyd afradlon. Cwerylodd ef a Lewis Morris. Dioddefodd brofiadau chwerw a phrofedigaethau fwy nag unwaith. Cafodd swyddi yng Nghroesoswallt, Donnington ac Uppington ger Amwythig. Yn Walton ger Lerpwl collodd Elin, ei unig ferch. Er hynny, ni bu ei awen yn segur ac yno y cyfansoddodd draean a rhagor o'i holl gerddi. O Walton symudodd i Northolt ar gyrion Llundain. Wedi methu â chael swydd gan Anrhydeddus Gymdeithas y Cymmrodorion, ym mis Tachwedd 1757 hwyliodd ar draws Môr Iwerydd i ymgymryd â swydd yng Ngholeg

Eglwys Llannerch-y-medd: Braslun gan Lewis Morris yn llawysgrif Bodewryd 106
(Trwy ganiatâd Llyfrgell Genedlaethol Cymru)

Eglwys Bodedern: Braslun gan Lewis Morris yn llawysgrif Bodewryd 106
(Trwy ganiatâd Llyfrgell Genedlaethol Cymru)

William a Mary yn Swydd Brunswick, Virginia. Bu farw ei wraig a'r mab ieuangaf yn ystod y fordaith. Collodd un arall o'i feibion yn fuan wedi glanio. Ailbriododd ond bu farw'r ail wraig o fewn blwyddyn. Wedi rhagor o helbulon bu'n rhaid iddo ymddiswyddo. Cafodd swydd offeiriad eglwys St. Andreas, Swydd Brunswick, yn 1761, ac yno y bu am yr wyth mlynedd a oedd yn weddill o'i oes. Prynodd blanhigfa i dyfu cotwm a thybaco, gyda chymorth ei gaethweision, a phriododd ei drydedd wraig. Bu farw ddechrau mis Gorffennaf 1769, a chladdwyd ef ym mhridd ei blanhigfa.

O astudio ei hanes yn fanwl, gwelir iddo fod mewn brwydr bron yn barhaol â'r ddiod, ym Mhrydain ac yn America, ac nid oedd dylanwad y Morysiaid na'r Eglwys yn ddigon i'w gadw ar y llwybr cul. Bu ei sefyllfa yn destun trafod yn llythyrau'r Morysiaid ac yn y diwedd collodd Lewis bob ymddiriedaeth ynddo. Clywsai Lewis fod Goronwy yn hoff iawn o'r ddiod gadarn a thebyg oedd yr wybodaeth a gawsai William: 'Ond ydyw resyndod fod dyn a g'add y fath dalent gan ei Greawdwr yn ei chuddio mewn succan?' Roedd pethau lawn cyn waethed yn Northolt a Llundain: 'he hath no manner of economy no more than his wife'. Ateb Goronwy i hyn oedd cyfansoddi 'Cywydd i Ddiawl'. A phwy oedd y Diawl hwnnw? Neb llai na'i athro. Ond yr hyn a roes derfyn ar eu perthynas oedd fod Goronwy 'gwedi meddwi fal llo' yng nghyfarfodydd Cymdeithas y Cymmrodorion. Y condemniad mwyaf o'r creadur truenus oedd:

> The juice of tobacco in two streams run out of his mouth. He drinks gin or beer till he cannot see his way home and has not half the sense of an ass, rowls in ye mire like a pig, runs through the streets with a pot in his hand to look for beer.

Uchelgais Goronwy oedd bod yn fardd a allai godi safon barddoniaeth Gymraeg. Roedd wedi mynegi ei safbwynt mewn cywydd yn annerch y Bardd Coch o Fôn: *O farddwaith, od wyf urddawl, / Poed im wau emynau mawl*. Do, fe gyfansoddodd awdlau a chywyddau ond methodd â chyfansoddi'r arwrgerdd fawr Filtonaidd roedd wedi rhoi ei fryd arni. Cyn gadael Cymru roedd ei awen wedi dechrau marweiddio a dim ond un gerdd a gyfansoddodd yn Virginia. Awdl farwnad i Lewis Morris oedd honno.

Yn ei lythyrau at y Morysiaid sydd wedi eu cadw, mae ei freuddwydion a'i obeithion i lunio rhagor o gerddi wedi eu mynegi mewn rhyddiaith gain. Un pwnc amlwg yn ei gerddi a'i lythyrau yw ei hiraeth am Fôn. Cawn ei glywed dro ar ôl tro yn ymbil am gael dychwelyd i sir ei eni ond ar yr un pryd mae'n cydnabod mai Duw sy'n llywio cwrs ei fywyd: *Gair o Nef am gyr yn ôl*. Nodwedd arall ganolog yw'r cywair Cristnogol. Lluniodd Goronwy 'Cywydd y Farn Fawr', y testun mwyaf cymeradwy gan feirdd y ddeunawfed ganrif. Daw ei ddefosiwn a'i ffydd i'r amlwg yn y cywydd hwn fel yn y rhan fwyaf o'i gerddi pwysicaf: 'Bonedd a Chyneddfau'r Awen', 'Cywydd y Gem neu'r Maen Gwerthfawr', 'Cywydd y Gwahodd' a 'Gofuned Goronwy Ddu'.

Pa mor bwysig oedd yr Eglwys yng ngolwg Goronwy Owen a'r Morysiaid? Ni chafodd crefydd na'r Eglwys fawr o ddylanwad ar Lewis Morris gan na falai fawr ddim am neb na dim ond ef ei hun. Roedd William yn wahanol. Er bod ganddo, fel Lewis, lawer o heyrn yn y tân, bu'n ffyddlon i'w eglwys yng Nghaergybi lle yr ymroes i hyfforddi'r cantorion, fel y tystia Ieuan Fardd yn ei farwnad iddo—*Ei waith oedd ar gyhoedd gynt / Canu salm, cynnes helynt. / Dysgu gogoneddu Nêr / Yr oedd i luoedd lawer*. Ymboenai'n fawr hefyd am gyflwr ysbrydol ei gyd-Fonwysion. O blith y brodyr Richard a wnaeth y cyfraniad pwysicaf o ddigon trwy lywio sawl argraffiad o'r Beibl a'r Llyfr Gweddi Gyffredin trwy'r wasg. A beth am Goronwy? Fel Ieuan Fardd, ni chafodd lawer o gefnogaeth gan yr Eglwys y bu'n ei gwasanaethu. Ar ôl cyfnod byr o dair wythnos bu'n rhaid iddo ildio curadaeth Llanfair Mathafarn Eithaf ym Môn i arall a chanddo ragorach cysylltiadau. Ni soniodd ddim am dderbyn na chyngor na cherydd gan ei esgob. Nid oedd gan uwch-glerigwyr Eglwys Loegr wir ddiddordeb yn yr hyn a oedd yn digwydd yng nghefn gwlad Cymru a phrin oedd y parch i'r iaith Gymraeg a'r diwylliant ym mhalasau'r esgobion. Ond efallai fod ffaeleddau Goronwy yn llawer mwy amlwg na'i ragoriaethau yng ngolwg ei gyfoeswyr. Pe bai wedi byw mewn oes fwy goleuedig, byddai manteision meddyginiaeth addas wedi bod ar gael iddo.

Yn ei gywydd yn ateb y Bardd Coch o Fôn y ceir llinellau enwocaf Goronwy sy'n mynegi ei hiraeth am ei gynefin ond yma hefyd y ceir ei ddehongliad o'i ddwy alwedigaeth. Er gwaethaf y siomedigaethau a ddaethai i'w ran, myn Goronwy mai ei ddyletswydd fel offeiriad—*Bagad gofalon bugail ... Fy mharchus arswydus swydd*—

oedd gwasanaethu Duw ac mai'r un swyddogaeth a oedd i'w awen. A dyfynnu'r dilyniant i gwpled a nodwyd uchod: *O farddwaith, od wyf urddawl, / Poed im wau emynau mawl,— / Emynau'n dâl am einioes / Ac awen i'r Rhên* [Arglwydd] *a'u rhoes.*

Do, bu'r pedwar drwy sawl storm ond dynion oeddent o flaen eu hamser ac fel llawer proffwyd ni chawsant eu haeddiant yn ystod eu hoes. Ond gallwn ddweud bod Goronwy Owen, Lewis, Richard a William Morris ymysg gwŷr mawr, os nad y mwyaf o fawrion Môn.

Cofeb Morysiaid Môn ger Pentre-eiriannell

DARLLEN PELLACH

Branwen Jarvis, *Goronwy Owen* (Cardiff: University of Wales Press, 1986).
Alun R. Jones, *Lewis Morris* (Caerdydd: Gwasg Prifysgol Cymru, 2004).
John Gwilym Jones, *Goronwy Owen's Virginian Adventutre* (Williamsburg, Virginia: The Botetcourt Bibliographical Society, College of William and Mary, 1969).
Alan Llwyd, *Gronwy Ddiafael, Gronwy Ddu [:] Cofiant Goronwy Owen 1723–1769* (Llandybïe: Cyhoeddiadau Barddas, 1997).
Dafydd Wyn Wiliam, Cofiannau i Lewis Morris (dwy gyfrol, 1997 a 2001), Richard Morris (1999), William Morris (1995) a Siôn Morris (2003).
Dafydd Wyn Wiliam, *Llythyrau Goronwy Owen* (Bangor: Dalen Newydd, 2014).
W.D. Williams, *Goronwy Owen* (Caerdydd: Gwasg Prifysgol Cymru, 1951).

14

Gerald Morgan

EDWARD RICHARD A IEUAN FARDD

Dau Gymro, dau Gardi, dau fardd o'r un fro, dau hen lanc, y ddau yn hyddysg mewn Groeg a Lladin; un yn athro a'r llall yn ddisgybl iddo. Gallai Edward Richard gyfarch Ieuan fel 'My dear first born, and the beginning of my strength'. Felly, oni ddylai fod llawer yn gyffredin rhwng Edward Richard a Ieuan Fardd o gofio'r parch a ddangosent i'w gilydd? Ond na! Yn y bôn roedd gwahaniaethau mawr rhyngddynt.

Y gwahaniaeth amlycaf oedd fod y disgybl yn alcoholig. Roedd gwahaniaeth sylfaenol rhwng y ddau o ran eu huchelgais hefyd. Dewis Edward Richard oedd bod yn athro llwyddiannus mewn ysgol ffyniannus. Mae'n wir iddo lythyru'n ffraeth a dysgedig â Lewis Morris ac eraill, yn Saesneg bob tro, gan fychanu ei afael ei hun ar y Gymraeg. Er gwaethaf barn D.G. Osborne-Jones yn ei astudiaeth arloesol *Edward Richard of Ystradmeurig*, anodd gennyf gredu mai'r Gymraeg oedd prif gyfrwng dysgu ffurfiol yr athro. Ei brif nod oedd creu ysgol ramadeg, ysgol ar gyfer y clasuron, a bod yn athro Groeg a Lladin effeithiol. Canolbwyntiodd ar y nod hwnnw a gwaddoli ei ysgol â'i gyfoeth personol. Diolch i'w waith ef, a gwaith ei olynwyr, chwaraeodd yr ysgol ran bwysig yn hanes yr Eglwys oherwydd dros gyfnod o ddwy ganrif aeth nifer o fyfyrwyr Ystradmeurig i wasanaethu'r Eglwys Anglicanaidd yng Nghymru a'r tu hwnt fel offeiriaid.

Mae rhestr anghyflawn Osborne-Jones o gyn-ddisgyblion Ystradmeurig yn cynnwys tri esgob, pum archddiacon, hanner cant o offeiriaid a hanner dwsin o weinidogion Ymneilltuol. Un o'r esgobion oedd Joshua Hughes, Llanelwy, y Cymro Cymraeg cyntaf i'w gysegru ers canrif a hanner. Y mwyaf nodedig o'r offeiriad, o bosibl, oedd yr awdur Thomas Jones, Creaton, a'i fywgraffydd, John Owen, Thrussington. Ymhlith y lleygwyr roedd dau gadfridog a sawl meddyg blaenllaw.

Nid Ystradmeurig oedd yr unig ysgol yng Nghymru, wrth reswm. Roedd ysgolion gramadeg wedi goroesi o ddyddiau Harri VIII ymlaen. Ysgolion bychain oedd y rhain, ac ar gyfer bechgyn yn unig, fel Ystradmeurig. Llwybr arall i gael addysg a allai fod o safon dipyn yn uwch oedd yr academïau Ymneilltuol. Problem fwyaf y rheini oedd eu tuedd i fod yn fandiau-un-dyn, yn symud o le i le, ac yn darfod gyda marwolaeth yr athro (roedd Academi Caerfyrddin yn eithriad). Gallai'r un dynged fod wedi dod i ran Ystradmeurig. Trwy lwc, roedd gweddw Thomas Oliver, offeiriad o Gymro alltud nad yw ei enw yn *Y Bywgraffiadur Cymreig*, wedi rhoi tiroedd i waddoli ysgol i'w sefydlu yn Lledrod, bro ei enedigaeth, nid nepell o Ystradmeurig. Sefydlwyd ymddiriedolaeth i weinyddu'r cyfan a phenodwyd Edward Richard, a oedd eisoes wedi cychwyn ar ei waith yn Ystradmeurig, yn brifathro Lledrod hefyd. Yn fuan fe ddaeth y ddwy ysgol yn un ac ni bu sôn mwyach am Ledrod. Canlyniad hyn oedd bod cyflog sefydlog i'r prifathro; yn ddiweddarach rhoes Edward Richard ei hun ychwaneg o dir i'r ymddiriedolaeth.

Ymhlith ymddiriedolwyr Ystradmeurig roedd aelodau o deuluoedd blaenaf gogledd Ceredigion—Pweliaid Nanteos, Llwydiaid Ffosybleiddiaid, Fychaniaid Trawsgoed a Huwsiaid Hendrefelen. Roedd Edward Richard yn mwynhau cymdeithas y boneddigion hyn, a'r ysgol ar ei helw oherwydd hynny. Yr ymddiriedolwyr fyddai'n arolygu incwm yr ysgol a'r penodiadau wedi marwolaeth Richard. Erbyn hynny roedd ysgol Ystradmeurig ar seiliau digon cadarn i fedru parhau wedi marwolaeth y prifathro.

Ni ddylid ystyried Edward Richard yn athro a chlasurwr yn unig. Roedd yn mwynhau cwmni a llythyru fel ei gilydd, yn adnabod ei fro ac yn ei charu. Er iddo enwi yn ei gerddi bobl yr ardal ac enwau lleoedd hefyd, mae'n rhyfedd na cheir cyfeiriadau yn ei farddoniaeth at dirwedd a bywyd naturiol gogledd Ceredigion. Ychydig o'i gerddi sydd wedi goroesi: dwy gerdd fugeiliol, dwy gân i'r bont (sef Pontrhydfendigaid), un emyn, cyfieithiad o faled gan John Gay ac englynion marwnadol ar farwolaeth plentyn. Mae'r olaf yn brawf digonol o'i feistrolaeth ar fesur yr englyn. Dangosodd Saunders Lewis yn ei ymdriniaeth arloesol *A School of Welsh Augustans*, sydd hyd heddiw'n dal yn safonol, fel y llwyddasai Richard i asio dylanwad *Blodeu-gerdd Cymry* Dafydd Jones o Drefriw (1759) a thraddodiadau clasurol. Ni phlygodd i safonau llenyddol ac ieithyddol Lewis Morris; gwell ganddo ddefnyddio mesurau rhydd, ffurfiau'r iaith werinol ac odlau nad oeddent yn dderbyniol i glust Morris.

Pan fu farw Richard ym mlwyddyn y tair caib, roedd ei baratoadau gofalus rhagllaw yn sicrhau bod modd penodi prifathro newydd, dyn a brofodd yn atebol i'r her. John Williams oedd hwnnw, mab gof Swyddffynnon, offeiriad a chyn-ddisgybl o'r ysgol, a ddaeth yn adnabyddus dan ei lysenw 'Yr Hen Syr'. Bu'n brifathro Ystradmeurig am 41 o flynyddoedd, a dyna efallai oes aur yr ysgol. Bu'n rhaid ehangu'r adeilad, ac er i Goleg Dewi Sant, Llanbedr Pont Steffan, gymryd tipyn o'r cyfrifoldeb am baratoi offeiriaid ar gyfer yr Eglwys ar ôl 1827, goroesodd yr ysgol yn Ystradmeurig hyd at ail hanner yr ugeinfed ganrif; daeth nifer o ddarpar-offeiriaid yno wedi diwedd yr Ail Ryfel Byd, a hynny mewn pryd i brofi gaeaf dychrynllyd 1947. Daeth y diwedd yn 1974.

Ni ddylem anghofio rhywbeth arall a sicrhaodd lwyddiant parhaol Ystradmeurig. Roedd Edward Richard wedi creu llyfrgell arbennig ar gyfer yr ysgol, llyfrgell y cafwyd astudiaeth werthfawr ohoni gan William Howells. Er na wyddom beth oedd union gynnwys y llyfrgell, roedd yn sylweddol a'r pynciau'n amrywiol, y cyfan mewn adeilad pwrpasol. Beth oedd effaith hyn oll? Un o'r canlyniadau oedd sicrhau cyflenwad o Gymry Cymraeg roedd modd eu derbyn yn offeiriaid yn yr Eglwys Anglicanaidd yng Nghymru.

Sut athro oedd Edward Richard? Anodd gwybod, wrth gwrs; does dim mwy diflanedig na llwyddiant athro. Ond gwyddom o'i lythyrau, ei gerddi a chynnwys amrywiol ei lyfrgell, ei fod yn ddyn o ddiwylliant eang, cymaint felly nes i rai ei amau o fod yn Undodwr! Ceir teyrngedau iddo mewn dwy farwnad. Rhaid cyfaddef nad oedd Dafydd Ionawr yn fardd o athrylith, ond dywed am ei gyn-athro:

> Fe wyddai fu o addysg
> Holl barthau dyfnderau dysg ...
> Câi Cymru gladdu y glod
> Ei hoenus athro hynod.

Mwy diddorol yw marwnad David Ellis, Dolgellau, iddo:

> Dysgai araith yn iaith Ryw,   *Gryw=Groeg*
> Dasg ddi-brin, dysgodd Ebryw;   *Ebryw=Hebraeg*
> Gwyddai, dygai air digoll,
> Llydan wawd, y Lladin oll.

Ond heb ei fai heb ei eni; cyfaddefodd Edward Richard wrth Lewis Morris nad oedd yn gwybod enwau ei ddisgyblion—peth a ystyrir yn wendid mewn athro. Ond mae ei lwyddiant dros 30 mlynedd yn ddigon i brofi ei effeithiolrwydd fel addysgwr.

Cymaint yw ein hanwybodaeth am ysgol Ystradmeurig fel na wyddom i ba raddau y parhaodd yn ysgol elfennol i blant y pentref yn ogystal â bod yn ysgol y clasuron i fechgyn hŷn. Gellir dyfalu ei bod yn cyflawni'r ddwy swyddogaeth, ond gan mai Edward Richard oedd yr

To my Executors

My Will is to do Good to the present Age and no less to Posterity. Let Charity prevail over self-Interest, and my Effects be disposed of to the best Advantage, and the Money laid out in Books for the Library. My wearing Apparel and Eatables in my House you will give to the poor. Let it be done with Discretion.

Edward Richard

To my Successors in the School:

This School is not intended to be a Sinecure. You must attend, and get your Bread by Labour and Industry. This is my Will, and I hope it will be observed. Discharge therefore your Trust faithfully, as knowing that you are accountable for your Behaviour not only to the Trustees but also to the <u>Almighty</u>

Let the School and Library be kept in good Repair, and improved to the utmost of your Power.

Ystradmeurig
February 28th 1777

Edward Richard

Atodiad i ewyllys Edward Richard
(Trwy ganiatâd Llyfrgell Genedlaethol Cymru)

unig athro, rhaid tybio ei fod yn defnyddio myfyrwyr hŷn i ddysgu'r plant elfennol. Roedd trefn y disgybl-athro yn hen arfer cyn dyddiau Edward Richard.

Wrth gloriannu ysgol Ystradmeurig, rhaid i ni gofio nad oedd unrhyw sefydliad yn unman i baratoi dynion yn broffesiynol ar gyfer yr offeiriadaeth. Doedd neb yn barod i ofyn a oedd gwybodaeth o Roeg a Lladin yn ddigonol i'r dasg. Rhaid cofio hefyd mor sâl oedd yr amodau yn Lloegr ar y pryd a bod safonau addysg Rhydychen a Chaer-grawnt yn ddiffygiol mewn llawer ffordd. Araf oedd yr awdurdodau eglwysig a'r prifysgolion i sylweddoli bod llwyddiant cynyddol Ymneilltuaeth yn brawf fod angen i'w safonau newid er gwell. O fewn cyfyngiadau'r cyfnod roedd gwaith oes Edward Richard yn gyfraniad pwysig i'r Eglwys Gymreig yn ail hanner y ddeunawfed ganrif. Gwnaeth Richard ei hun ei fwriad yn glir yn y nodyn annerch i'w olynwyr a ysgrifennodd fel math o atodiad answyddogol i'w ewyllys:

> This School is not intended to be a Sinecure. You must attend, and get your Bread by Labour and Industry. This is my Will, and I hope it will be observed. Discharge therefore your Trust faithfully, as knowing that you are accountable for your Behaviour not only to the Trustees but also to the Almighty.

O'i gyfosod ag Edward Richard, roedd Ieuan Fardd yn Gymro ar chwâl. Roedd yn uchelgeisiol fel bardd ond ni fedrai gystadlu â Goronwy Owen ar ei orau heblaw yn ei englynion i lys Ifor Hael. Dylid cofio, serch hynny, mai ef oedd y bardd cyntaf i fynegi ei hiraeth am Gymru yn hytrach nag am fro yn unig yn ei gywydd 'Hiraeth y Bardd am ei Wlad':

> O Gymru, lân ei gwaneg,
> Hyfryd yw oll, hoyw fro deg!

Ni roddwyd digon o sylw ychwaith i'w gerdd hir Saesneg, 'The Love of Our Country', sy'n crynhoi'n drawiadol ei wladgarwch a'i feirniadaeth ar yr Eglwys Wladol. Fel bardd roedd yn hynod ddyledus i Lewis Morris, a hwnnw hefyd a ysbrydolodd ysgolheictod Ieuan trwy ddysgu iddo bwysigrwydd copïo'r hen lenyddiaeth a bod yn ddigon gonest i adael lle gwag yn lle dyfalu fel y bu llawer yn barod i'w wneud.

Yn ddiau *Some Specimens of the Poetry of the Antient Welsh Bards* (1764) oedd campwaith Ieuan Fardd. Roedd wedi copïo cymaint ag oedd ar gael o'r Hengerdd a gwaith Beirdd y Tywysogion a myfyrio arnynt. Mae'r gyfrol mewn tair iaith oherwydd awydd Ieuan i annerch tri math o ddarllenwyr: Saeson diwylliedig a anerchir mewn Saesneg digon coeth, Ewropeaid oedd yn abl i ddarllen Lladin, a Chymry Cymraeg sy'n cael eu cyfarch yn eu mamiaith. Yr adran Ladin yw'r ymgais gyntaf i ysgrifennu hanes barddoniaeth Gymraeg. Ond dylem gydnabod na fyddai'r gwaith wedi gweld golau dydd oni bai i'r Barnwr Daines Barrington brynu'r llawysgrif gan Ieuan a chyhoeddi *Some Specimens* yn Llundain. Daeth Ieuan yn adnabyddus i rai o brif ysgolheigion Lloegr yn sgîl y gwaith. Anodd yw asesu ei gyfraniad at gyfrol bwysig arall, *Gorchestion Beirdd Cymru* (1773), a gyhoeddwyd dan enw Rhys Jones o'r Blaenau, ond mae llais Ieuan i'w glywed yn y llythyr Saesneg 'To the Reader', lle mae'n cystwyo'r Esgyb Eingl (fel y galwai hwy) unwaith eto wrth fynd heibio.

Yn wir, hawdd yw cydnabod bod gan Ieuan holl reddfau'r ysgolhaig. Roedd yn medru gweithio yn ddygn a chanolbwyntio yn effeithiol. Deallai natur hen lawysgrifau cystal ag ysgolheigion gorau Lloegr. Gwyddai fod iaith yn newid ac roedd yn barod i gydnabod bod rhai geiriau a chystrawennau'n amhosibl i'w deall. Gwell ganddo orgraff Gymraeg William Morgan nag ymdrechion Siôn Dafydd Rhys ac Edward Lhuyd, ac er ei fod yn ofalus iawn wrth fynegi ei farn am MacPherson a'i *Ossian* wrth ysgrifennu yn Saesneg, roedd yn fwy beirniadol yn Gymraeg.

Uchelgais mawr Ieuan oedd sicrhau diwygiadau yn yr Eglwys. Daeth hyn yn dipyn o obsesiwn ac ni fedrai ddeall nad oedd modd cyflawni'r nod. Roedd dwy ystyriaeth yn golygu nad oedd gobaith llwyddo. Yn gyntaf, ei amgylchiadau ef ei hun, y curad tlawd alcoholig. Gwyddai pawb am ei wendid. Mae'n wir y gallai fod yn hwyliog, ond droeon eraill byddai'r felan yn ei blagio. Pan oedd hi yn fwyaf cyfyng arno, roedd wedi ymrestru fel milwr cyffredin yn y fyddin, ac mae lle i gredu iddo geisio ei ladd ei hun ar un achlysur.

Yr ail ystyriaeth oedd fod yr Eglwys Anglicanaidd yn llwyr ddarostyngedig i Goron a Senedd Lloegr. Roedd cyfres hir o ddigwyddiadau a chymeriadau—Harri VIII a Thomas Cromwell, Edward VI a'r Frenhines Elisabeth, ffolineb Iago II a'r Chwyldro Gogoneddus bondigrybwyll—wedi creu eglwys oedd yn wasanaethferch ufudd, heb unrhyw rym nac awydd i ymddiwygio. Hyd yn oed yn yr ugeinfed ganrif roedd y Senedd, a Margaret Thatcher yn benodol, yn awyddus i gadw'r ffrwyn yn dynn ar Eglwys Loegr trwy benodi Archesgob Caer-gaint o'i dewis ei hun.

Pa obaith, felly, i Ieuan Fardd, y curad crwydrol, sicrhau unrhyw fath o ddiwygiad? Ei waith mawr ar y pwnc oedd ei draethawd, 'The Grievances of the Principality of Wales in the Church considered and laid open in three essential articles', gwaith sy'n fwy adnabyddus dan y teitl 'Traethawd yr Esgyb Eingl' nas argraffwyd byth (llawysgrif LlGC 2009B). Gellir crynhoi beirniadaeth Ieuan fel hyn:

> Bod esgobion Cymru yn Saeson, wedi eu penodi am
> resymau gwleidyddol, a'u bod yn budr-elwa;

> Bod yr Esgyb Eingl hyn yn dymuno gweld tranc y Gymraeg;

> Eu bod hwy a noddwyr di-Gymraeg eraill yn penodi Saeson
> i blwyfi lle'r oedd y mwyafrif yn siarad Cymraeg;

> Bod yr eglwysi yng Nghymru yn hynod o dlawd am
> fod llawer o'r degymau yn mynd i bocedi lleygwyr;

> Bod esgobaeth Tyddewi wedi colli breintiau
> archesgobaeth er gwaethaf ymdrechion Gerallt Gymro.

Os oedd Gerallt wedi methu, pa obaith oedd gan gurad tlawd yn erbyn grym y wladwriaeth Brydeinig? Rhaid oedd aros hyd 1920 i gael annibyniaeth i'r Eglwys Gymreig, a hynny o'i hanfodd.

Anodd yw derbyn cyhuddiad Ieuan fod yr esgobion yn cymryd swyddi yng Nghymru 'er mwyn eu budd tymhorol eu hunain'. Esgobaethau Cymru oedd y rhai tlotaf yn y ddwy wlad. Gwir wendid y sefyllfa oedd bod esgobaethau Cymru yn ris cyntaf ar yr ysgol a arweiniai at esgobaethau gwell yn Lloegr, gan gynnwys archesgobaeth Caer-gaint ei hun. Ac roedd llywodraeth y dydd yn defnyddio'r swyddi esgobol i benodi cefnogwyr a fyddai'n eistedd a phleidleisio yn Nhŷ'r Arglwyddi. Roedd y cyhuddiad am dlodi'r bywiolaethau yng Nghymru yn gwbl gywir, ac i raddau sylweddol roedd hynny am fod llawer o blwyfi wedi colli'r degymau a oedd yn ddyledus iddynt am eu bod yn eiddo perchenogion lleyg. Roedd perchenogaeth trethi'r degwm wedi sicrhau bywyd bras i ambell deulu bonheddig am sawl canrif.

Roedd Erasmus Saunders, yn *A View of the State of Religion in the Diocese of St David's* (1721) wedi dangos gwirionedd cyhuddiadau Ieuan ddeugain mlynedd ynghynt, a hynny gyda thystiolaeth fanylach nag a gynigiodd Ieuan, ac mewn iaith fwy gymhedrol. Doedd iaith Ieuan ddim yn gymhedrol, yn enwedig wrth iddo ysgrifennu cyflwyniad Cymraeg ar gyfer ei draethawd. Roedd yr esgobion, meddai, yn 'estroniaid gormesol, ag sydd yn ymhyrddu yn Esgobion arnom er mwyn budr elw ...', sy'n 'haeru mai ein llês yw colli iaith ein Hynafiaid, a dyfod yn Saeson cynhwynawl'. Rhaid, meddai Ieuan, 'deisyfu ar Fawrhydi'r Brenin a'r Parliament yrru'r gormesiaid presennol allan o'n gwlad.' Am obaith! Meddai Ieuan ymhellach:

> Nid ydym ni'r Cymry yn cael ond y llwyrgam ym mhob gwedd a dull gan yr Esgyb Eingl, ag oni ddaw rhyw attal ar eu rhwysg bresennol, yn iach am wybodaeth pur grefydd ynGhymru. Nid oes yrawron ond Offeiriaid anwybodus o'r iaith yn perchennogi'r lleoedd gorau ymhob Esgobaeth, pan i mae y Cymry cynnenid yn gweini danynt am ffiloreg. Nid yw'r gwerinos uniaith yn derbyn nag adeiladaeth nag addysg, na'r tlawd eluseni na chardawd oddiwrth y fath ormeissiaid. Ond i mae y llafurwyr yn talu eu degymau yr un modd a phed fai gennym iawn Athrawon.

Rhaid cydnabod bod Saesneg Ieuan yn llai eithafol na'r rhagair Cymraeg, ond yr un oedd y cyhuddiadau. A'r cyfan mewn traethawd a luniwyd ar gyfer Archesgob Caer-gaint ei hun. Does dim syndod fod Richard Morris a chyfeillion eraill wedi dweud wrtho na allai ac na ddylai gyhoeddi'r fath druth. Gellir awgrymu bod teimladau Ieuan yn drech na'i reddfau fel ysgolhaig. Gwaith cymhedrol a doeth yw *Some Specimens of the Poetry of the Antient Welsh Bards*, gwaith trwyadl a gofalus. Mae 'Traethawd yr Esgyb Eingl' yn flêr wrth ymyl gwaith gorau Ieuan.

Aros ar ffurf llawysgrif fu tynged y traethawd. Pam? Roedd y Cymmrodorion, gyda chefnogaeth nifer o Gymry amlwg, wedi mynd ag achos o flaen Llys y Bwâu i geisio gwyrdroi penodiad Thomas Bowles,

Eglwys Sant Ioan Ystradmeurig ac ysgoldy Edward Richard yn ei chysgod

Sais rhonc a wnaed yn rheithor Trefdraeth, Môn, plwyf uniaith Gymraeg. Efallai fod hyn, a barn ei gyfeillion, wedi perswadio Ieuan nad oedd pwrpas bellach i'r traethawd fel yr oedd. Serch hynny, ni thawodd Ieuan. Yn 1772, a'r achos yn erbyn Bowles heb gyrraedd y llys eto, cyhoeddodd Ieuan ei gerdd hir Saesneg, 'The Love of Our Country'. Yn y Gymru gyfoes, meddai: 'Thy sheep for want of shepherds go astray / And grievous wolves upon thy mountains prey.' Yn y rhagair i'r gerdd myn Ieuan, 'the *British Language* and *Poetry* will flourish, as long as we have the Word of God in our *Mother Tongue*, which in Spite of *Anglo-Welsh* Prelates, and their illegal Attempts to introduce Persons unacquainted with our *Language*, into our *Churches*, will I hope, continue till Time is no more.' Ieuan ei hun a fathodd yr ymadrodd defnyddiol 'Anglo-Welsh'.

Yn 1773 cyhoeddodd Ieuan ei waith mwyaf swmpus, dwy gyfrol o bregethau Cymraeg, ond gyda rhagair Saesneg yn cyflwyno'r gwaith i Syr Watkin Williams Wynne. Mae'n ymosod yn ffyrnig ar ei gyd-offeiriaid: 'it is pity they should not do something besides eating and drinking, to convince the world that they are ministers of the gospel'. Rhoddodd ei lach ar y esgobion, wrth gwrs, ac ar foneddigion Cymru am eu hesgeulustod o'r Gymraeg. Wrth edrych yn ôl, methiant llwyr fu ymdrechion Ieuan, druan, i ddylanwadu dim ar hanes yr Eglwys; nid ei yrfa offeiriadol ond ei ysgolheictod oedd llwyddiant mawr ei fywyd.

Hoffwn gredu mai ergyd olaf Ieuan yn ei ymgyrch oedd y triawd o englynion i Dyddewi a ddarganfuwyd gyntaf gan Aneurin Lewis:

> Tyddewi heb fri, heb fraint—ym Mynyw
> Na maenawr uchelfraint;
> Heb gafell ac heb gwfaint,
> Ef aeth ysywaeth heb saint.

> Haid o ficeriaid a'u ceg—yn seinio
> Gwasanaeth yn Saesneg;
> Gwae i'n gwlad o'r brad a'r breg
> Eu cael o fewn y coleg.

> Iaith Cymru darfu i'r dydd—ni chlywaf
> Na'i chlaear leferydd;
> Iaith estron Saeson y sydd
> A'u diffaith esgyb diffydd.

Diwedd truenus a gafodd Ieuan Fardd. Ni welodd fawr o'i farddoniaeth Gymraeg ei hun mewn print, nac ychwaith unrhyw newid yng nghyflwr yr Eglwys. Er mwyn sicrhau incwm i'w fam oedrannus, rhoes ei gasgliad gwerthfawr o lawysgrifau i Paul Panton a sicrhaodd ef na fyddai'r cyfan yn cael ei chwalu. Roedd ei gasgliad sylweddol o lyfrau yn nwylo Eddowes, argraffydd y cyfrolau o bregethau a oedd yn dal i ddisgwyl tâl am ei waith. Tybed beth a ddigwyddodd i'r arian a roddwyd gan y rhestr hir o danysgrifwyr? Enwir 368 ohonynt, rhai wedi archebu nifer o gopïau, ac yn eu plith Richard Morris, Edward Richard a Daines Barrington.

Ar y pedwerydd dydd o Awst 1788, bu Ieuan farw ar lawr oer Cynhawdre heb neb yn agos ato, ei fam yn dod o hyd i'w gorff, a hithau wedi bod yn gweithio trwy'r dydd er ei bod mewn gwth o oedran. Anodd peidio galaru drosto, ac yntau wedi cael bywyd blêr a llawer siom. Ond yn hytrach gellir llawenhau am iddo, er cymaint rhwystrau tlodi ac er gwaethaf ei wendidau personol, wneud cymaint dros lenyddiaeth y wlad a garai. Roedd ei gariad at ei famiaith, ei wlad a'i Eglwys fel lamp dan ei fron.

DARLLEN PELLACH

William H. Howells, 'The library of Edward Richard, Ystradmeurig', *Ceredigion*, IX (1982), 227–44.

Aneirin Lewis, 'Edward Richard ac Ieuan Fardd', *Ysgrifau Beirniadol*, X (Dinbych: Gwasg Gee, 1977), tt. 267–89.

Saunders Lewis, *A School of Welsh Augustans* (Wrexham: Hughes, 1924).

Gerald Morgan, *Ieuan Fardd*, Cyfres Llên y Llenor (Caernarfon: Gwasg Pantycelyn, 1988).

D.G. Osborne-Jones, *Edward Richard of Ystradmeurig* (Carmarthen, 1934).

Terrence Williams, 'The Richard family of Ystradmeurig and the Hendrefelyn Estate records', *Ceredigion*, XVIII (2019), 35-54.

Rhestr o Ddelweddau a Hawlfraint

Trwy ganiatâd Llyfrgell Genedlaethol Cymru:

Clawr	John Ingleby (1749–1808), Eglwys Llanrhaeadr-ym-Mochnant
Clawr	Atodiad i ewyllys Edward Richard
t.7	Testament Newydd William Salesbury 1567: Epistol Paul at y Rhufeiniaid
t.17	*Y Bibl Cyssegr-lan*, 1620
t.27	Rhan o gywydd moliant i Dr John Davies Mallwyd yn llawysgrif LlGC 5269
t.39	Beibl 1630 a Sallwyr Edmwnd Prys
t.124	*Welch Piety* 1773–4
t.139	*Welch Piety* 1773–4
t.149	Llawysgrif Cwrtmawr 224: Carol yn llaw Huw Morys a llofnod y bardd
t.161	Emyn Ellis Wynne yn Llyfr Gweddi Gyffredin 1710
t.170	Beibl 1746: Teithiau Plant Israel yn yr Anialwch
t.171	Eglwys Llannerch-y-medd: Braslun Lewis Morris yn llawysgrif Bodewryd 106
t.171	Eglwys Bodedern: Braslun Lewis Morris yn llawysgrif Bodewryd 106
t.183	Atodiad i ewyllys Edward Richard

Trwy ganiatâd Gwasg Prifysgol Cymru:

t.56	Rowland Vaughan, *Yr Ymarfer o Dduwioldeb* (1630)
t.97	Blaenddalen *Gweledigaetheu y Bardd Cwsc* Ellis Wynne (1703)
t.107	Blaenddalen *Drych y Prif Oesoedd* Theophilus Evans (1716)

Trwy ganiatâd Casgliadau Arbennig ac Archifau Llyfrgell Prifysgol Caerdydd:

t.81	*Canwyll y Cymry* (1776)

Trwy ganiatâd Gwasanaeth Amgueddfeydd Sir Gaerfyrddin:

t.136　Madam Bridget Bevan

Lluniau gan A. Cynfael Lake:

t.22　Eglwys Mallwyd
t.88　Eglwys Llandingad yn Llanymddyfri
t.112　Eglwys Llangamarch lle y bu Theophilus Evans yn gweinidogaethu
t.115　Rhestr o ficeriaid y plwyf yn eglwys Llangamarch
t.178　Cofeb Morysiaid Môn ger Pentre-eiriannell
t.188　Eglwys Sant Ioan Ystradmeurig ac ysgoldy Edward Richard yn ei chysgod

Gwefannau:

t.34　Cerflun o Edmwnd Prys ar Gofeb Cyfieithwyr y Beibl, Eglwys Gadeiriol Llanelwy
　　　　https://commons.wikimedia.org/wiki File:Edmwnd_Edmund_Prys_ar_Gofeb_Llanelwy,_Sir_Ddinbych_Bible_Translators%27_Memorial_St_Asaph_01.jpg

t.49　Llundain yn yr ail ganrif ar bymtheg: Map o waith Wenceslaus Hollar (1607–77)
　　　　Mae'r llun gwreiddiol yn KB Nationale Bibliotheek yn Den Haag
　　　　https://commons.wikimedia org/wiki/File:17th_century_map_of_London_(W.Hollar).jpg

t.67　Darluniau cyntefig y Parch. Daniel Rowland, Llangeitho
　　　　https://archive.org/details/ytadaumethodista01joneuoft/page/ 42/mode/2up

t.100　Y Lasynys Fawr ger Harlech, cartref Ellis Wynne
　　　　Perthyn hawlfraint y ddelwedd i Alan Fryer ond caniateir ei hatgynhyrchu o dan amodau'r drwydded
　　　　cc-by-sa/2.0 - © Alan Fryer- geograph.org.uk/p/413907

t.103　Cofeb i Ellis Wynne ar furiau'r Lasynys Fawr
　　　　Perthyn hawlfraint y ddelwedd i Alan Fryer ond caniateir ei hatgynhyrchu o dan amodau'r drwydded
　　　　cc-by-sa/2.0 - © Alan Fryer - geograph.org.uk/p/413925

Y Cyfranwyr

CERI DAVIES

Mae Ceri Davies yn Athro Emeritws yn y Clasuron ym Mhrifysgol Abertawe. Un o'i brif feysydd ymchwil fu gweithiau Lladin awduron y Dadeni Dysg yng Nghymru, yn eu plith Dr John Davies, Mallwyd. Yn 2016 dyfarnwyd iddo Wobr Vernam Hull am y gyfrol *John Prise: Historiae Britannicae Defensio / A Defence of the British History*. Rhwng 1976 a 1988 roedd yn aelod o Banel Cyfieithu'r Testament Newydd a'r Apocryffa, Y Beibl Cymraeg Newydd, profiad y mae'n ei drysori'n fawr.

DYLAN FOSTER EVANS

Yn frodor o Dywyn Meirionnydd, Dylan Foster Evans yw pennaeth Ysgol y Gymraeg, Prifysgol Caerdydd. Mae ganddo ddiddordeb arbennig ym marddoniaeth yr Oesoedd Canol ac mae wedi gweithio ar nifer o lawysgrifau Dr John Davies o Fallwyd wrth olygu gwaith beirdd megis Dafydd ap Gwilym a Rhys Goch Eryri. Maes arall o ddiddordeb yw perthynas llenyddiaeth, yr amgylchedd a diwylliant materol.

RHIDIAN GRIFFITHS

Yn gyn-aelod o staff y Llyfrgell Genedlaethol, mae Rhidian Griffiths yn ymddiddori mewn sawl agwedd ar hanes cerddoriaeth yng Nghymru. Cyhoeddodd erthyglau a phenodau ar gyhoeddi a chyhoeddwyr ac ar gerddoriaeth gynulleidfaol a cherddoriaeth werin. Mae ganddo ddiddordeb arbennig yn nylanwad cerddoriaeth draddodiadol ar fathau eraill o gerddoriaeth, yn enwedig y berthynas rhwng canu gwerin a chanu cynulleidfaol.

RHIANNON IFANS

Mae Rhiannon Ifans yn byw ym Mhenrhyn-coch yng nghylch Aberystwyth ers blynyddoedd lawer, ond yn frodor o Fôn. Bu'n aelod o staff Canolfan Geltaidd Prifysgol Cymru, ac yna yn Gymrawd Dyson yng Nghyfadran y Dyniaethau a'r Celfyddydau Perfformio ym Mhrifysgol Cymru Y Drindod Dewi Sant, lle roedd yn arbenigo ar lenyddiaeth ganoloesol ac astudiaethau gwerin. Erbyn hyn mae'n awdur amser llawn. Enillodd wobr Tir na n-Og ddwywaith, ac yn 2019 enillodd Fedal Ryddiaith Eisteddfod Sir Conwy am ei nofel *Ingrid*. Mae'n Ysgrifennydd Cyffredinol

Cymdeithas Alawon Gwerin Cymru, ac yn olygydd y cylchgrawn *Canu Gwerin (Folk Song)*.

CHRISTINE JAMES

Cyn iddi ymddeol, roedd yr Athro Emerita Christine James yn Bennaeth Adran y Gymraeg, Prifysgol Abertawe. Mae ei diddordebau ymchwil yn cwmpasu llenyddiaeth Gymraeg yr Oesoedd Canol a'r cyfnod modern cynnar, gan gynnwys llawysgrifau Cyfraith Hywel Dda a thestunau crefyddol a baledol. Mae hefyd yn awdurdod ar lenyddiaeth cymoedd diwydiannol de-ddwyrain Cymru, a golygodd waith Gwenallt yn y gyfrol *Cerddi Gwenallt: Y Casgliad Cyflawn* (2001). Enillodd Christine Goron Eisteddfod Genedlaethol Eryri a'r Cyffiniau 2005, a hi oedd y ferch gyntaf i fod yn Archdderwydd Cymru (2013–16). Hi yw Cofiadur yr Orsedd ar hyn y bryd—y ferch gyntaf i ddal y swydd honno hefyd.

E. WYN JAMES

Cyn ymddeol roedd E. Wyn James yn Athro yn Ysgol y Gymraeg, Prifysgol Caerdydd, lle y bu'n darlithio ar lenyddiaeth Gymraeg o'r Dadeni Dysg ymlaen. Roedd hefyd yn gyd-Gyfarwyddwr 'Canolfan Uwchefrydiau Cymry America' Prifysgol Caerdydd. Mae ei ddiddordebau ymchwil yn cynnwys yr emyn, y faled a chanu gwerin, y mudiad yn erbyn caethwasiaeth, a hanes y Wladfa Gymreig ym Mhatagonia. Ef yw Cadeirydd presennol Cymdeithas Alawon Gwerin Cymru, ac y mae'n un o Gymrodyr Cymdeithas Ddysgedig Cymru, Cymdeithas Emynau Cymru, a'r Comisiwn Baledi Rhyngwladol.

A. CYNFAEL LAKE

Cafodd A. Cynfael Lake ei fagu yn Nhreorci, yn Nhanygrisiau, ac yn Fforest-fach, Abertawe. Cyn iddo ymddeol yr oedd yn Ddarllenydd yn Adran y Gymraeg ym Mhrifysgol Abertawe. Golygodd weithiau nifer o Gywyddwyr yr Oesoedd Canol diweddar, yn eu plith Hywel Dafi a Lewys Morgannwg, ac y mae'n awdur sawl ysgrif a chyfrol ar lenyddiaeth y ddeunawfed ganrif. Gwelir casgliad o rai o'i ysgrifau ar y cyfnod hwnnw yn *Beirdd, Prydyddion a Baledwyr y Ddeunawfed Ganrif* (2022).

E. GWYNN MATTHEWS

Cyn ei ymddeoliad yr oedd Gwynn Matthews ar staff Adran Efrydiau

Allanol Coleg Prifysgol Gogledd Cymru, Bangor, lle y bu ar wahanol gyfnodau yn Diwtor Preswyl, Tiwtor Cydlynol a Phennaeth Gweithredol yr Adran. Athroniaeth a Hanes Syniadau oedd ei brif faes. Ef oedd golygydd cyntaf y gyfres 'Astudiaethau Athronyddol' ac mae'n un o Lywyddion Anrhydeddus Adran Athronyddol Cymdeithas Cyn-fyfyrwyr Prifysgol Cymru (Urdd y Graddedigion gynt).

ADRIAN MORGAN

Ficer plwyf Casllwchwr a Gorseinon yn Esgobaeth Abertawe ac Aberhonddu yw Adrian Morgan. Astudiodd am radd yn y Gymraeg ym Mhrifysgol Aberystwyth ac enillodd radd doethur am ei ymchwil ar Edmwnd Prys a'i Salmau Cân. Dilynodd gwrs gradd mewn Diwinyddiaeth yng Ngholeg Peterhouse, Caer-grawnt, a bu'n paratoi ar gyfer yr offeiriadaeth yn Neuadd Ridley. Mae'n byw yng Ngorseinon gyda'i wraig, Clare, a'i ferch, Elena Mali.

D. DENSIL MORGAN

Brodor o Dreforus yng Ngwm Tawe yw D. Densil Morgan. Bu'n Athro Diwinyddiaeth ym Mhrifysgol Bangor o 2005 hyd 2010, ac yn Athro Diwinyddiaeth ym Mhrifysgol Cymru Y Drindod Dewi Sant, Llanbedr Pont Steffan, o 2010 ymlaen. Bellach mae'n Athro Emeritws yno ac yn weinidog ar Gylch Eglwysi Bedyddiedig Gogledd Teifi. Cyhoeddodd yn helaeth ar grefydd a diwinyddiaeth yng Nghymru ac ar fywyd a gwaith Karl Barth, y diwinydd o'r Swistir. Enillodd ei ddwy gyfrol *Theologia Cambrensis: Protestant Religion and Theology in Wales, From Reformation to Revival 1588–1760* (2018) a *The Long Nineteenth Century: 1760–1900* (2021) Wobr Francis Jones, Coleg Iesu Rhydychen, am ragoriaeth mewn hanes Cymru yn 2021.

GERALD MORGAN

Fe'i ganed i rieni Cymreig yn Brighton a dysgodd y Gymraeg pan oedd yn fyfyriwr yn Rhydychen. Mae wedi byw yng Nghymru er 1962. Bu'n athro ysgol ac yn bennaeth ysgolion Llangefni a Phenweddig cyn ymuno â Phrifysgol Aberystwyth lle y bu'n darlithio ar Hanes a Hanes Lleol. Mae'n awdur 25 o lyfrau a pheth wmbredd o erthyglau a gyhoeddwyd mewn cyfnodolion. Mae'n briod ag Enid, a chanddynt dri o feibion, chwech o wyrion ac un gorwyr.

HUW PRYCE

Mae Huw Pryce yn Athro Emeritws Hanes Cymru ym Mhrifysgol Bangor ac yn Athro Er Anrhydedd yn Ysgol Hanes, Archaeoleg a Chrefydd Prifysgol Caerdydd. Cyhoeddodd yn helaeth ar hanes Cymru'r Oesoedd Canol, gan gynnwys *Native Law and the Church in Medieval Wales* (1993) a *The Acts of Welsh Rulers 1120–1283* (2005), sef golygiad o siarteri, llythyrau a dogfennau eraill tywysogion Cymru. Yn fwy diweddar mae ei ymchwil wedi canolbwyntio ar hanesyddiaeth Cymru, testun ei gyfrolau *J. E. Lloyd and the Creation of Welsh History: Renewing a Nation's Past* (2011), a *Writing Welsh History: From the Early Middle Ages to the Twenty-First Century* (2022).

ERYN M. WHITE

Mae Eryn White yn ddarllenydd yn Hanes Cymru yn yr Adran Hanes a Hanes Cymru, Prifysgol Aberystwyth. Ei phrif faes ymchwil yw crefydd, diwylliant a chymdeithas Cymru'r cyfnod modern cynnar. Cyhoeddodd yn helaeth ar Gymru'r ddeunawfed ganrif yn enwedig, ond mae hefyd wedi bwrw golwg yn fwy eang ar agweddau o'r diwylliant print yng Nghymru ac ar Anghydffurfiaeth gynnar. Ymhlith ei chyhoeddiadau diweddar y mae *The Welsh Methodist Society* (2020).

J. RICHARD WILLIAMS

Mae J. Richard Williams wedi ei eni a'i fagu ym Môn. Wedi cymhwyso fel athro yn y Coleg Normal, Bangor, bu'n dilyn gyrfa fel athro a phennaeth ysgol ym Morgannwg, Gwynedd a Môn. Bellach, mae yn mwynhau ei ymddeoliad a'i ail yrfa fel awdur a siaradwr cyhoeddus. Canolbwyntia ar agweddau o hanes Môn a'i phobl, rhai na chawsant sylw haeddiannol, rhag iddynt fynd yn angof.